中国文化法学评论

石东坡 主编
姚 瑶 副主编

Cultural Law Review of China

第一辑

中国社会科学出版社

图书在版编目（CIP）数据

中国文化法学评论．第一辑／石东坡主编．—北京：中国社会科学出版社，2021.3
ISBN 978－7－5203－6188－0

Ⅰ．①中… Ⅱ．①石… Ⅲ．①法学—中国—文集 Ⅳ．①D920.0－53

中国版本图书馆 CIP 数据核字（2020）第 050244 号

出 版 人	赵剑英
责任编辑	许 琳
责任校对	鲁 明
责任印制	郝美娜

出　　版	中国社会科学出版社
社　　址	北京鼓楼西大街甲 158 号
邮　　编	100720
网　　址	http://www.csspw.cn
发 行 部	010－84083685
门 市 部	010－84029450
经　　销	新华书店及其他书店

印　　刷	北京君升印刷有限公司
装　　订	廊坊市广阳区广增装订厂
版　　次	2021 年 3 月第 1 版
印　　次	2021 年 3 月第 1 次印刷

开　　本	710×1000 1/16
印　　张	15.25
字　　数	239 千字
定　　价	98.00 元

凡购买中国社会科学出版社图书，如有质量问题请与本社营销中心联系调换
电话：010－84083683
版权所有　侵权必究

顾问委员会

王周户	牛太升	冯玉军	朱　兵
朱福惠	祁述裕	李　河	杨小军
肖金明	张国祚	陈世香	陈欣新
武步云	苑　利	范　周	金元浦
周刚志	周旺生	胡惠林	秦前红
莫纪宏	贾旭东	彭　莉	葛洪义
湛中乐	赖来焜	廖义铭	熊文钊

主　编
石东坡
副主编
姚　瑶

编辑委员会

毛卫民	石东坡	田　艳	田瑞兰
冯卫国	余钊飞	宋欣阳	宋艳玲
张友连	陈　红	林蔚文	赵　谦
俞俊峰	姚　瑶	顾建亚	徐凤烈
黄信瑜	惠　鸣	粟　丹	曾　哲

编辑部

马一超	王　剑	毛晨宇	尹学铭
石琢玉	叶霈文	朱金艺	孙徐恬
佟　冬	余　凡	张　琪	陈国飞
赵博强	姚　瑶	葛天博	

（以上名录按姓氏笔画顺序排列）

目　录

前言 …………………………………………………………（1）

文化遗产保护法治

论"非遗"传承人与地方政府的行政契约法治化
　　——基于长三角地区相关政策文本的分析 …… 石东坡　芦静娜（3）
清水江文书的契约精神及其传承与发展
　　——以锦屏华寨村为例………………………………粟　丹（23）
历史文化名镇中非物质文化遗产的法律保护研究
　　——以青岩古镇为例………………………俞俊峰　潘智强（41）
京杭大运河文化遗产保护地方立法研究………………朱金艺（59）

公共文化服务法治

论《公共文化服务保障法》的人权意义
　　——以宪法关系具体化的视角 ………………………杨　胜（107）
论公共文化服务可及性评价机制 ………………………莫嘉慧（125）

文化产业促进法治

文化执法体制改革的考量要素分析 ……………………刘　辉（141）
规范性文件附带审查制度问题研究
　　——基于新《行政诉讼法》实施以来浙江省裁判
　　　文书的分析 ………………………………………姚　瑶（152）

促进文化产业发展的地方立法问题研究
———以浙江省为例 ……………………………………… 王　剑（180）

征稿简则 ………………………………………………………（227）
后记 ……………………………………………………………（230）

前　　言
增进新时代文化法治的学术支持

党的十八大以来，在习近平新时代中国特色社会主义思想指引下，筑牢文化自觉，坚定文化自信，贯彻全面依法治国方略，不断建立健全文化法律规范体系，深化文化市场综合执法体制改革，文化法治的质量与水平得到显著提升，文化法律问题研究日益繁荣。

党的十九大报告对新时代我国社会主要矛盾做出重大战略判断，人民美好生活需要的内涵与外延发生深刻变化，要更好满足人民在经济、政治、文化、社会、生态等方面日益增长的需要，必须立足我国仍处于并将长期处于社会主义初级阶段的基本国情，坚持中国特色社会主义文化发展道路，激发全民族文化创新创造活力，建设社会主义文化强国。

文化法治是文化强国的必要条件和应有之义。文化强国必是文化富民，是以充盈的精神文化产品满足和富足人民的精神文化追求、文化创新创造。文化权益是公众精神文化领域的创造性、能动性、受益性和社会性的法律确认和法律表达。文化法治是保障人民基本文化权益的必由之路。文化发展和文化法治的本质和归宿是人民基本文化权益的充分实现。无论是文化精准扶贫、文化惠民工程，还是乡村文化礼堂建设以及进一步促进城乡基本公共文化服务均等化，都需要和必须以法律保障、规范和促进文化赋能，在法治的轨道上服务人民文化权益和公民文化权利的实现、公民人格尊严和文化实践主体的展现。

文化法治是贯彻实施宪法，坚持、巩固和发展我国国家制度和国家治理体系的文化优势的必然选择。党的十九届四中全会决定指出，我国国家制度和国家治理体系的显著优势的一个重要方面，就是"坚持共同的理想信念、价值理念、道德观念，弘扬中华优秀传统文化、革命文化、社会主义先进文化，促进全体人民在思想上精神上紧紧团结在一起的显著优势"。这一文化优势，是中国共产党领导的中国特色社会主义的质的规定性的重要方面，在我国宪法中以对中国特色社会主义文化制度、文化发展道路、公民文化权利、国家文化职能等进行的全面和丰富的规定得到体现。我国宪法是规定人民主权、确立我国国家制度和国家治理体系的根本法、最高法。全面贯彻实施宪法，必须建立健全文化法治，以法治实现文化繁荣与依法治国的有机统一，以法治优势锻造文化优势的稳定性、持久性，完善党的领导、政府主导、多方协同、公众活跃的中国特色社会主义新型文化治理体系，以法治助力和增强国家治理体系与治理能力的文明基础与文化支撑。

文化法治是着力推进文化领域的治理体系与治理能力现代化的重要保证。要贯彻党的文化方针，必须补强文化治理法治化的局限，落实文化治理规范化、制度化和法律化的时代担当。要正确处理社会效益与经济效益的关系，主流文化与非主流文化等的关系，文化自由权利与文化公益公序的关系，文化基因传承与文化开放包容的关系，核心价值观念与文化资源共享的关系，内容审查机制与文化业态兴盛的关系，需要区分政治原则问题、思想认识问题、学术观点问题，需要更加尊重和保障传统文化产权、创意创作权利和知识产权，需要更加全面有效地保护和赓续中华优秀传统文化、革命文化、社会主义先进文化，更加爱护、呵护和维护国家文化主权及其表征，需要以法定方式方法严肃有效地界分、反对和抵制错误观点、文化侵蚀。法治已然成为以习近平同志为核心的党中央治国理政的基本方式。文化领域的治理，必需牢固确立法治价值、法治思维和法治方法在文化领域的主导地位，导入法治的累积和护佑。

习总书记在中央全面依法治国委员会第一次会议上指出："法治和文化都是国家治理体系和治理能力的重要方面，互为条件、互为支撑。"文化和法治具有同源性、互补性、交融性。法治和文化的共生与互动至少产生了三个方面。一是法律文化、法治文化。依法而治，从缘法而治、垂法而治,到崇法而治、信法而治,将法治奉为内在的灵魂、理念、精神、价值并转而成为行动的思维、逻辑、方法、规程,并造就外在的社会生态中法治环境氛围的亲近、感染和熏陶等,在法治实施和实现的主体主观条件、社会涵养条件上,以"属于法治的文化"成就法治体系。二是文化法制、文化法治。以"属于文化的法治"服务于文化,将文化的发展演进繁荣兴盛建立在法治之上,文化作为法治的调整对象和目标指向,法治引领和规范文化的传承与发展。三是文化和法制、法治平行、对接并共同作用于社会生活。

要以文化领域权力主体和权利主体的宪法实施义务为支点,实现文化治理、文化创造、文化进步的法治化。一方面,文化立法的完备化。文化主权实现、文化权益保障、文化创新活跃、文化产业促进、文化市场监管、文化业态培育、文化资源追索、文化空间维系、文化交流拓展、文化治理变革、文化投入绩效、文化传播效能等诸多领域和环节的法制化,虽然在2018年宪法修正案以及电影产业促进法、公共文化服务保障法、公共图书馆法以及正在审议中的文化产业促进法等基础上已经并将改观明显,但仍然缺乏完备的、刚性的法律依据。文化法律调整机制之间的贯通一体、文化法制与其他领域法律制度的衔接与协调同样存在短板和疏失。另一方面,文化法制的实效化。既要重视文化立法的健全,又要加强文化法制的实施,在文化主权表征制度、文化价值评价制度、文化遗产保护制度、传承主体责任制度、文化生态保护制度、文化线路保护制度、传承创意权利制度、文化服务需求调查制度、文化服务绩效考核制度、文化创作评价制度、文化市场监管制度、文化奖励扶持制度、文化公益诉讼制度等的规则、基准、流程上着眼人民基本文化权益的价值基点予以清单化、图示化和数字化施行,切实发挥始终以中华文化的生命力、创造力、吸引力、感染力、凝聚力为主旨的法治动能。

扎根新时代文化法治实践的深厚土壤,服务新时代文化法治实践的优化发展,以理论见识、学术智识和理性知识围绕、解析和助推新时代文化法治由理想图景生成为实践情景,是文化法学、《中国文化法学评论》的担当和使命。文化法学,即对文化法律实践活动予以法治价值的审思、法律规范的诠释、法治实现的研判，努力揭示文化法律实践活动规律的学科领域。在文化学科群落、法学学科群落的学术体系、学科体系、课程体系、话语体系的俱进、变革之中，聚焦文化法律规范的理念、原则、数量、质量、层次、结构、类型、供给、更新、释义、适用、程序、责任、应变等诸多变量，进行科学性、民主性、合宪性、合法性、正当性、实效性等的考量，回应其操作性、时滞性、规避性、脆弱性、可诉性、内卷化等的挑战，由此，就文化法律实践活动的指导思想、基本原则、核心范畴、对象范围、调整机制、逻辑体系等开展持续纵深研究，将是《中国文化法学评论》融汇到文化法治大合唱的生命线。

文化遗产保护法治

论"非遗"传承人与地方政府的行政契约法治化*

——基于长三角地区相关政策文本的分析

石东坡** 芦静娜

（浙江工业大学文化与法制研究中心）

摘要 《非物质文化遗产法》将非物质文化遗产保护作为中央与地方共同事权，确立了地方政府在资金支持、传承保护、教育传播等方面的职能。这是对地方政府保护职责的法律确认或授权。而究其职责内容和履职方式，将行政确认、行政扶助、行政奖励、行政指导等作为政府主导原则的实现途径的同时，文化治理的契约理念应当进一步明确树立，地方政府与非物质文化遗产传承人之间的行政契约方式应当积极运用，由此既可以加强非物质文化遗产传承的政府管理，又可以尊重和发挥非物质文化遗产传承人的积极性、主动性，以期实现精细化、个性化、法治化的更切合文化发展规律的有效治理，从而服务于非物质文化遗产的保护传承、创新发展。

---

* 国家社科基金重大项目（编号：14ZDC008）、教育部人文社会科学研究项目（编号：12YJA820059）、浙江省高校中青年学科带头人入选计划、学术攀登项目（编号：PD2013033）阶段成果。说明：本文中"长三角"仅指江浙沪。
** 石东坡，法学博士、教授、硕士生导师，浙江工业大学文化与法制研究中心主任，学术期刊社主任。研究方向：立法学、文化法学。

关键词 非物质文化遗产传承人；行政契约；地方事权；政府职权；职权法定

一 确立非遗传承保护行政中的契约理念与行为方式

在文化发展繁荣作为重要组成部分和必要发展条件的全面建设小康社会进程中，在以人的充盈精神世界和表达创造智慧为依归的文化发展繁荣过程中，非物质文化遗产有着精神涵养、身份体认、权益共享和创新源泉的无可替代的精神价值。对非物质文化遗产的保护、传承与发展创新，既是每一位民众的权利和义务，也是国家、政府的担当和职责。按照《非物质文化遗产法》的规定，非物质文化遗产保护的主体体系主要由地方政府、社会组织以及公民个人等组成，其中地方政府作为非物质文化遗产保护的直接的重要主体，要在尊重、遵循非物质文化遗产发展规律基础上，审慎和妥当地依法运用科学合理的行政措施，建构、完善、维护和保障非物质文化遗产的良善政策法律环境，其中的关键则在于与非物质文化遗产传承人作为无可替代的非物质文化遗产的能动主体之间建立和保持依法合规、和谐顺畅的管理、服务、保障与评价的法律关系。这一关系的理念内核与行为载体，即确立和调整双方权利与义务及其实现的行政契约。

在实践中，片面夸大政府职责，尤其是强调政府在非物质文化遗产方面的行政管理的计划性、指令性和强制性，忽视非物质文化遗产具有的活态性、脆弱性和属人性，因此出现适得其反的结果。这些无不提出警示，必须切中文化治理、非物质文化遗产传承保护自身的质的规定性选取、创新相应的政府施政的行政监管手段和适宜的法律方式，否则将难以正确体现政府主导的法律原则。可见，在文化治理中，充分尊重文化是基于主体的创造性和生活的本源性的思想文化及其符码载体的传承创新发展的客观规律，充分尊重非物质文化遗产作为传承人或传承群体的思想文化表征以及生产生活构成的原生性、自在性、弱势性等特征，汲取和借鉴一臂之距[①]、避免政府作为直接主体干预文化运行的取向，在行为方式和管理机制上有所调整，提高行政相对人即非物质文化遗产传承人的自主性、积极性和主动性，在其参与权、表达权、建议权得到更为充分的尊重和实现基础上更加有利于非物质文化遗产的传承、保护与合理利用。因此，本文主张，契约理念、契约管理（模式）和行政契约的法律形式和行为类别，应当在非物质文化遗产保护中得以确立，应当成为地方政府与非物质文化遗产传承人之间关系法治化途径的选项。

行政契约或行政合同，是指在政府治理中，行政主体与单方或多方行政相对人之间以实现行政管理的社会公共利益和行政目标任务而经过商谈、达成一致签署履行的、确定双方权利义务与行为方式和责任担负的、产生法律意义的合同。行政契约，应用于非物质文化遗产保护之中，首先表现为非物质文化遗产传承人与地方政府之间签订和履行集中和全面规定实现非遗保护传承、发展创新的双方权利义务的合同。其次，这一行政合同又不是纯粹形式化和孤立化地存在的。因为，既要重视相对独立的行政行为各自的构成要件与合法要素的审视和判断，又要重视各行政行为在其顺序或复合关联中的有机关系与整体效能，将其在政府的公共治理与行政规制之中进行系统把握和整合运用，使之在法治理念的切实体现和权利秩序的应有平衡上发挥协同效应。所以，非物质文化遗产传承人与地方政府或其文化行政主管部门之间的行政契约，既是一个相对独立的行政行为类别，约定和约束双方的权利义务与责任；又是由此触发和确立契约管理的治理理念与运行模式，将非物质文化遗产传承人和地方政府间的交涉互动过程纳入合同签订、履行、调整、评价和监督、救济的全链条中，始终恪守和体现出双方对应着自觉履行相应义务，分别既是权利或权力主体，又都是相对于在根本上保障非物质文化遗产传承这一公共治理目标的实现而言的义务、职责主体，激发各自的自觉性和向心力，促使双方相向而行、凝聚合力，充分体现出其中的主导体现在服务、监管服务于传承、受益是为了传承、传承导源于志

[①] 李河：《"一臂间距"原则与艺术理事会》，《中国社会科学院院报》2008年5月8日第1—2版。
陆晓曦：《英国文化管理机制："一臂之距"》，《山东图书馆学刊》2012年第6期。

愿的新型非物质文化遗产传承保护的双方协同治理机制的优势和作用。①

在非物质文化遗产传承中确立和运用行政契约的理念、行为和方式，是非遗法律制度及其实施的研究阐发上的发展和深化。2003年联合国教科文组织通过《保护非物质文化遗产公约》后，域外于非物质文化遗产有关的研究明显加强，并且吸引和整合了多学科、跨学科的研究。Condominas（2004）以历史事件和具体个案为例，说明了非物质文化遗产研究和保护的重要性以及存在的困难，指出作为研究者应树立的意识和需掌握的方法与技巧。Arizpe（2004）指出哪些因素会影响非物质文化遗产保护的设置标准。Kurin R.（2003）对联合国教科文组织《保护非物质文化遗产公约》进行了批判性的评价。② Londres C.（2005）的《非物质文化遗产的登记：巴西经验》等文章详细地介绍了巴西、埃及等国家非物质文化遗产保护的现状，阐述了他们制定的政策、所做的工作和采取的措施。Pamela分析了乌兹别克斯坦的传统陶器制作手工艺，提出恢复陶器制作传统工艺的构想与举措。

在我国，伴随着非物质文化遗产立法，在该法颁行前后，非物质文化遗产法律和法理层面的研究日渐升温，成果不断涌现。王文章、苑利、张晓明、章建刚、祁述裕、叶秋华、王云霞、田艳、高轩、李墨丝等专家学者的著述相对集中。首先，在对非物质文化遗产作为法律调整对象的内涵、外延、价值等问题上，王文章（2006）、周丹（2008）、龙先琼（2006）等的研究为此提供了有益的启示，以为非物质文化遗产的立法与保护确定法律标准、属性特征和分类依据为研究内容。其次，对非物质文化遗产保护的原则和措施的研究中，非物质文化遗产保护中的政府职能研究是一个重要议题。李荣启、刘魁立等学者就政府保护非物质文化遗产的职能内容提出见解。有学者认为，应采取多中心治理。黄涛（2014）指出非物质文化遗产在根本上是民

---

① ［日］盐野宏：《行政法》，杨建顺译，法律出版社1999年版，第37页。对此，日本行政法学晚近时期的行政过程论在一定程度上力图克服行政行为论在行政行为类别、范围上的局限或僵化，克服行政行为论与行政程序论之间的隔膜或疏离。

② Kurin R., "Safeguarding Intangible Cultural Heritage in the 2003 UNESCO Convention: a critical appraisal", *Museum International*, 2004, 56 (1-2), pp. 66-77.

众生活的一部分，非遗的传承与展演必须遵照民众的固有方式与传统。非遗保护的主体应该是社区民众和传承人为主的社会各方，其中政府是起组织、推动作用的关键力量。刘坤（2009）认为要通过对政府权力与职能进行合理限定、建构相应的问责与回馈机制，达到有限政府最低程度的治理。再次，对非物质文化遗产开发方面的研究，地方或民族特色文化产业发展以及特色小镇建设中的非物质文化遗产的开发性保护传承的问题正在引起更大重视。最后，法学界主要是在国际法、行政法和知识产权法三个方面对非物质文化遗产保护法律机制进行研究。[1] 遗憾的是，多数学者将环节、机制和行为、程序等未予以应有的区分，主张非物质文化遗产保护的行政法机制中应包括行政确认、行政许可、行政指导、国家监督、公众参与和行政救济六种机制[2]，未及契约理念、契约（化）治理（模式）[3]与行政契约或行政合同的行为方式和程序机制。[4]

---

[1] 李墨丝：《非物质文化遗产保护国际法制研究》，法律出版社2010年版，第295—296页。王云霞主编：《文化遗产法：概念、体系与视角》，中国人民大学出版社2012年版。王云霞主编：《文化遗产法教程》，商务印书馆2012年版，第六章。高轩：《我国非物质文化遗产行政法保护研究》，法律出版社2012年版。

[2] 高轩：《我国非物质文化遗产行政法保护研究》，法律出版社2012年版，第138—139页。

[3] 于正伟：《契约治理：现代政府的治理变革》，《西南交通大学学报》（社会科学版）2009年第6期。有学者认为，契约治理（模式）是诚信政府、责任政府在公共治理中的双方权利义务均衡和相互约束的理念与实现机制，体现了政府本位到社会（公民）本位的深刻变革、政府垂直等级制结构向扁平式结构的变革、层级控制向协商合作的变革、强制无偿向交易互利的变革。同时提出克服行政契约主体及其订立、履约中的局限性，以及交易成本、道德风险、逆向选择、寻租腐败等潜在风险，由此需要在防范机制，比如承诺机制、激励机制、透明机制、代理权竞争机制等方面需要进行细密和有针对性的规范设计。这些对于深化政府与行政相对人之间的行政契约管理方式，结合负面清单等政府职责、义务与程序等的清单式的管理探索，对提升行政契约的规范化、制度化与法治化是有积极意义的。在非遗保护行政契约后续研究中我们将予以吸取。

[4] 叶必丰：《长三角经济一体化背景下的法制协调》，《上海交通大学学报》（哲学社会科学版）2004年第6期。该文将行政契约与行政合同作为同义词（Administration contract）使用。而行政协议则是指政府间或政府行政主管机关之间的协议（Administrative agreement）。针对区域经济社会协调（协同）发展，在克服行政区划相对分散且多层级、地方党政绩效评价偏重经济指标、政府主体的利益存在多重冲突、中央对地方之间的事权、财权等的协调机制、裁处和指挥机制不够健全的情形下，"不断强化和完善行政契约制度和磋商沟通机制"是不二选项。有学者进一步认为，"省际协议"所代表的契约治理模式应该借鉴地方联合立法模式和州际契约的经验，并在中央政府的规制下加以完善和推广。于立深：《区域协调发展的契约治理模式》，《浙江学刊》2006年第5期。有学者对美国行政协议进行了研究，强调美国行政协议在合法性视角下，主体上是各行政机关之间就职权、行动予以协调的文件，内容上的立法性质即创制有关权利义务和程序规范、而并非仅仅是适用性、解释性的内容的特点，效力上所具有的除去内部效力之外对第三方、相对人的效力。高秦伟：《美国法上的行政协议及其启示》，《现代法学》2010年第1期。

这是已有研究的局限和疏失之所在。① 有鉴于此，非物质文化遗产传承人与地方政府及其文化行政主管部门之间的善治达成，有赖于契约理念的树立、契约治理（模式）的运用和行政契约的法律行为及其程序规范的采纳，具有其必要性、可能性、科学性和合理性。简言之，非物质文化遗产传承保护行政契约的理念、原则与规程的建立，有利于非物质文化遗产法的实施。

二 非物质文化遗产传承人与地方政府的行政契约关系构建

（一）非物质文化遗产传承人的认定

我国的非物质文化遗产地方立法主要可以分为两类：一类是关于非物质文化遗产传承人认定与管理的规定；另外一类是非物质文化遗产传承人专项补贴的规定。"非物质文化遗产传承人的行政确认主要反映为非物质文化遗产传承人的认定。"② 关于非物质文化遗产传承人认定，绝大多数的地方性法规、规范性文件与《中华人民共和国非物质文化遗产法》和《国家级非物质文化遗产项目代表性传承人认定管理暂行办法》在申请主体资格、申请方式、申请程序上的相关规定保持一致。③《杭州市非物质文化遗产代表性传承人申报与认定办法》是一个例外，其中规定只需满足其中一项条件便可入围，这大大增强了代表性传承人认定的灵活性，符合地方复杂多变的实际情况。这是鲜有的特殊性。但是即便如此，由于缺少行政契约视角与理念的认知自觉和实践探索，针对非物质文化遗产传承人认定往往更多地体现为非物质文化遗产传承人的资格

---

① 沈定成、胡宝岭：《行政合同在民族自治地方的应用》，《贵州民族研究》2015年第6期。另有论文强调了行政合同的优势特点，辨析了行政合同标的要素、目的要素等作为其认定标准，论述了在促进民族地区发展、维护民族和谐关系领域进一步充分运用行政合同的必要性和适用性，并指出其可能的应用领域和具体类别。但是该文夸大了行政合同的柔性特征，对非物质文化遗产保护行政合同仅仅转引提及。对行政合同与行政协议之间未予应有的区分，对行政合同的形式化未予揭示，对目标责任书作为行政合同的归属过于笼统，对如何应用行政合同于非物质文化遗产保护等未展开。
② 文晓静：《非物质文化遗产传承人行政法保护的反思与发展》，《广西社会科学》2015年第5期。
③ 张邦铺：《我国非物质文化遗产传承人的地方立法分析》，《地方文化研究辑刊》2015年第2期。

要求，表现为抢救认定、权威认定和代表性认定特点，而对于行政主体在认定过程中的义务、职责和责任的规定则显然不足，这必将导致非物质文化遗产的管理权力存在膨胀的空隙，并且有可能产生对非物质文化遗产传承人认定上的压制性、片面性。由此可发现，非物质文化遗产传承人的认定过程可能并不完全切合文化治理的特质。

表1　关于非物质文化遗产传承人认定的规范性文件（长三角地区）

地区	规范性文件	对于非物质文化遗产传承人的认定条件
杭州地区	《杭州市文化广电新闻出版局杭州市非物质文化遗产代表性传承人申报与认定办法》 《杭州市非物质文化遗产代表性传承人（民间老艺人）补贴实施暂行办法》	其中对于非物质文化遗产传承人的资格要求满足以下之一： （一）某项非物质文化遗产代表作仅存的传承人； （二）某项非物质文化遗产代表作的不同流派、风格、特色的代表性传承人； （三）某项非物质文化遗产代表作的某种独特知识、技能或传统工艺的代表性传承人； （四）某项非物质文化遗产代表作在一定地域范围内或行业内被公认为具有较大影响力的传承人
上海地区	《上海市非物质文化遗产保护条例》 《上海市非物质文化遗产名录项目申报评审管理暂行法》 《上海市非物质文化遗产项目代表性传承人认定与管理暂行办法》 《上海市市级非物质文化遗产保护专项资金管理办法》	非物质文化遗产代表性项目的代表性传承人应当符合下列条件： （一）熟练掌握其传承的非物质文化遗产； （二）在特定领域内具有代表性，并在一定区域内具有较大影响； （三）积极开展传承活动
苏州地区	《苏州市非物质文化遗产保护条例》 《苏州市民族民间传统文化保护办法》 《苏州市民族民间传统文化保护专项资金管理办法》 《苏州市非物质文化遗产代表性传承人命名与资助暂行办法》 《苏州市非物质文化遗产项目代表性传承人认定与管理办法》 《苏州市昆曲保护条例》	其中对于非物质文化遗产传承人资格要求满足以下之一： （一）行业内公认具有最高艺术或技艺水平的； （二）掌握某种被确认为是稀有或特殊传统艺术或技艺的； （三）在一定区域内被公认为通晓某项重要非物质文化遗产内涵或形式的； （四）已认定为国家级、江苏省级非物质文化遗产项目代表性传承人的

续表

地区	规范性文件	对于非物质文化遗产传承人的认定条件
南京地区	《南京市非物质文化遗产保护条例》《南京市非物质文化遗产传承人申报、评定、命名及管理办法》《南京市非物质文化遗产保护规划》	传承人应符合以下条件：（一）完整掌握该项目内涵或者其涉及的特殊技能；（二）具有该项目公认的代表性、权威性与影响力；（三）积极开展传承活动，精心培养后继人才

（二）地方政府非物质文化遗产保护的权力与职责

联合国《保护非物质文化遗产公约》中一个重要内容就是促进各国政府采取行政、技术、财政、法律等措施有效保护非物质文化遗产。立足人民政府、法治政府和责任政府与有限政府的理论基础，政府对民族优秀文化遗产的传承保护与合理利用为历史基础和必要内容的文化建设与发展繁荣负有宪法义务。我国实行"政府主导型"的非物质文化遗产保护，这种保护的行政权力同时是其职责和义务。以浙江省景宁畲族自治县为例，制定了《关于民族文化发展专项基金筹措及使用的意见》《关于发展畲族文化产业的若干规定》等规范性文件，加大了财政投入，积极募捐社会资金，建立畲族文化发展专项基金，建立了传承者保护机制，为传承活动和人才培养提供资助。政府制定了传承计划，建立了传承机制，实行传承人认定和传承补贴制度，使一批濒临失传的畲族民歌、畲族刺绣等工艺得以传承。[1]

1. 地方政府的权利（力）

（1）非物质文化遗产传承代表人的遴选权。为了保证非物质文化遗产传承延续的正统性，政府拥有根据相对人的情况，选择最合适完成该项目标的相对人完成目标的权利。

（2）对于目标可行性的决定权。地方政府在帮助非物质文化遗产管理过程中要求申请者提出具体的保护方案，并由此来判定是否具有保护的必要性。地方政府实际上是公共利益是否具有保护必要的判定者，决

---

[1] 尹晓：《畲族非物质文化遗产的法律保护》，《法制与社会》2012年第28期。

定的具体标准完全由其决定，而非物质文化遗产保护的相对人的意见则不具有实际影响力。

（3）监督权、处罚权与强制权。对于不履行义务的义务相对人，地方政府具有单方面直接撤销其资格的权力，同时具有强制执行权。根据传承者的传承现实情况，地方政府机关进行实际监督和考察，督促其履行义务。

2. 地方政府的义务

（1）依法行政的义务。地方政府严格按照规定对于非物质文化遗产传承进行审查、认定、补贴、宣传等工作。

（2）履行承诺的义务。在非物质文化遗产管理中，传承者具有要求补贴的权利，地方政府具有兑现补贴的义务。对于传承者的补贴是对于其的承诺，也是在非物质文化遗产管理过程中为传承者提供的优惠或报酬。

要注意到，不论是在规范性文件的规定中，还是在非物质文化遗产保护的管理实际中，由于我国非物质文化遗产法对政府主导原则的规定，以及长期以来我国强势政府权力的惯性，加之法治价值、法治思维和法治方法的缺失，地方政府的权利（力）与职责、责任的刚性约束与自觉践行尚且明显不足。关于政府及其文化行政主管部门不履行法定职责的防范、警示、监督以及问责等的规定和落实多为空白，而其中的重要诱因就在于并未将行政相对人的主体地位和权利保障作为与行政主体相对应、相平衡和相互动的重要维度。事实上，因非物质文化遗产管理缺少契约理念与制度规范，传承人的弱势地位将难以纠正、地方政府的权责天平必然倾斜。遗憾的是，学者对此多寻求行政奖励、行政帮助等对传承人的权益赋予，以及以程序和外在监督的引入来加强对非物质文化遗产传承行政权的控制，尚且缺乏将行政契约的法律方式加以引入以及在非物质文化遗产保护全过程的运用。①

---

① 文晓静：《非物质文化遗产传承人行政法保护的反思与发展》，《广西社会科学》2015年第5期。比如有学者主张需要通过完善非物质文化遗产法律规范体系，细化传承人保护规定，规范非物质文化遗产传承人确认机制，完善现有确认方式，建立有效的行政奖励和行政帮助制度，构建以程序公正为主旨、以公众参与为途径的社会监督制度等途径加以改革。

（三）非物质文化遗产传承人与地方政府之间行政合同的可能与属性

在非物质文化遗产传承人与地方政府及其文化行政主管部门之间，存在着管理与被管理、命令与服从、监督与被监督等方面的权力支配关系。非物质文化遗产传承人资格的认定权完全交由政府机关进行确立，并且一旦确立，其权利与义务具有强制性，受到政府机关的监督执行，文化主管部门可以依法取消其代表性传承人资格。对此，要实现政府权力约束和责任承担从而保护非物质文化遗产传承人的合法权益，就需要准确地定位传承人与政府之间的法律关系，通过契约化对于其实际关系的校准与调适，并最终促使非物质文化遗产的传承保护的公益目标得以实现。比如，在其中进一步配备和加强对传承人的社会保障、学徒来源、创业指导、销售平台和市场拓展等方面的扶助与辅导。①

表2 关于非物质文化遗产传承人与行政主体之间关系的规范性文件（长三角地区）

规范性文件	对于非物质文化遗产传承人与行政主体间关系的主要规定
《杭州市非物质文化遗产代表性传承人申报与认定办法》	规定行政主体接受非物质文化遗产传承人申报，并对此进行审查，认定，对其发放补贴，协助非物质文化遗产传承人开展活动
《苏州市非物质文化遗产项目代表性传承人认定与管理办法》	规定行政主体对于非物质文化遗产传承人进行管理，主要包括认定管理，资格绩效考核，行政奖励，发放补贴，协助开展活动等
《上海市非物质文化遗产保护条例》	规定行政主体对于非物质文化遗产传承人负有责任作出明确规定。包括对于传承人的评审，认定，监督，评估责任，社会宣传责任和教育培训责任，经费管理责任。并且具有要求传承人履行义务的权力

1. 行政性

在非物质文化遗产传承人与行政主体间签署行政合同之时，其共同目标是社会公共利益的实现——非物质文化遗产的活态有效传承。对于地方政府非物质文化遗产保护的主导角色，有学者认为，"地方政府理

---

① 王燕梅：《关于非物质文化遗产传承人保护的思考》，《美术观察》2016年第6期。

应是非遗保护的第一责任人"，地方政府应当是"非遗保护政策的制定者、倡导者、实施者，以及非遗文明的鉴定者"。① 还有学者从政策制定、价值维护、合作共赢、社会协调、职能整合、绩效评估、任务实施、信息化建设与资源筹集九个方面，阐述我国地方政府在非物质文化遗产保护利用中的具体角色定位。② 也有学者认为，地方政府在非物质文化遗产保护中的作用应该是"引导"而非"主导"，多方扶持帮助民族文化加强自生机制的建设。但是在具体的引导实现机制和行为方式上，却还是要通过传承人管理、资金扶持、教育推广等多种手段。③ 有学者针对非物质文化遗产保护中地方政府行为的外部性，尤其是负外部性进行了视角独特的考察，提出了有关警示，认为重"申报"、轻"保护"；超负荷利用和破坏性开发带来核心文化内涵变味；领导人代替传承人，影响民间文化的自主传承；限制民众个人发展和当地经济发展；区域间非物质文化遗产的争夺等。④ 尽管有上述分析，但有一点是明确的，即表现在法律上，地方政府享有行政优益权。政府作为非物质文化遗产管理工作的主导者在履行职责之时往往享有一定的优益条件。而非物质文化遗产传承人根据法律规定享受权利、承担责任，不享有单方面的变更和解除权。相反，为满足政府进行有效管理，公共利益加快实现的目标，行政机关可以依法对契约加以变更或解除，例如在苏州的非物质文化遗产条例中引入了资格绩效考察制度，一旦传承人绩效下降，行政机关可以直接取消其传承人资格。

2. 合意性

（1）行政优益权受限

虽然行政机关享有一定的"行政优益权"，但是这种权力的使用往

---

① 李华成：《论非物质文化遗产保护中的地方政府角色——基于湖北省荆州市非遗保护的实证分析》，《太原理工大学学报》（社会科学版）2011年第1期。
② 王隽、张艳国：《论地方政府在非物质文化遗产保护利用中的角色定位——以江西省域为个案的分析》，《江汉论坛》2013年第10期。
③ 全红霞：《论地方政府在非物质文化遗产保护中作用——以黔东南州非物质文化遗产保护为例》，《湖北广播电视大学学报》2013年第11期。
④ 祁樱：《非物质文化遗产保护与开发中的政府行为外部性研究》，硕士学位论文，电子科技大学，2011年。该文对政府行为负外部性的分析，为审慎设定和抑制克服行政契约中地方政府及其文化行政主管部门的优益权及其行使条件提出了借鉴，以增强其周延性和控权性。

往受到严格的限制,需要于法有据,也必须满足一定的情势条件。以法律作为契约准绳固定化、法制化当事人的权利与义务。

(2) 非物质文化遗产行政合同的自主订立、意思自治

与一般的合同不同,行政契约的自由度往往受到法律客观性和行政优益权的约束。其中的自治意思虽然具有协商的可能性,但是职权的行使方式、手段、期限等方面都受到严格的限制。非物质文化遗产传承人管理经由一方申请,另一方审核确立的方式其实是双方关于权利义务的合意表达。目前,除却行政职权上的确立,对于非物质文化遗产传承人的实际帮扶内容,则应更为个性化和具有针对性,毕竟应当尤其尊重和体现传承人作为文化传承的能动主体、作为非物质文化遗产的拥有主体的地位,应将行政合同中的当事人的自由与权利设置于更为重要的地位之上。比如,在法国的行政合同制度及诉讼实践中,保护供应商的基本原则包括:尊重供应商自由的原则,允许供应商自由选择以何种方式、供应商之间自由选择以何种模式组团参与公共采购合同的签订程序。尊重供应商权利的原则,确保供应商获得信息的权利,以及其商业秘密得到保护的权利。[1] 这些有助于非物质文化遗产传承保护的行政合同缔结与内容上的考量。

行政契约作为契约类型之一,同样是合意合作的表现形式和沟通监督的文本载体。[2] 非物质文化遗产传承保护行政契约,在根本上是激励与约束相统一、引导与规范相统一,最终激发和促进传承人受到尊重敬重、自主自愿、倾心倾力地将所拥有、葆有的非物质文化遗产予以发扬光大、存续为社群族群文化、融汇为社会公共文化,因此在主要功能和主导取向上,应属于给付行政、积极行政的性质和范畴,而不是通过行政契约而变相地进行压制和束缚。否则将背离文化治理必须弘扬文化主体意志的基本规律。在非物质文化遗产法中,行政契约的理念、双方合意的基础已有确定和体现。比如,并传承人认定环节需要双方的要约与承诺达成一致意见,这就是在非物质文化遗产管理契约订立过程中缔结

---

[1] 梁凤云、金诚轩:《法国行政合同制度及诉讼实践》,《人民法院报》2016年12月9日第8版。
[2] 杨勇萍、李继征:《从命令行政到契约行政》,《行政法学研究》2001年第1期。

自由的一定程度上的体现。

同时,非物质文化遗产管理过程中的行政合意也不宜过于僵化与简化,更不能退化。截至2013年底,各省共公布了9647项省级非物质文化遗产项目,认定了7713名省级项目代表性传承人,并通过省级财政予以不同程度的经费支持。自2006年起到2014年,中央财政累计投入35.14亿元用于非物质文化遗产保护。但是不同于政策法规的明文规定,层层拨下的传承人补贴制度往往出现行政机关违反义务少发放、不按时发放的行为,导致非物质文化遗产传承人传承活动无法得到应有保证。根据原文化部下发的《关于开展2014年度国家非物质文化遗产保护专项资金申报工作的通知》,国家级非物质文化遗产项目代表性传承人补助费标准为每人每年1万元。而2015年两会期间,李延声、赵卫、赵葆秀等25位全国政协委员拿出的调研结果是,云南腾冲有的国家级非物质文化遗产代表性传承人每年仅能收到3000多元。[①] 可见,无约束下的行政权力腐败,以及对于损害相对人合法权益的违约行为无责任追究,将使得行政契约荡然无存。行政机关的滥权、违法现象造成体现平等、自律精神的契约徒具契约的外壳,所以,必须切实防止使行政契约蜕变为仅仅是掩饰行政主体单方性、强制性甚至任意性的行政命令的一纸具文。

三 非物质文化遗产传承保护行政契约的法治化进路

对于契约管理(模式),目前所见,似仅在高等教育学中有学者针对我国市场经济条件下高等学校办学自主权的增强,顺应和实现政府与大学关系准则的变革,更加切合质量内涵特色发展的需要,汲取大学自治、委托代理、目标管理以及新公共管理等的理论成分,追溯英国对大学的"特许状"管理中的契约性质与作用,借鉴日本的契约—评估管理以及法国的大学四年发展合同的经验,认为行政的公务性与契约和合意性相结合,应该可以在政府与大学之间实施契约管理(模式),而其举措,则是以大学章程作为该契约的集中承载和表现形式,因此,其契约

---

① 傅明:《非物质文化遗产糊涂账》,《时代周报》2015年4月14日。

管理的主张，一方面强调了政府与大学应当是以大学自治权利为关键，扭转行政命令、计划指令的管理传统，另一方面确立了大学章程作为授权契约的效力与地位。其指向是以大学章程为落脚点的，主要是倡导和推动以大学章程为桥梁的契约化管理方式，① 与强化政府监管的严格自律与充分赋权的高等教育负面清单管理模式是相辅相成的；而其中对于行政契约的主体、权利义务内容与行为程序等则略有所涉。

在非物质文化遗产保护的名录制度、代表性传承人制度与政府主导制度的实施中，传承人"自愿向一级政府呈交申报书"，"这种保护的约言以及保护计划是自愿承担的一种神圣誓约。""各级政府审核、批准并公布名录，是认定并接受申请者的许诺。"有学者深刻指出，从本质上说，通过名录，在保护主体和政府之间形成一种"契约"关系。"将名录制度纳入法治的轨道，诚信原则和自愿原则同样是非常重要的。"② 这是富有见地的。而就如何运用，运用怎样的法治手段，将这种法治思维与非遗保护的行政过程有机结合起来，值得在实践和理论上都予以探究。再者，在行政法学的视阈中，名录这一载体是行政确认的效力表现或要式结果，名录制度主要是行政确认的法律形式，而行政契约则是在双方法律主体之间的监督管理、传承受益等权利义务的法律关系、动态过程和行为类别，与前期阶段的行政确认，在二者均体现的契约精神或契约理念上是一致的，而在行政行为的类别、方式和所处文化治理的阶段上是既有联系又有区别的。

（一）完善行政契约缔结程序

非物质文化遗产传承人的认定或确认，实质上是与地方政府之间的行政契约缔结的前期环节。非物质文化遗产传承人一方提出申请，具有

---

① 马陆亭：《政府与高校间的契约型管理模式探讨》，《中国高等教育》2008 年第 21 期；马陆亭、陈浩：《法国高等教育契约管理模式探究》，《新疆师范大学学报》（哲学社会科学版）2016 年第 2 期；马陆亭、陈浩：《日本国立大学法人化的契约分析》，《国家教育行政学院学报》2016 年第 4 期；马陆亭、陈浩：《政府对高校实施契约管理可行性的调查》，《中国高教研究》2016 年第 4 期。
② 刘魁立：《非物质文化遗产名录：提倡"契约精神"、彰显"公产意识"》，《世界遗产》2014 年第 12 期。

要约邀请的性质；经由文化行政部门和专家咨询机构的认证，最终确立传承人的法律主体地位，本质上是承诺的表达。确认非物质文化遗产传承人时，应有文化行政主管机关阐明其被否决者的限制条件、选定者的优势条件等的说明根据、理由的程序步骤。同时，申报程序可以引入有关公众推荐评价等环节。优先保护濒危的非物质文化遗产从而引发的申报次序的确定问题，听证程序问题都值得予以改善，以有助于全面深入了解真实情况，科学公允地评价其代表性，提高传承保护和扶助救助效益。

（二）充实或细化行政契约内容

非物质文化遗产传承既是国家、民族和社群共同文化记忆和文化遗存在新的时代条件下的顺延与存续，又是非物质文化遗产传承者作为延续传承的核心载体和社会主体所享有的个体或群体权益。这种既有与公共利益的不可分割性，又有个体可交换、取得和享有的利益追求与归属的双重性特征，正是纳入行政契约的客观前提和重要条件。保护非物质文化遗产传承者的权利，是对非物质文化遗产文化传承予以激励的实现方式。在目前的非物质文化遗产法中，对于传承人私有权利的认可具有极大的细化拓展空间。单单是传承权、表演权，表演者权、获得帮助权的明确，无法激发行政契约的潜在活力。在权利义务相对应的契约原则下，改变传承主体在非物质文化遗产开发中的被动地位，传承主体应享有非物质文化遗产传承延伸而来的人身和财产权利，包括署名权、著作权、合理改编权、获得收益权等，并应使得传承人在权利受到侵犯时，能够运用相应的法律规范和诉讼程序得到救济和保护。对于其中的获得帮助权，需要澄清的是，在宪法上，社会弱者具有获得物质帮助、生活扶助的权利，这是一种社会权利或者说生存权指向的、要求国家和政府予以积极义务的履行予以回应和实现的权利。非物质文化遗产传承人不仅因为其作为公民，因为属于社会弱者而享有获得社会物质帮助的权利；而且因为其作为非物质文化遗产传承人的资质、权利及其所肩负的传承族群、民族的非物质文化遗产的法定义务的设定和履行而应有在这一特别牺牲基础上的获得物质等诸多社会条件上的帮助的权利。这种权利不仅是在其基本生活保障上，而且是在其从艺和开展非物质文化遗产的传承活动上所应获得支持帮助的特定权益。

表3　关于非物质文化遗产传承人权利的规范性文件（长三角地区）

规范性文件	主体	表演权	改编权	报酬权	获得帮助权	传承权	其他权利
《浙江省非物质文化遗产保护条例》	非物质文化遗产传承人	有	无	有	有	有	提供相关资料权
《苏州市民族民间传统文化保护办法》	民族民间传统文化传承人	有	无	无	有	有	署名权
《上海市非物质文化遗产保护条例》	非物质文化遗产传承人	有	有	无	有	有	研究权
《江苏省非物质文化遗产保护条例》	非物质文化遗产传承人	有	无	有	有	有	知识传授权、研究权

传承人既是非物质文化遗产的权利主体，享有在非物质文化遗产的发展流传中带来的利益，又是承担传承义务的主体。非物质文化遗产传承人所"拥有"的非物质文化遗产，尽管在其直接的权利行使与收益上是个人或群体的，但是绝不能混同和停留为私有的物权，其同时是不论是社区的、族群的抑或民族的——公共的历史传统、精神遗产、文化财富，因此具有二重性，作为传承人是该非物质文化遗产的"代表性"传承者而不是全部的传承者，全部的传承者归根结底，是在其生活场景之中的社群或族群。因此，在非物质文化遗产的权属主体、内容和性质上，都应注意这种二重性。这种二重性是政府作为主导者代表国家和社会行使监督管理、激励评价、保障促进的职权、职责的内在根据之一。有学者正确地指出，对待非物质文化遗产，应有"可贵的'公产意识'"。① 这种"公产"性质就内在地要求传承人担负

---

① 刘魁立：《非物质文化遗产名录：提倡"契约精神"、彰显"公产意识"》，《世界遗产》2014年第12期。

相应的职责、履行相应的义务。

对于传承者义务的明确，是达到非物质文化遗产传承保护的公共目标、立法目的和法律价值的约束支点与规范方式。比如，传承人不能以一种不作为的方式或消极的方式从事传承活动，或以积极的方式破坏传承活动，或破坏与传承有关的工具或条件。[①] 有观点认为，国家级非物质文化遗产项目代表性传承人应承担6项责任和义务。一是在不违反保密制度和知识产权的前提下，向省级文化行政部门提供项目操作程序、技术规范、原材料要求、技术要领等非物质文化遗产资料；二是制定项目传承计划和目标任务，报文化行政主管部门备案；三是努力从事非物质文化遗产的生产、创作，提供高质量的非物质文化遗产作品及成果；四是认真开展传承工作，无保留地传授技艺，培养后继人才；五是积极参与展览、演示、教育、研讨、交流等活动；六是向省级文化行政部门提交项目传承情况报告。[②] 长三角地区有关规范性文件至少规定了非物质文化遗产传承人的四项义务：继续开展传承活动，培养后继人才；妥善保存相关的实物、资料；配合文化主管部门实施非物质文化遗产调查；参与非物质文化遗产公益性宣传活动。这与《国家级非物质文化遗产代表性传承人认定与管理暂行办法》第13条规定是基本一致的，只是前者对非物质文化遗产代表性传承人规定了比一般的代表性传承人更为明确具体的传承方面的义务。

表4　关于非物质文化遗产传承人义务的规范性文件（长三角地区）

规范性文件	主体	开展传承活动	培养后继人才	配合传承记录整理工作	保管资料、提供资料	其他义务
《杭州市文化广电新闻出版局杭州市非物质文化遗产代表性传承人申报与认定办法》	杭州市非物质文化遗产代表性传承人	有	有	有	有	及时反映保护情况

[①] 田艳：《非物质文化遗产传承人的权利与义务》，《光明日报》2011年4月29日。
[②] 周玮、璩静：《文化部副部长：国家级"非物质文化遗产"传承人肩负6大责任》，中国政府网，http://www.gov.cn/jrzg/2008-02/29/content_905286.htm。

续表

规范性文件	主体	开展传承活动	培养后继人才	配合传承记录整理工作	保管资料、提供资料	其他义务
《苏州市民族民间传统文化保护办法》	民族民间传统文化传承人	有	有	无	有	参与公益展示、研讨
《上海市非物质文化条例》	上海市非物质文化遗产代表性传承人	有	有	有	无	制定项目传承计划和目标、开展研究创作
《江苏省非物质文化遗产保护条例》	江苏省非物质文化遗产代表性传承人	有	有	有	有	无

基于行政契约的理念与方法，作为一种代替单方决定的行政行为的合作手段，权利义务内容应当体现相对人一方在契约中的地位。[①] 但是基于上述对于地方文本的分析，在双方的权利义务配置和设定上，往往突出了"行政性"，而将另一重要特性"契约性"束之高阁。例如行政主体积极宣传、尊重自主、授权开发的合理限度、补助的及时足额等相应的契约义务则缺少限定。这就有可能使得行政主体的行政职责专横化、特权化，并会最终背离行政契约这种平等、商谈、合意、协同和联动的初衷，使之伪契约化。因此，通过对于行政契约内容的细化和完善，达到契约双方的权责一体，才能完整体现行政契约所具有的合意、平等理念，达到调和利益冲突和加强非物质文化遗产保护的目标。

（三）补充行政契约的监督、救济规范

在我国政府主导型的非物质文化遗产保护中，哪怕纳入行政契约，对于行政主体也必须予以监督、制约的补强。这就需要克服缺乏适格监

[①] 马怀德：《行政程序立法研究：〈行政程序法〉草案建议稿及理由说明书》，法律出版社2005年版，第418页。

督主体、传承人和公众的知情权未得到明确保障、过多依赖行政机关内部层级监督等的缺憾，需要在地方立法中就非遗法的粗疏规定予以充实和扩展。此前有学者只是笼统地提出非物质文化遗产保护中的行政资助及其监督管理，① 而对其实现的程序机制、法定指标以及行为类型没有触及。重要的在于，应当是均衡地针对双方主体予以监督，而不是仅仅针对相对人即非物质文化遗产传承人一方。所以苏州非物质文化遗产管理中首次提出传承人资格绩效考核制度，废除终身制，固然有其必要性，但是不仅没有具体的资格绩效考核程序方法，而且强化行政主体单方面解除契约的权力，在进一步加强传承人的高度自律的同时，是否有失衡之虞，值得观察。

在非物质文化遗产管理中尚鲜有非物质文化遗产传承人的权利救济意识与实践。而如果出现行政主体违背协议的行为，致使双方约定不能得到全面有效的实施，那么就应当承认和保障传承人寻求和实现权利救济的权利，包括提起行政诉讼的权利。尽管在2015年的新《行政诉讼法》第12条第1款第11项规定的行政协议在不完全列举中是政府特许经营协议、土地房屋征收补偿协议等协议。但最高人民法院司法解释对新《行政诉讼法》规定的"等"协议进行明确，是"等外"协议，"等"协议是指除政府特许经营协议、土地房屋征收补偿协议之外的其他行政协议。② 因此，作为行政契约、行政合同，应当纳入行政诉讼受案范围。唯其如此，也才符合行政诉讼法的制度价值及其修法目的。

结　语

非物质文化遗产第一保护人是政府，特别是地方政府。③ 基于法治

---

① 徐辉鸿：《非物质文化遗产传承人的公法与私法保护研究》，《政治与法律》2008年第2期。这种监督，也是针对传承人即行政契约中的行政相对人的。"对传承人和传承机制进行资助，但政府应对资助经费的使用和传承活动进行监管。"
② 程琥：《审理行政协议案件若干疑难问题研究》，《法律适用》2016年第12期。
③ 周润健、朱天骄：《"传统村落保护要防止二次破坏"——专访冯骥才》，中国政府网，http://www.gov.cn/govweb/xinwen/2014-10/31/content_ 2773575.htm。

的立场，根植文化治理的特质和依法行政的原则，鉴于我国行政权力惯有的强势与盲动偏向，在政府与非物质文化遗产传承人之间的合作互利关系中，政府权力制约与责任承担始终不应被忽视。传承人与行政主体间的契约化即运用行政契约的行为方式和规制程式，建立非物质文化遗产传承人与地方政府之间的行政契约法律关系，或在一定程度上弥补非遗法立法相对概括的局限，并且与行政确认、行政奖励、行政指导、行政帮助等予以匹配和整合，发挥弥合、衔接、同构和互动的特有功能，应当是一个适宜的优化非物质文化遗产传承保护机制的行政法选项。当前和未来的一个时段内，在已有的非遗法为依据的前提下，根据2015年新的《立法法》有关地方立法事权特别是设区的市立法权限的授权规定与省级人大常委会的决定，设区的市因地制宜地在历史文化保护中开展非物质文化遗产保护的立法项目，已经获得立法空间并在赢得日益广泛和坚实的社会基础与明确的立法需求，并将成为我国非物质文化遗产保护立法深化的必要途径和重要探索。长三角地区的上述规范性（法律）文件一并面临着修订完善、制度重构的紧迫任务。综上，行政主体对于非物质文化遗产传承人的管理服务方式的转型与发展，既是上述地方立法的实践基础，又是其调整对象。其中的契约理念、制度和行政契约的行为类别与程序方式或可牵引和推动非物质文化遗产保护全局性的治理变革与法治发展。

清水江文书的契约精神及其传承与发展

——以锦屏华寨村为例

粟 丹[*]

(浙江工业大学法学院)

摘要 历史上的清水江文书集中体现了守约尊约的规则意识、协商一致的平等意识和诚实守信的诚信意识。而今,这种契约精神在华寨村的《村民自治合约》和"契约化"管理两方面得到了传承和发展。相对于传统私人契约而言,《村民自治合约》在主体上体现了从私人约定向群体约定的转变;在内容上体现了从保护私人权益向维护公共利益的转变。"契约化管理"则体现了华寨村的社会治理由传统"契约合作"模式向"契约化管理"模式的转变。在国家治理体系和治理能力现代化的时代背景下,传承清水江文书的契约精神并实行软法治理,是改进民族地区治理方式、提升其治理能力的有效路径。

关键词 清水江文书;契约精神;华寨;传承

"清水江文书"是我国贵州省清水江流域苗族、侗族人民创造和保藏的一种民间文献遗产,主要包括山林经营和木材贸易方面的大量民间

---

[*] 粟丹,女,法学博士,浙江工业大学法学院副教授。研究方向:立法学、法律文化。

契约和交易记录。① 自被发现以来，受到学界广泛的关注，也产生了丰富的研究成果。② 现有研究大多是研究者根据所接触到的部分文书或与其研究兴趣相关的某一类型文书而进行的专题性研究，这些研究对于我们了解作为"地方性知识"的清水江文书有所裨益，但仍然存在不足。③ 以法学领域的研究为例，大部分研究集中于从法律制度的内部视角来解读文书文字中的法律内涵及契约纠纷解决机制，鲜有从外部的视角来追问制度背后的行动逻辑与观念指导。即使有学者关注到了契约精神之于契约行为的规范和约束作用，但也只是泛泛地运用几份文书来论证诚信精神在清水江契约文书当中的体现。④ 而清水江文书当中是否真的存在契约精神？存在哪些契约精神？这些契约精神如何传承发展等几个关键性问题则被弱化甚至忽略。笔者认为这主要是研究思路的惯常性与研究方法的单一性所致。长期以来，学者们习惯于对清水江文书进行细致的文字解读，这种静态的研究方法虽然有助于历史记忆的建构，但无法看到文化的流变过程及当下的表现形态。同时，学者们倾向于挖掘和展示清水江流域乡土社会生活的地域性、民族性、专有性特点，而对于清水江文书作为中国明清契约之组成部分这一共性则少有关注，这些局限都难免影响我们对清水江文书的准确判断和全面把握。因此，有必要对当下的清水江文书研究进行两个方面的方法论转换：即由静态的研究向动态的研究转换，由微观的研究向宏观的研究转换。⑤

---

① 张应强：《文献与田野："清水江文书"整理研究的方法论》，《光明日报》2015年10月15日第16版。
② 吴才茂：《近五十年来清水江文书的发现与研究》，《中国史研究动态》2014年第1期。
③ ［日］唐立：《云南西部少数民族古文书集·编序》，东京外国语大学国立亚非语言文化研究所2011年版。日本学者唐立指出，经过系统整理影印出版的"清水江文书"已经提供给学界，但利用它们进行研究的学术成果与积累并不多，确实是令人遗憾的事情。
④ 相关研究有：徐晓光：《清水江文书对生态文明制度建设的启示》，《贵州大学学报》2016年第6期；吴声军：《清水江林业契约在生态文明建设中的价值》，《贵州民族研究》2016年第1期；李向宇、龙宇晓：《清水江文书经济诚信思想的特征与意义》，《贵州大学学报》2014年第12期；曹务坤：《从诚信到视角看清代黔东南锦屏侗族、苗族林业契约》，《贵州民族研究》2011年第4期。
⑤ 瞿见：《清代文斗寨中人制度》，谢晖、陈金钊主编《民间法》第十二卷，厦门大学出版社2013年版，第282页。德国海德堡大学瞿见博士认为，清水江契约文书虽然有其民族的特色和地域的特点，但仍然保持了中国传统社会的基本逻辑。笔者认同这一基本判断，因此也特别强调要准确把握清水江文书的特殊性与普遍性问题。

基于以上的思考，本文试图从多学科交叉的角度，通过横向和纵向两个维度来考察清水江文书中的契约精神及其发展。横向维度是通过对清水江地区的林地买卖、山场租佃等典型契约的介绍和分析，来挖掘清水江契约文书的契约精神；纵向维度则是通过对华寨村契约历史演变过程的描述，来探究当今华寨模式与传统契约精神之间的内在关联与价值传承。契约精神作为一种流动的传统，既能反映过去也能展望未来，只有通过这种动态的研究才能深入揭示清水江文书的民间文化传承和区域社会秩序建构的内在机理。①

一　清水江文书的契约精神

作为各种公私交往活动中的原始文本和记录②，契约文书在我国的历史十分久远，从最早的"上古之民，刻木为信"，到汉代的"民有私约如律令"，其后经历长期的发展，至明清时期趋于成熟。明清的清水江地区，随着中央朝廷对西南边疆的不断拓殖和经营，由"化外"之地逐渐成为"王化"之区。随着卫所军士和移民汉族的不断涌入，汉族契约文书的文本方式和观念形态也随之传入。清水江苗侗少数民族在与汉族的交往过程中，逐渐学会利用汉字契约文书形式来维护交易秩序和保障自身权益，经历了从"插草为界"的"无法"习惯向"各具契纸"的"有法"习惯转变的历史变迁过程。③从明清至今的500多年当中，在以锦屏为核心，包括黎平、剑河、三穗、天柱、岑巩等县的清水江下游苗族、侗族村寨，出现了数十万份纸质契约文书。这些契约文书大多数是未经官府"验讫"的"白契"，是当地苗侗社会独特的信用系统与行为规范。④行为规范的背后反映了清水江人民对契约的观念形态和习

---

① 张应强：《文献与田野："清水江文书"整理研究的方法论》，《光明日报》2015年10月15日第16版。
② 栾成显：《清水江土地文书考述——与徽州文书之比较》，《中国史研究》2015年第3期。
③ 吴才茂：《明代以来清水江文书书写格式的变化与民众习惯的变迁》，《西南大学学报》2016年第4期。
④ 张应强：《文献与田野："清水江文书"整理研究的方法论》，《光明日报》2015年10月15日第16版。

惯传统，某种程度上而言也是一种契约精神的体现，① 这些精神主要表现在以下三个方面。

（一）规则意识

契约精神作为契约关系的内在原则，是一种平等、尚法、守信的心理态度、价值观念和人格品质，其从本质上说就是一种尊重规则和重视规则的意识。② 苗侗民族的历史上只有语言没有文字，在汉文化未进入该地区之前，他们的日常交往多以木契、石契、口契为主。所谓木契是指在木头上刻字，对劈为二，买卖者各执其半以为信。张传玺教授将之称为中国古代契约的判书制度。③ 当汉族已经进入纸契时代的时候，木契还广泛存在于少数民族的契约关系当中。如宋人周去非《岭外代答》曰："两广傜人无文字，其要约以木契合二板刻之，人执其一，守之甚信"。④ 在清水江的少数民族地区，也有同样记载。如《古州杂记》曰："古州苗人素不识字，无文卷，即贷卖田产惟锯一木刻，各执其半以为符信"。民国年间的《贵州通志》也记载："俗无文契，凡称贷交易刻木为信，未尝有渝者。木即常木，或一刻或数刻，以多寡远近不同，剖而为二，各执一，如约时合之，若符节也。"⑤ 石契是指以石头作为社会交往的契约凭证，历史上的苗侗民族没有自己的文字，故需要集体举行"栽岩会议"或"埋岩会议"等仪式来确定其口头约定的效力，这便是石契。这些石契在清水江文书中多有记载，如在《天柱文书》之民国三十四年的《分关合同》中就载有"埋岩为界"等字样，即埋入双方皆

---

① 田涛：《中国人的契约精神——诚信与平衡》，《法律文化研究》，中国人民大学出版社2007年版，第33页。关于中国传统社会是否存在契约精神是一个仁者见仁、智者见智的问题，黄宗智和寺田浩明等学者以西方平等、自由价值为标准，认为中国古代没有契约精神。霍存福、田涛、韩涛等学者则认为，中国自汉以来留存的大量纸质契约就表明了其契约精神的存在，且中西方对契约精神的不同看法，没有争论的实质意义，只是看问题的角度不同而已。笔者亦认同这一观点。
② 参见张小军《契约精神及其培育研究》，硕士学位论文，华南理工大学，2013年。
③ 张传玺主编：《中国历代契约会编考释》（上），北京大学出版社1995年版，第2页。
④ （宋）周去非：《岭外代答》卷10《蛮俗门·木契》。
⑤ （民国）刘显世、吴鼎昌：《贵州通志》，士民志九，第49页。

认可的符号性岩石作为产权归属的依据。① 所谓口契是指人们所作的口头协定。口契来源于古代的血盟，立约过程中要求人们要大声朗读契约，就是要召唤不同的神来见证其盟誓。② 苗侗民族在其发展过程中也长期采用了这种契约形式。如（宋）朱辅《溪蛮丛笑》中记载："彼此歃血盟誓，缓急相援。名门款。"明清以后，随着汉字的传入，苗侗地区开始出现了以文字为载体的纸质契约，即是我们今天看到的清水江契约文书。木契、石契、口契、纸契四种契约的外在表现形式虽有不同，但所表现出来的守约、遵约的规则意识却是共通的。

首先，规则意识来源于人类的集体意向性。美国当代语言学家塞尔将社会事实分为制度性事实和原生性事实两种。制度性事实是人们关于某种行为的应然性规则，以及这些规则集合而成的一套制度。而原生性事实则是能够通过经验观察而获知的物理或心理事实。③ 制度性事实来源于人们的集体意向性，集体意向性是人们关于某种制度的态度和观念，当几乎所有人都把某种东西相信为、认作为、接受为、用作为某种东西时，这种东西就成了一种社会实在。④ 集体意向性使契约的产生和运作成为人类生活的常规，遵守这种制度就成为人们生活的常态。

其次，规则意识源于清水江人民生活中的互惠原则。从生物进化学的角度来说，漫长的狩猎采集社会为人类合作心理的塑造及契约的产生提供了坚实的社会基础，当人们超越亲缘共同体，组成部落或更大规模的社会时，互惠利他就成为基本的行为模式。⑤ 互惠利他行为意指"两个或多个个体相互利益的合作"。⑥ 契约在人类演化过程中的意义就在于

---

① 参见李红香《湘黔桂毗连地带历史时期"契"与文书的关联性研究》，《贵州大学学报》2014 年第 3 期。
② ［美］韩森：《传统中国日常生活中的协商：中古契约研究》，鲁西奇译，凤凰出版传媒集团 2009 年版，第 7 页。
③ ［美］约翰·塞尔：《社会实在的建构》，李步楼译，上海人民出版社 2008 年版，第 3 章。
④ 参见张龑《软法与常态化的国家治理》，《中外法学》2016 年第 2 期。
⑤ 参见刘银良《论契约的由来》，《法学杂志》2015 年第 7 期。
⑥ See Leda Cosmides and John Tooby, "Cognitive Adaptations for Social Exchange", in J. Barkow, L. Cosmides & J. Tooby (eds.), *The Adapted Mind: Evolutionary Psychology and the Generation of Culture*, Oxford University Press, 1992, p. 169.

固定人类的互惠利他行为，使广泛的社会合作成为可能。[①] 季卫东教授认为，互惠原则作为中国传统文化的重要代表，其实质在于对称，在于把不平衡的关系调整为平等的张力和动态。[②] 就清水江地区少数民族而言，互惠利他行为既能满足个人利益，又能实现社会和谐，集中体现了公平与效率。[③] 故此，契约自然而然地成为清水江人民的一种制度选择。

最后，规则意识反映了清水江人民对和谐价值的追求。哈耶克认为，契约作为人类和谐有序、协调生活的基础，意味着所有的社会人也是契约人，即他们不仅追求目的也要遵循规则。[④] 清水江流域是苗族和侗族聚居区，少数民族在个人与个人之间的交往中，讲究团结互助，敬老尊贤、平等相待；在个人与群体的交往中，强调个人对集体利益的遵守和集体对个人利益的维护；在人与自然的关系中，强调人与自然和谐相处。[⑤] 崇尚和谐的文化心理，使得清水江人民更愿意通过尊约、守约来维护社会秩序和社会和谐。因为契约天然包含了人类追求和睦共处的价值观念，当人们自觉将平等、理性、非暴力等观念内化为自己的价值观后，才能去自觉地约束自己的行为。[⑥]

（二）平等意识

关于中国古代契约的平等性是一个具有争议的问题。学界通常认为，中国古代是等级身份社会，不存在契约平等。有学者则认为，虽然中国古代是一个不平等的社会，但不能据此否认民事主体在从事契约活动时的相对平等地位。而且，无论古今中外，绝对的契约自由和平等主体是根本不存在的。[⑦] 在中国古代的民事交易中，一直存在一种相对平等，这种相对平等是指缔约人之间的平等，如契约可以在家庭之间或家

[①] 参见刘银良《论契约的由来》，《法学杂志》2015年第7期。
[②] 参见季卫东《中国的传统法律思维方式》，《中国法律评论》2014年第1期。
[③] 参见刘银良《论契约的由来》，《法学杂志》2015年第7期。
[④] See Hayek Rules, *Perception and Intelligibility*, in Studies in Philosophy, Politics and Economic, Routledge & Kegan Paul Led, 1967, p.56.
[⑤] 参见粟丹《传统侗款的法文化探析》，《贵州社会科学》2008年第12期。
[⑥] 参见鲁思雯《现阶段我国公民契约意识培养研究》，硕士学位论文，北京化工大学，2013年。
[⑦] 参见苏亦工《发现中国的普通法——清代借贷契约的成立》，《法学研究》1997年第4期。

庭外部签订，还可以在官与吏、官与民之间签订，常用的表述是"两共对面平章"，意思是缔约双方面对面商议①。这一说法在《田涛契约文书粹编》一书所收集的大量契约中也有所印证。《田涛契约文书粹编》中关于契约的概念涉及八个，即"契""约""字""据""书""告示""票""照"。其中涉及私人交易的"契""约""字""据""书"五种契约发生在平等主体之间，而具有官方性质的"告示""票""照"三种契约则发生在官民关系之间。②同时，契约中特有的中人制度也能够将双方暂时、局部地架构在一种契约平等环境中。③因此，笔者认为，传统中国的契约平等不是指缔约双方的地位平等或人格平等，而是指在某一具体关系中，双方或多方在某些方面的相等、相当或对应一致，④这里强调的是立约双方的平等对待和平等协商。又如王泽鉴先生所谓的主观平等原则，即契约在一方的履行与另一方的对应履行之间必须存在平等，这种平等不管客观上实际履行情况如何，但交易双方主观上希望获得平等的对待。⑤从这个意义上而言，中国古代契约是具有平等意识的。

清水江地区的苗侗村寨往往聚族而居，其经济往来通常是以房族或家族为单位进行的，家族经济具有明显的血缘和地缘性以及"共业"的特点。在家族之间签订契约要遵守平等协商的精神，这是契约成立的前提。其实这与古代中国家族一体观念也是一致的，由于中国古代只有家长才具有独立的契约主体资格，家长与家长之间是平等的，没有等级之分，故不存在因等级关系而产生的意志强迫问题。⑥如成书于乾隆三十四年的"卖山书契"中记载："立迈山场约人张化寨众姓人等。为因军需浩繁，缺少夫马费用。协同公议，只得将于平敖寨共山一所，坐落地名

---

① 霍存福教授在其文章中列举了大量写有"两共对面平章"的契约。参见霍存福、刘晓林《契约本性与古代中国的契约自由平等——中国古代契约语言与社会史考察》，《甘肃社会科学》2010年第3期。
② 参见王旭《中国传统契约文书的概念考察》，《法治论丛》2006年第4期。
③ 参见田涛《中国人的契约精神：诚信与平衡》，《法律文化研究》，中国人民大学出版社2007年版，第38页。
④ 参见彭定光《论对等原则——不平等的合理性限度》，《襄樊学院学报》2002年第1期。
⑤ 王泽鉴：《债法原理》，北京大学出版社2013年版，第23页。
⑥ 参见张珊珊《中国古代契约主体资格的限制及其文化分析》，《河北法学》2011年第10期。

党亚他,其山左抵露猛冲,右抵乌松珠,原系两股平分,凭中将张化寨范姓一股出卖与平敖寨姜绍仪、国昌、天时、文德、向之、明德、国珍、文遐八人名下为业。"该契约当中的"协同公议"四个字就表明了,必须经过双方家族成员的协商取得一致意见后,才能实现林地产权的转让。[①] 同时,历史上的苗侗先民有"歃血盟誓"的传统,盟约体现出来的精神主要是道德人伦的忠义关系,也包含着对平等权利的肯定。[②] 如在民国《岭表纪蛮》中关于侗族石契阶段的集体活动中记载,"凡与会者均有发言权和表决权"。[③] 除了大量的家庭或家族之间的经济交往之外,涉及家庭成员内部的析产分家等个人契约中,也要求尊重对方,协商一致。如清嘉庆二十四年文斗寨的《姜绍略、绍熊、绍齐兄弟分关契约》中记载:"我等弟兄俱居心平意愿,自今以后各照分关殷勤耕种,世代管业,日后不得异言"[④]。

(三) 诚信意识

作为契约精神的核心内容,诚信一直是契约研究的重点,甚至有学者认为契约意识起源于诚信,包含诚信,无诚信就没有合作,也就无契约。[⑤] 在中国古代的人际交往中,"信"是建立和维持各种人际关系的重要德性。[⑥] 在契约活动中,信的道德标准胜过了法律标准,换言之,契约义务的强制性源于契约当事人之间的相互承诺。[⑦] 有如荀子:"合符节、别契券者,所以为信也。"[⑧] 即人们缔结契约的目的是保证缔约各方对彼此权利与义务承诺的履行,是信誉的保证。

---

① 参见罗康隆《清代贵州清水江流域林业契约与人工营林业的发展》,《中国社会经济史研究》2010年第2期。
② 于立深:《公法哲学意义上的契约论》,博士学位论文,吉林大学,2005年。
③ 刘介:《岭表纪蛮》,商务印书馆1934年版,第11页。
④ 梁聪:《清代清水江下游村寨社会的契约规范与秩序——以锦屏文斗苗寨契约文书为中心的研究》,博士学位论文,西南政法大学,2007年。
⑤ 参见吴汉东、徐国兴《信用本质的经济分析》,《中国人民大学学报》2004年第4期。
⑥ 叶修成:《论先秦"誓"体及其契约精神》,《北京社会科学》2016年第8期。
⑦ See Mo Zhang, "Contract Law in Chinese Traditional, Chinese Contract Law", *International Law E-Books Online*, 2005, p. 27.
⑧ 《荀子·君道》。

清水江文书的契约精神及其传承与发展

　　清水江人民的契约诚信主要表现在契约格式、契约习惯和纠纷解决机制三个方面。有学者通过研究清水江地区明代的 13 份契约后发现，清水江契约从明代开始便有相对稳定的契式，其契纸模版没有大的改变。① 还有学者通过对清朝至民国时期 3964 份山林契约的分析也发现，这些山林契约基本上都保持了相同的书写格式。② 稳定的文本格式强化了人们对于契约的"信"，这个信一方面体现了立契当事人的诚信，另一方面也承载了以此作为现实权利义务的凭证。③ 而每份契约文书格式中必不可少的"空口无凭，立字为证"等套语也体现了关于信的理解和运用。这些套语起源于"信"，经历了借助神灵督促履约，到相信人能守"信"，再到预防人"无信"的转变过程，具有证据的实质性意义。④

　　除了从契约格式上强化形式要件的证据性价值之外，清水江人民的诚信意识还表现在他们的习惯法传统和纠纷解决机制方面。这里的习惯法传统主要是指传统苗侗社会的道德诚信。诚信对于清水江苗侗地区这样的"熟人社会"非常重要，关乎一个人的"面子"和"尊严"，讲诚信意味着是"好人"，⑤ 而一个不守信用的人是很难在这个狭小的社会空间生存的，人们的道德自律会自动约束机会主义行为。如成书于清嘉庆十七年的锦屏文斗寨的《主佃分成契》⑥。这种利润分割契约大多是在植林后三五年间，有待木植初步成林后签订。此时距离收获利润尚有十五年左右，其间潜藏着诸多的变动与风险。很多时候，契约签订者或中人已经不在人世，但是文书约定的"恐后无凭，立此合同字样远永为

---

① 林芊：《国内成熟文书在少数民族地区的运用：明代清水江文书契纸样式简论》，《贵州大学学报》2015 年第 4 期。
② 参见王宗勋《浅述锦屏山林契约档案》，《贵州省档案学会纪念建党 80 周年学术交流会论文集》，第 2 页。
③ 参见唐红林《中国传统民事契约格式研究》，博士学位论文，华东政法大学，2008 年。
④ 祖伟：《我国传统契约文书"恐后无凭"套语的证据实质意义》，《社会科学辑刊》2016 年第 6 期。
⑤ 徐国栋教授认为，善是诚信的上位概念，"诚信在本质上就是好人原则"。参见徐国栋《诚信原则理论之反思》，《清华法学》2012 年第 4 期。
⑥ 陈金全、杜万华主编：《贵州文斗苗寨契约法律文书汇编——姜元泽家藏契约文书》，人民出版社 2008 年版，第 124 页。

据"一直能够产生约束力，权利人的经济权利在经过几十年之后也依然能够实现，[①] 这就不光是一纸契约的约束，更多的还有赖于道德的引导和激励。同时，人们之所以敢于签订高风险的林业契约，还在于其较为发达的纠纷解决保障机制。这种纠纷解决机制具有一套较为完整的制度构成，从当事人自己的协商到申请中人、寨老的裁断，再到通过习惯法进行司法审判，使契约争议能够得到及时有效的解决，有利于契约信心的培养和契约信赖关系的建立。[②] 如清乾隆五十八年的《姜士昌清白字》[③] 中记载："立清白字人姜士昌为因父亲已，以前将土名污养山场一块卖与姜佐周，为此前不清，写到盘路为界，因此界不清，二彼争论，今凭寨乡老劝解，二彼不得生端……"这份清白字是基于前一份买卖契约中所约定的四至不清引起的纠纷，寨老、乡老等人物从中劝和，并重新划分地界。这是典型的由寨老调解的纠纷，也是明清时期清水江地区广泛存在的纠纷解决方式。明代田汝成在《炎徼纪闻》中就曾记载："苗人争讼不入官府，即人亦不以律例科之，推其属之公正善言语者，号曰行头，以讲曲直。"

二　清水江文书契约精神的传承：以华寨村为例

历史上的清水江地区长期处于化外之地，维持当地社会秩序的是"盟约""款约""议榔"等民间习惯法。清朝以后，随着林业契约的大量涌现，使当地呈现出私人契约与公共规约并存的状况。这意味着，在清水江人民的生活中，不仅存在私人契约的规范形式，同时还存在"款约""乡约""禁约""合约"等规范形式，有学者将其称为"约法"的社会。[④] 随着这种约法社会的出现，传统私人契约的外在规则形式和内在精神价值得以传承和发展。锦屏县华寨村的契约发展历程便是这一现象的有力见证。

[①] 参见李向宇《清水江契约档案中的经济诚信思想析略》，《兰台世界》2015 年第 4 期。
[②] 参见罗洪洋《清代黔东南锦屏苗族林业契约的纠纷解决机制》，《民族研究》2005 年第 1 期。
[③] 同上。
[④] 参见徐晓光、杜晋黔《华寨的自治合约与劝和惯习》，《民间法》第 15 卷，第 271 页。

（一）清代的华寨契约

华寨村也叫华寨、华村，属于锦屏县隆里乡。明代称"寨扒屯"，属龙里守御千户所；清代称"耙寨"，属龙里蛮夷长官司；民国时期，改名为"华寨"，属隆里乡；中华人民共和国成立后，设"华寨村"。华寨村位于隆里乡西北部，距乡政府驻地 1.5 千米。全村下辖华寨、地灵、半冲三个自然寨，4 个村民小组，现有 203 户，896 人，以苗族、侗族杂居为主。历史上的华寨村因为紧邻隆里和新化两个军事重镇，其接触到汉文化的机会比较多，故华寨村历史上也有使用汉字契约文书的习惯。如清光绪十年的《卖地契》[①]：

> 立断卖芳平子字人龙士斌、龙士昌为因缺少费用无处出自愿将营盘芳平子七幅卖与堂叔龙辅贤名下承卖。为业当日凭中议定断价谷子壹百斤，整亲手收回应用其有荒平自卖之后任凭买主栽种管业，卖主不得异言。上凭龙辅庭为界，下凭田，左凭营盘凹颈路上为界，右凭龙辅世为界。是字分明，恐后无凭，凭立此断字承照。
>
> 　　　　　　　　　　凭中　杨本受
> 　　　　　　　　　　代笔　龙辅汉
> 　　　　　光绪十年十月十日 立断

（二）明国时期的华寨契约

清末至民国时期是我国政治、法律都急遽变革的时期，近代西方民法的平等、自由等理念开始传入，出现了许多新型契约，不过这些变化主要发生在城市而不在农村，而远离国家政治经济中心的华寨村依然保持了明清时期的契约传统。如华寨村村民龙景高家藏契约文书中有一份民国三十一年的《租佃契》[②]：

---

① 该契约由凯里学院吴才茂教授提供，表示感谢。
② 该契约来源于吴才茂《明代以来清水江文书书写格式的变化与民众习惯的变迁》，《西南大学学报》2016 年第 4 期。

立典田字约人扒寨龙君和。为因缺少用费无出，自愿将先祖遗下之业，坐落土名后徐皆秧田一坵，约谷陆石，请中出典龙里先生王家猷名下承典为业。当日凭中议价市洋壹佰元整，亲手收足应用，其市洋字［自］典之后，言延秋收，称脚谷贰百斤整，不得断少，如有少，者［则］任从典主耕种管业。恐口无凭，立此典字为据。

凭笔、中：龙君凡
民国三十一年三月二十日立

　　由以上两份契约可见，从清代开始，华寨村便开始出现契约文书。其契约格式与清水江其他地区的契约并无二样，而契约习惯的形成则与其所处的特殊地理位置及其文化传统有关。明洪武年间，中央王朝为加强对清水江地区的军事控制，共置五开、兴隆、镇远、偏桥、清浪、清平、平溪、古州、铜鼓九所，卫所军士达五万余人。卫所军士及家属在与周边苗侗民族的日常交往过程中，习惯性地使用汉族契约形式来进行经济活动[①]，相对于过去的石契和口契，纸契文书具有更为直接的证明力和长久的约束力，具有比以往任何形式的契约都无法比拟的凭证功能，故在卫所周边的少数民族地区得到迅速的传播和适用，如前述的《租佃契》是民国时期的卫所士兵后裔与华寨村民交易的记录，这就有力地证明了华寨村历史上的契约传统。

（三）中华人民共和国成立以后的华寨公约与契约化管理

　　中华人民共和国成立后，华寨村由过去相对封闭的自治社会变成了锦屏县的行政村，随着国家行政强制力对基层社会的控制，传统规约基本上消失殆尽。直到改革开放后，随着农村家庭联产承包责任制的兴起，传统的自治方式才又开始复兴。但改革开放之后的华寨村由传统社会变成了一个利益多元化的社会，需要有一种新型的社会规则来维护乡

---

① 据王宗勋和张应强对锦屏县档案馆藏 4000 份契约文书的统计，有 4% 来自卫所后裔居住地隆里和新化。参见王宗勋、张应强《贵州省锦屏县民间山林契约简介》，《华南研究资料中心通讯》2001 年第 24 期。

土秩序并解决纠纷。于是,《村民自治合约》和"契约化管理"模式在这样的背景下产生了。

华寨村《村民自治合约》共21款,内容涉及华寨村村民生活的方方面面。主要有:村里领导组织结构、劝和原则和方法、族长职责、养老、山林、调解费用、宗教信仰、防火、饮用水、捕鱼、家畜家禽饲养、古物保护、卫生环境、占地、建筑规制、民政救助等资格、合约的执行、合约的生效等内容。①合约由倡导性规定和禁止性规定两种行为模式构成:合约中的倡导性条款的内容不多,主要涉及村里的公益事业和善良风俗;② 合约中的禁止性条款则较多,主要体现在以下几个方面:①维护社会基本公德方面。③ ②维护社会治安方面。④ ③保障生产安全方面。⑤ ④维护公共秩序方面。⑥

为保障《村民自治合约》的贯彻落实,华寨村还成立了12个自治组织,如"平安村寨创建工作领导小组""治安防范帮教工作领导小组""劝和工作小组"⑦"治安联防队""义务消防队""《村民自治合约》执行工作小组"等,确保了全村各项工作形成组织体系和责任落实到人。⑧ 这种管理模式被称为"契约化管理"模式,所谓契约化管理,是将法学和经济学中的契约关系引入村级事务管理中,通过合同、协议

---

① 徐晓光、杜晋黔:《华寨的自治合约与劝和惯习》,《民间法》第15卷,第270页。
② 如第2款规定,"加强团结、和谐共处,以歌劝和。……"第4款规定,"凡红白喜事,提倡从简节约,反对浪费,提倡厚养薄葬,树立尊敬长者、孝顺老人之风……"
③ 如第5款,"为净化风俗,树健康文明风气,除逢年过节、白事坐夜娱乐活动外,平时禁止打牌赌钱,一犯批评,再犯者将报乡派出所处理"。
④ 如第9款,"凡参与迷信、邪教、涉毒活动的村民,自愿承担违约金200元;触犯法律者,移交司法机关处理"。
⑤ 如第13款,"凡在村辖区电鱼、毒鱼、炸鱼,除收缴电鱼机等工具外,违者自愿承担违约金100元"。
⑥ 如第17款,"村民建房及猪牛圈不能侵占街道或公地,临街新建房屋外露构件(阳台、檐口及雨棚等)不能伸入道路边缘,村民不得临主街搭建有损村容貌的猪牛圈及厕所,放杂物,除及时打扫清扫外,自愿承担违约金30元"。
⑦ "劝和工作小组"是其中最有特色的工作小组,一般由里几个有威信的人组成,针对家庭矛盾纠纷进行劝解。主要通过对纠纷家庭或个人唱"劝和歌",要求被劝者摆下"劝和饭"、一起喝"劝和酒"、放"劝和炮"等做法来解决家庭矛盾。
⑧ 参见杜晋黔《锦屏县华寨村"合约"治村民主模式的实践与当代价值》,庆祝新中国成立六十周年暨民族地区科学发展理论研讨会,2010年,第80页。

等书面形式，对村级事务进行规范，明确村组织与村民之间、村民与村民之间的权利义务及责任，把有关的法律法规、政策规定及村规民约的内容具体规定到契约当中，使村级事务管理公开透明、责权明晰、执行有据、运作规范，形成有法有据的长效管理机制。[1] 如关于计划生育问题是通过村委与村民签订"双诚信、双承诺合同"；关于赡养老人的问题是通过签订"老人赡养协议"等。在这样一种新型的管理模式下，华寨村的道德风尚和治安状况有了翻天覆地的变化，成为远近闻名的模范村寨，受到国内100多家新闻媒体的关注。2007年以来，华寨村被联合国教科文组织评为"少数民族社区学习中心"示范村，国家计生委评为"全国计划生育基层群众自治"示范村，贵州省授予"十佳和谐村寨"殊荣，全省"一事一议"项目实施示范村等称号。[2]

三　华寨模式对清水江文书契约精神的发展

作为一种新型的村规民约，《村民自治合约》既来源于传统的私人契约和民间规约，又具有时代性的创新性转化。正如谢晖教授所言，当代村规民约并非旧习惯的复写，而是应该随着社会经济的不同需要而变化，必须体现出因时而变的创造性，是自治的村民们基于当代变化了的实情而创造性地制作的结果。[3] 同时，以"契约式管理"为特征的华寨模式也体现出不同于传统契约合作模式的治理特点。某种程度上而言，《村民自治合约》和"契约式管理"就是清水江文书契约精神在当代的发展。

（一）《村民自治合约》：从"私人契约"到"公共规约"

当下的清水江地区，虽然民间依然大量存在买卖、借贷等私人契约，但同时还出现了维护社会公共秩序的《村民自治合约》，较之于传

---

[1] 参见马清民《以村务契约化促农村和谐稳定》，《光明日报》2006年11月28日第8版。
[2] 参见龙传永《合约式管理创建美丽新农村——锦屏县隆里乡华寨村社会管理创新纪实》，《贵州民族报》2013年12月4日第B02版。
[3] 参见谢晖《村规民约与村民自治》，《中国民族报》2015年10月30日第6版。

统的私人契约，合约已经具有新的特点。

首先，在契约主体方面，《村民自治合约》已经由私人之约发展成为群体之约。传统的清水江契约主要是一对一的个体约定，其目的是通过契约主体的协商做出互惠安排，并依其协议进行自我约束和相互约束。[1] 私人契约作为特定人之间的权利义务关系，具有主体的相对性、内容的相对性和责任的相对性三个方面的特点。[2] 所谓主体的相对性，指契约关系只能发生在特定的主体之间，只有契约当事人一方能够向另一方当事人基于契约提出请求或提起诉讼，[3] 这是私人契约最为重要的特征。当代的《村民自治合约》则是一个具有共同归属和利益关联的共同体做出的集体约定，是在全体村民平等参与、共同协商、集体讨论的情况下产生的，充分体现了村民的广泛参与性和主体地位的平等性。二者在缔约主体方面已经有了实质性的不同。

其次，在内容方面，《村民自治合约》已经由私人权益的保护发展成为公共利益的维护。传统私人契约既是个体交往的行为规则，也是实现个人利益的重要保障，代表了中国人的生活方式。有学者将传统中国人的理想生活比喻为"二十亩地、一头牛、老婆孩子热炕头"。"二十亩地和一头牛"是指在中国传统农耕社会的地契、租契和牛契，这些契约是保障个体生存的契约秩序；"老婆孩子热炕头"则是指婚书、阄书和房契，这些是保证生命繁衍的契约秩序[4]。古人通过这两类契约形式为人们之间的经济交往和社会交往提供了有效的行为模式，从而保障了生存和发展的不同需要。而《村民自治合约》则是体现了全体村民的共同意志，是符合全体村民的需要并让他们共同受益的行为规则。华寨村的《村民自治合约》内容涉及政务决定、治安管理、财务管理、土地管理、公共事务管理、社会公益事业、家庭邻里纠纷解决等，包括了社会生活的主要内容和秩序维护的基本方面，《村民自治合约》序言部分就明确写明，"为建立良好风俗、维护地方秩序……"

---

[1] 参见张振国等《中国传统契约意识研究》，中国检查出版社2007年版，第7页。
[2] 参见王利明《论合同的相对性》，《中国法学》1996年第6期。
[3] 同上。
[4] 参见冯学伟《契约生活之于古人的生活的意义》，《法制与社会发展》2011年第1期。

(二) 华寨模式：从传统"契约合作"模式到现代"契约化管理"模式

1. 传统"契约合作"模式

契约合作作为人们公共交往的基本形式，[①] 早在文字没有出现之前，就已经存在于人类的生活当中。[②] 社会学家涂尔干从社会分工的角度分析，人们通过契约结合在一起，是因为或者简单、或者复杂的劳动分工使他们产生需要。就像每个器官在有机体内部既相互联系，又有殊异一样，每个缔约人同时也需要与他人合作，想以最小的代价获得最大的利益，履行最少的义务。[③] 在信息匮乏和公共权力软弱的传统中国社会，道德上的教化与激励促进了人与人之间的相互合作和契约缔结，使资源得到合理有效的配置，社会秩序得到正常的运转。[④] 故有学者认为，真正维持中国传统社会民间秩序的是契约而不是法律。[⑤] 这里的契约即包括私人契约，也包括各种乡约。[⑥] 二者共同构成了中国传统社会的横向秩序网络。[⑦]

清水江地区虽然长期处于化外之地，但契约合作一直是苗侗人们经济生活和秩序维护的重要方式。这一点从木契、石契、口契、纸契等契约形式的历史发展过程可见一斑。雍正朝前后，虽然中央权力辐射到了清水江中下游地区，但地方官府对基层社会的管理是有限的，苗侗村寨内部的社会管理和人际交往多依靠地方自治，契约和乡规民约仍然是维护公共秩序

[①] 谢晖：《论民间法结构于正式秩序的方式》，《政法论坛》2016 年第 1 期。
[②] 据张传玺教授考察，中国使用契约的历史大约在原始社会末期，而已经发现的契约资料为西周中期的铜器铭文。参见张传玺编《中国历代契约粹编》（上），北京大学出版社 1995 年版，第 7 页。
[③] ［法］埃米尔·涂尔干：《社会分工论》，渠东译，生活·读书·新知三联书店 2000 年版，第 171 页。
[④] 参见丁晓东《身份道德与自由契约——儒家学说的制度性解读》，《法学家》2014 年第 3 期。
[⑤] 参见俞江《是身份到契约还是身份契约》，《读书》2002 年第 5 期。
[⑥] 日本学者寺田浩明认为，乡约是一种响应首唱者号召的人们集结在他的领导下，具有一种首唱和唱和的结构，是区别于相互合意上的约与命令型的约之外的第三种约。参见［日］滋贺秀三等《明清时期的民事审判与民间契约》，王亚新译，法律出版社 1998 年版，第 139 页。
[⑦] 参见钟莉《中国传统社会契约与秩序的关系》，《中山大学学报论丛》2006 年第 12 期。

的主要力量。① 华寨村的契约历史演变过程亦同样证明了这一观点。

2. 现代"契约式管理"模式

2005年，伴随着《村民自治合约》的产生，华寨村在合约执行的过程中逐渐摸索出一套与之相适应的管理模式，即契约化管理模式。② 这种模式是要在村干部与村民之间、村民与村民之间创造一个双向制约、民主平等、公开透明的平台，③ 将农村繁琐的事务用契约规范来进行管理。华寨村主要通过规范以下四个方面来进行契约管理：首先是规范契约形式，即根据村级事务管理的需要来确定契约名称，如山林保护合同、计划生育合同等；其次是规范契约的内容，即村委会将村里普遍存在的、容易引发纠纷矛盾的村级事务归为几个大类，并制定出契约蓝本以供适用；再次是规范契约的运行程序，即制定契约签订流程图和矛盾纠纷解决流程图来规范契约的签订和执行过程；最后是规范契约的监督履行，即成立《村民自治合约》执行小组，从程序和契约内容两个方面来监督契约的实际履行。④

华寨村的契约式管理模式在主体上强调多元主体的共同参与；在内容上强调对公共利益的维护；在程序上强调民主协商的过程，这种管理模式实质上也是一种软法治理方式，它是百年来清水江地区的契约精神在现代社会的创造性转换。任何治理模式的生命力都来源于传统观念和态度，华寨村的软法治理模式就是将传统"契约"所蕴含的思想、原理和方法运用到华寨村的社会治理当中，即在治理中汲取契约合意的本质，体现守约、平等、诚信等原则，使村委和村民之间的关系由过去单

---

① 参见潘志成《清代清水江中下游村寨的林业纠纷与地方治理》，《原生态民族文化学刊》2014年第2期。
② 2005年，华寨村新上任的村支书龙运新为了解决村里的偷盗、赌博、诈骗、家庭邻里纠纷等问题，与村委会成员商量将村里原有的《村规民约》改为《村民自治合约》，在《村民自治合约》的制定和执行的民主化过程中，探索出了契约化管理这种模式。2016年7月，笔者前往华寨村调研时，华寨村已经形成了维护社会治安、调解民间纠纷、保障村民利益等较为成熟和全面的契约化管理模式。
③ 《村民自治合约》第一条规定："村民有权利、有义务选好村民委员会成员，无能、无谋、无德、怕事者不能进入村民班子，村民应尊重村支部和村民委的权威，村'两委'成员有责任把地方事情办好。村民热爱家乡，相信党和政府，尊敬行政长官和知识分子"。
④ 参见马清民《以村务契约化促农村和谐发展》，《光明日报》2006年11月28日第8版。

纯的管理与被管理的关系，发展成为指导监督、合作协商的关系。①

结　语

　　历史上的清水江地区虽然长期处于化外之地，但苗侗民族在长期的社会交往中创造了自己独特的契约合作方式，并由此形成了他们的契约意识和契约观念。清水江人民对契约格式的重视、对互惠原则的坚持、对诚实信用的强调，就是一种朴素的、初级的规则意识、平等意识和信用意识的体现。到了现代社会，这些契约精神在华寨村的《村民自治合约》和"契约化"管理中得到了传承和发展。《村民自治合约》既非传统村规民约的简单延续，也非作为国家法补充的村规民约，②而是二者的结合，是华寨村在面对一个日益陌生化、异质化和流动化的社会时所选择的一套权威性规范体系，③这套权威性规范体系既来源于传统，又型构了现代法治精神。而契约化管理作为一种基层社会的软法治理方式，这种方式在古今中外的法律体系当中都曾存在，具有长期价值观的支持、长期潜移默化的习俗熏陶和国家与社会的提倡认可。较之于依靠国家强制力实施的硬法，软法的最大的特性就在于村民发自内心的认同和遵守。④正如笔者前往华寨村调研时反复听到的一句话："以前是村里要我做什么，现在是我要做什么？"普通一句话，道出了从"管理"到"治理"的实质改变。华寨村民身上所表现出来的主体意识和法治意识正是清水江契约精神传承与发展的应有之义。在国家治理体系和治理能力现代化的时代背景下，来源于传统的软法治理理应成为改进民族地区治理方式、提升其治理能力的活化资源和有效路径。

---

① 周婧飏：《契约化治理：公约在社区治理中的作用》，硕士学位论文，上海交通大学，2013年。
② 很多学者习惯于将如今的村规民约称为新型村规民约，这种新型主要是根据《村民委员会组织法》第十条制定，体现了国家法对村规民约的渗透。参见喻琳《农村社会管理创新下的村规民约研究——基于村规民约地位与功能的视角》，硕士学位论文，华中师范大学，2013年。
③ 董磊明：《结构混乱与迎法下乡——河南宋村法律实践的解读》，《中国社会科学》2008年第5期。
④ 参见马小红《软法定义：从传统的"礼法合治"中寻求法的共识》，《政法论坛》2017年第1期。

历史文化名镇中非物质文化遗产的法律保护研究[*]

——以青岩古镇为例

俞俊峰　潘智强[**]

（贵州民族大学法学院）

摘要　学界一直关注各形各类非物质文化遗产（以下简称非遗）的保护问题，围绕非遗的收集调查、项目名录、保护传承、传播途径、开发利用等形成了大量有益的对策建议。但是，在特定区域内的非遗保护问题，因涉及各层级各类别法律法规在特定区域的综合运用，又有各地政策导向差异和经济社会人文基础不同等因素影响，特定区域中的非遗所呈现出的具体样态及保护方式值得进一步探究。本文选取历史文化名镇区域内的非遗为考察重点，探究对于在历史文化名镇中各族人民世代相传并视为其文化遗产组成部分的各种传统文化表现形式，是否需要采取差异化、特殊化方式保护，进而探讨是否能重塑与释放历史文化名镇的文化内核，形成旅游开发与文化保护良性互动的状态。通过分析选取的青岩古镇保护现状，发现

---

[*] 本文为贵州省软科学项目"大数据运用的地方立法监管研究"、贵州省社科规划课题（编号：18GZYB51）阶段性成果。
[**] 作者简介：俞俊峰（1982—　），男，汉族，浙江宁波，法学博士，贵州民族大学法学院副教授，硕士研究生导师。研究方向：宪法学与行政法学；潘智强（1990—　），男，汉族，河北邢台，中铁建工集团装饰工程有限公司。研究方向：宪法学与行政法学。

面临的困境，提出平衡不同法规的冲突、规划导向、宣传引导等有针对性的法律保护措施和建议。

关键词　历史文化名镇；非物质文化遗产；法律保护

我国悠久的历史文化民俗孕育了遍布各地的历史文化名镇（以下简称名镇），当游人漫步于名镇中获得最基本的观赏和购物满足后，更多地会提升自己的兴趣点，转而关注并寻求名镇的文化特质。名镇是否能满足这些文化需求？进而，其在文化层面的作用如何提炼与传播？在经济利益优先、同质化建设泛滥、观光旅游模式单一固化等背景下，名镇如何发挥文化保护与传承的平台功能，释放出文化精神层面独特魅力的构造关键点是什么？答案指向着名镇中包含的文化遗产。非物质文化遗产作为传统文化的表现形式，其体现着丰富历史文化内涵，无异于是历史文化名镇的灵魂，而有形的文化遗产则是名镇中历史文化内涵的外在形式，这两者合为名镇的文化特质，对于历史文化名镇的存在及开发都具有极其重要的意义。只有加强对历史文化名镇中非遗的保护，才有可能摈弃名镇旅游开发中的经济利益优先的单向思维，更为全面和稳妥地保存名镇原有的风貌和特色，才可能有效解决历史文化名镇开发中千篇一律的现象，发挥历史文化名镇的文化符号和文化浸润作用。

随着全面"依法治国"进程不断推进，以及对非物质文化遗产保护重视程度不断深化，非物质文化遗产保护的相关立法工作也在不断提升中，不断总结分析实践的经验也将有关非遗法律保护等方面的学术研究推上了新的理论高度，王文章、章建刚、祁述裕、王云霞等专家学者在非物质文化遗产的法律保护方面进行了大量的研究著述。在研究的初期，学界研究著述主要集中在非物质文化遗产作为法律调整对象的内涵、外延，与日本、韩国等国家有关非物质文化遗产法律制度的对比，非遗保护与知识产权法的关系，非遗保护与政府行政行为的关系等方面。随着学界对非物质文化遗产法律法规的理论研究的深入，针对特定区域、特定民族或特定项目的非物质文化遗产的开发、传承的保护问题正在引起越来越多专家学者的关注。陈玉梅、贺银花（2012）[①]以安顺地戏为例，强调非物质文化遗产中传承人的作用以及责任认定的重要性；杨长海（2014）[②]以西藏传统文化表现形式为视角，通过分析商标权、专利权、著作权在非遗保护中发挥的作用及局限性，提出多元化的保护思路[③]。郑延峰（2010）[④]从闽东地区的具体情况出发，将非物质文化遗产以是否具有市场价值为标准分为两种，具有市场价值的以私法保护为主，并加强对知识产权制度的适用；不具有市场价值的应推动地方立法予以保护。徐文娟（2016）[⑤]以徽州文化生态保护区为例，通过分析文化生态保护区内非遗保护的现状，提出应健全完善文化生态保护区内的区域协调机制及法规制度体系。

然而，对于历史文化名镇这一特定区域内非物质文化遗产法律保护的研究并不多见，我国当前"古镇旅游热"势头正盛，在历史文化名镇的开发中，如何协调旅游开发与非遗保护的工作具有一定的理论及现实意义。有鉴于此，在历史文化名镇旅游开发中，结合历史文化名镇特定区域内的独有文化元素及特色，提出完善名镇内非物质文化遗产的法律保护机制是极具紧迫性与针对性的。

一 加强历史文化名镇中非遗保护的必要性

历史文化名镇作为特定地区悠久历史、风土人文的汇集地与凝聚

[①] 陈玉梅、贺银花：《我国非物质文化遗产法律保护的路径研究——以贵州"安顺地戏"为例》，《湖南社会科学》2012年第3期。

[②] 杨长海：《非物质文化遗产知识产权保护再思考——以西藏传统文化表现形式为例》，《河北法学》2014年第12期。

[③] 对于非物质文化遗产权的保护，尤其是防范不当占有的相关措施，需借助于知识产权框架之外的其他路径，如《保护非物质文化遗产公约》和《非物质文化遗产法》。当这些法律法规仍不能解决问题时，还可通过完善相关制度及机制，如制定获取传统资源的法律，赋予非物质文化遗产所在传统社区或持有人以排除权、取得报酬权和防止盗用权等方法加以解决。

[④] 郑延峰：《非物质文化遗产的法律保护探析——以闽东地区个案为中心》，《中共福建省委党校学报》2010年第10期。

[⑤] 许敏娟：《非物质文化遗产保护现状及对策研究——以徽州文化生态保护区为例》，《安徽行政学院学报》2016年第2期。

点，域内涵盖着该地区历史文化村镇的传统样态，不仅包含着丰富的文物、成片、器物的历史建筑，也包括历史长河中遗存下来的文化风貌。

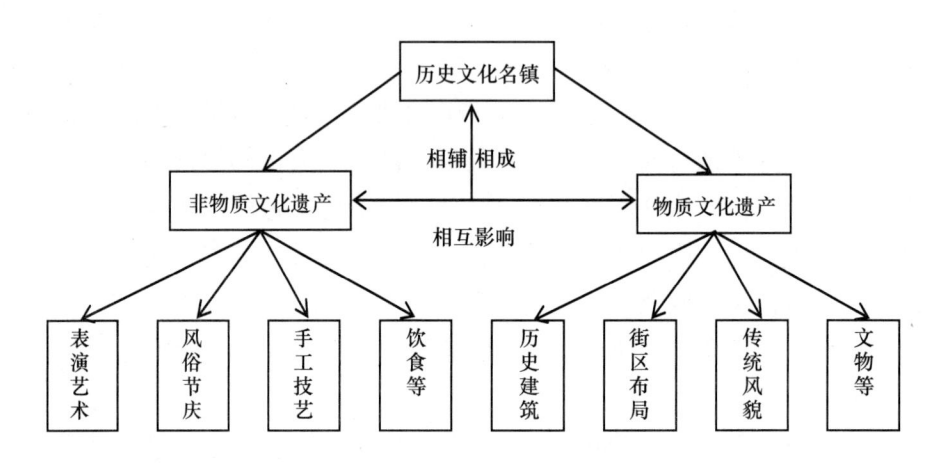

图1 历史文化名镇与文化遗产的关系①

文物、历史建筑等物质文化遗产是历史文化名镇在评定过程中所必须具备的特质，是某地区在经济社会发展中所沉淀与形成的精神、思想、文化的具体反映。从历史文化名镇所应具备的资质，可以看出名镇内的文物、古建筑、遗址等物质文化遗产对于历史文化名镇具有重要意义和不可替代的地位。然而，名镇文物背后蕴藏着在悠久历史传承中，名镇原住民在生活、生产中所形成的多样性的、极具特色的文化内涵也是不可或缺的，在这种内涵中产生的包括口头传统和表述、表演艺术、社会风俗、礼仪、节庆、传统的手工艺技能等就是归属于名镇的非物质文化遗产。目前对历史文化名镇的开发，多基于走马观花式的景点路线设计，商家的主营相近、盈利的模式相似，缺乏探访和寻访文化资源的空间。历史文化名镇中包括的众多具有研究和观赏价值的文物、建筑等文化遗产，以及更为多姿多彩的非物质文化遗产如饮食、手工技艺等尚待开发，其塑造历史文化名镇独一无二特

---

① 本图的制作参考了相关资料。

质的价值尚待激活。

二 保护贵阳市青岩古镇非物质文化遗产的法律法规分析

(一) 青岩古镇内非物质文化遗产概况

位于贵阳市花溪区的青岩古镇始建于明洪武十年，在贵州历史上具有极其重要的政治、经济和军事地位，素有"筑南门户"之称。1989年，贵州省政府将青岩列为省级文物保护单位，1992年贵州省政府将其列为首批省级历史文化名镇，2005年被住建部和国家文物总局共同授予"历史文化名镇"的称号。①

青岩古镇居住有汉、苗、布依等民族，其特殊的地理位置、特有的多民族聚集特征，其居民在历史发展、社会实践、生息繁衍的过程中，留存了形式多样的、极具特色的非物质文化遗产。当前青岩古镇列入省级、市级及区级的项目名录共有8项（见表1）。

表1　青岩古镇非物质文化遗产代表性项目名录②

项目名称	项目类别	级别	项目批准时间
青岩花灯戏	民俗类	省级第二批	2007.5.29 黔府发〔2007〕16号
青岩玫瑰糖制作工艺	传统技艺	省级第三批	2009.9.30 黔府发〔2009〕30号
花溪区青岩刺梨糯米酒酿造工艺	民间手工技艺	市级第一批	2007.1.18 筑府发〔2007〕8号
花溪区青岩镇豆制品制作工艺	民间手工技艺	市级第三批	2009.8.20 筑府发〔2009〕72号
花溪区青岩纸扎工艺	传统技艺	市级第三批	2013.11.5 筑府发〔2013〕46号
花溪区青岩镇素席	传统技艺	区级第一批	—
花溪区青岩镇双花醋	传统技艺	区级第一批	—
花溪区青岩镇竹雕工艺	传统技艺	区级第一批	—

---

① 主要参阅了贵州省青岩古镇官网，http://www.qingyanguzhen.com/qingyanl。
② 本表的制作主要系笔者调研收集相关材料后整理而成。

青岩古镇内还有花溪苗绣（国家级非物质文化遗产项目）、赵司贡茶（市级非物质文化遗产项目）等一系列非遗项目，这些项目虽然并非以青岩镇为申报地区，但是据笔者调查，它们或以展览，或以作坊等不同方式存在于青岩古镇之中。如古镇内的贵州会馆位于古镇内背街五号，前身为慈云寺，经过政府的规划，现今已成为一座专门向民众展示苗绣、傩戏面具等与非物质文化遗产有关的展览馆。

除了以上已经被收录的非物质文化遗产项目以外，古镇内还存在很多极富当地特色的民俗活动，据青岩镇人民政府文化站的工作人员介绍，每逢端午节的时候，青岩镇的民众就会进行"游百病"的风俗，即通过步行的方式，祈盼能够祛除百病，保障身体健康。同时，每当端午节、四月八、六月六等各民族传统节日到来的时候，民众也会组织相应的风俗活动。

（二）保护贵阳青岩古镇非物质文化遗产法律法规梳理

在国家立法层面，自2011年6月1日施行的《中华人民共和国非物质文化遗产法》，无疑对我国非物质文化遗产的保护具有里程碑式的指导意义，它作为一部专门针对非物质文化遗产保护的国家层面法律，首先确定了非物质文化遗产的定义，并对其与有形的文化遗产进行了区分；其次，它从非物质文化遗产的调查开始，到非物质文化遗产代表性项目名录，再到非物质文化遗产的传承、传播及违反法律所应承担的法律责任都作了规定，虽然有些条款属于原则性的内容，较为笼统，但这不可否认其在我国非物质文化遗产法律保护中的地位，它的施行结束了我国非物质文化遗产的保护和传承工作在国家层面无法可依的状态，填补了立法的空白。

从全国范围来看，非物质文化遗产保护和传承的地方立法工作，相较于国家层面的立法工作，更加的具体、细致，地方立法的时间也较国家立法更为提前。贵州省于2002年7月30日，就通过了《贵州省民族民间文化保护条例》（现已失效）。自那时起，贵州省或针对某项具体非物质文化遗产代表性项目，或针对某特定区域内非物质文化遗产项目,或从宏观角度出发对非物质文化遗产的保护和传承开展了大量的立法工作。贵州省涉及非物质文化遗产保护的地方性法规主要可以分为两类:第一类是指结合本省或省内某地区的实际情况制定的一般性非物质文化遗产保护地方性法规或单行条例,具有很强的针对性,如《贵州省非物质文化遗产保护条例》《三都水族自治县水书文化保护条例》《玉屏侗族非物质文化遗产保护条例》等。第二类是指政策法规的某些条款涉及非物质文化遗产的保护,针对性相对较弱,如《贵州省旅游条例》第三十条[①]中提出了在文化资源旅游开发时,应更注重文化遗产保护。类似的法规文件还包括《黔东南苗族侗族自治州民族文化村寨保护条例》《镇远历史文化名城保护条例》《贵州省促进旅游业发展办法》等。通过梳理可以发现,对青岩古镇非遗的地方立法保护主要依据《贵州省非物质文化遗产保护条例》和《贵州省旅游条例》的相关内容,贵阳市并没有运用地方立法权制定专门的地方性法规保护区域内的历史文化名镇或非物质文化遗产。

表2　　　　　　贵州省与非物质文化遗产相关的法规条文[②]

实施时间	法规名称	与非遗相关的法规条文
2008年9月1日	《黔东南苗族侗族自治州民族文化村寨保护条例》	第三条、第二十一条至第二十六条
2008年10月1日	《三都水族自治县水书文化保护条例》	大部分条款
2009年9月1日	《镇远历史文化名城保护条例》	第二十五条
2010年1月31日	《玉屏侗族非物质文化遗产保护条例》	大部分条款
2011年8月1日	《贵州省安顺屯堡文化遗产保护条例》	大部分条款
2012年1月1日	《贵州省旅游条例(修正案)》	第三十三条
2012年5月1日	《贵州省非物质文化遗产保护条例》	大部分条款

① 《贵州省旅游条例》第三十条:利用历史文化资源和民族文化资源开发旅游项目,应当加强文化遗产保护,保持特有的历史风貌以及民族特色、地方特色。
② 本表的制作主要系笔者收集相关材料后整理而成。

三 历史文化名镇中非遗保护面临的现实问题及成因分析

（一）历史文化名镇中非遗保护面临的现实问题

1. 非物质文化遗产的分级保护制度不完善，导致各类非遗受保护程度不均衡

贵州省目前已形成了国家级、省级、市级、区县级完整的非物质文化遗产项目名录体系，围绕非物质文化遗产传承人的补助问题，设定了不同的标准。通过调研，当前国家级非物质文化遗产传承人每年可获得2万元补助，而贵州省省级非物质文化遗产传承人的补助为5000元，市级非物质文化遗产传承人为每年2000元，区级非物质文化遗产传承人则更少。由此可以看出，级别高的非遗项目所受到的资金支持力度是相对较高的，而级别低的项目只是在其所属行政区内受到关注和保护，并且所受到的支持力度也较低。除了在保护初期，确实属于濒临消失的非遗项目外，大部分非遗项目只是申报得较早，而因此得到了更好的保护；同时，我国在《非物质文化遗产法》第二十九条规定的逐级申报制的出现，也使得大量的非遗只是因为被发现、被申报的时间较晚等原因，而失去了可能得到更好更高标准保护的机会。

2. 古镇的旅游开发、商业化极大地冲击了非遗的生存空间

以青岩古镇为例，镇内旅游资源丰富，极具地域特色、民族特色。文物方面，寺庙、教堂、状元府第、名人故居等古建筑、古文物极多；文化方面，具有宗教文化、建筑文化、历史文化、饮食文化等多元文化，这些得天独厚的文化资源以及政府的扶持为古镇的旅游开发提供了极大的便利。

由图2可以看出，青岩古镇在2012—2016年"十一"黄金周接待的游客数量是逐年升高的，尤其是2012—2014年游客数量呈现"井喷式"的增长。

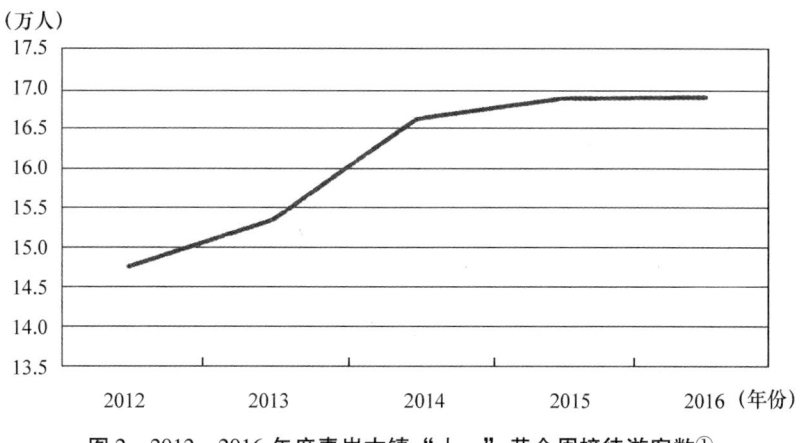

图2 2012—2016年度青岩古镇"十一"黄金周接待游客数①

古镇商业化的表现为新种类、新形式的商铺引进，位于古镇南街新开了9D体验馆，其为营造虚幻、神秘的氛围，采用了大量的组合灯光及材质，然而按照罗德起对古镇核心圈保护的观点②来看，这无疑对于古镇的原生态也是一种破坏，其与古镇所应具备的环境是有出入的。

根据实地调研发现，古镇正在进行一场由旅游开发带来的城镇化、商业化的蜕变。商业和旅游的发展无疑给这个古镇带来了极大的经济效益，但是伴随着留守居民的迁出以及外来居民的涌入，其原有的与传统的风俗习惯和古老的手工技艺等非物质文化遗产相适应的特定环境也在悄然变化。

3. 居民对非物质文化遗产认识程度不高，主动性和积极性较低

近些年来，随着国家对非物质文化遗产的重视程度提升，各级政府不断加强对非物质文化遗产保护传承的宣传，然而广大民众作为非物质文化遗产传承的主要生力军却对于非遗的认识不足，很少参与其中。为了解青岩古镇内居民对非物质文化遗产的关注程度，笔者于2016年10

---

① 本表的制作主要参阅了贵阳旅游产业发展委员会官方网站，http：//www.gytour.cn/default.aspx。
② 2016年在青岩古镇举办的古镇峰会中，贵州省建筑设计研究院总建筑师罗德起就提出："古镇中的核心保护圈真正的保护是控制商业，腾出空间我们来做文章，古镇特色、古镇文化内涵，历史文化体验区，体验到古镇风貌，当时的情景，无形当中就把第一个圈控制好了，达到我们保护目的，同时也可以有序地发展。"

月在青岩古镇内进行了问卷调查,针对古镇居民发放问卷120份,回收120份,有效问卷108份。

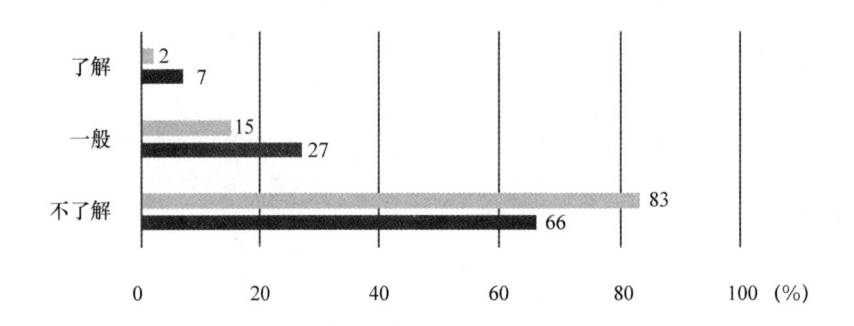

```
了解    2
        7
一般    15
        27
不了解           83
                66
   0   20   40   60   80   100 (%)
```

■ 是否了解非物质文化遗产法律法规
■ 是否了解镇内非物质文化遗产

图3 青岩古镇内居民对非物质文化遗产保护的参与度调查①

调查显示,古镇内66%的居民对于古镇内非物质文化遗产的相关内容并不了解;而对于非物质文化遗产的相关法律法规不了解的人数占了83%。这表明,虽然政府在不断加大对非物质文化遗产保护的宣传,但是古镇居民对非物质文化遗产的认识和了解并不透彻,仍然存在保护意识不强、缺乏主动性和积极性等方面的问题。

4. 游客主要的关注点及兴趣偏好对历史文化名镇中非遗保护的影响

在调研过程中,针对古镇的游客发放调查问卷200份的,收回200份,有效问卷195份。通过对调查问卷部分问题的整理,得到了青岩古镇游客游览的基本情况的数据。(见表3)

由表3可以看出,游客在游览古镇的过程中,对于古镇的特色小吃是极具好感的,必然也是大快朵颐。然而青岩古镇的玫瑰糖、豆制品及双花醋均已列入不同级别的非物质文化遗产名录,这些小吃虽然能够给游客留下深刻印象,但是游客却仍不了解青岩古镇的非物质文化遗产,部分非物质文化遗产项目的文化价值没有较好地释放,其宣传工作仍需

---

① 本图的制作主要根据笔者调研得到的相关数据整理而成。

继续加强。

表3　　　　　　　　青岩古镇游客基本游览情况调查①

问卷调查中的部分问题	选项	比例（%）
1. 您在游览过程中，是否了解到古镇内的有关非遗项目的内容	了解	8
	不太了解	13
	不了解	79
2. 青岩古镇最吸引您的地方属于下列哪一方面	古建筑、文物	10
	特色小吃	40
	风俗人情	26
	手工技艺	24
3. 您在选择旅游地时，最注重旅游地的哪一特质	自然景观类	52
	古迹与建筑类	16
	休闲求知健身类	18
	购物类	14

同时，在第3题中，游客选择旅游地最看重的特质是自然景观类，其次是休闲求知健身类②，由此可以看出，游客的兴趣偏好并不在于休闲求知健身类的人文景观，这也就导致游客在游览人文景观的过程中，可能只是关注于景观的表象，走马观花地"看"，图个新鲜，拍个照片，而不是深入了解景观的内在、更深层次的内容。这种情况下，即便设置了相应的非遗展览馆或博物馆，也不一定就能吸引游客的兴趣。因此，如何通过完善相关法律法规，加强宣传力度，形成引导文化需求旅游的机制也是古镇保护非遗的一项重要工作。

5. 青岩古镇内非遗项目权利主体调查

非物质文化遗产的形成是由某个群体在长期的社会实践过程中形成的，因此其权利主体具有很大的不确定性及群体性，尤其是民俗类非物

---

① 本表的制作主要根据笔者调研得到的相关材料整理而成。
② 中科院地理研究所编写的《中国旅游资源普查规范》一书中规定，休闲求知健身类主要包括科教文化设施、疗养和福利设施、动物园、植物园、公园、体育场馆、游乐场所、节庆活动、文艺团体等。

质文化遗产项目权利主体的特点更为突出。以青岩古镇的花灯戏为例，其本身为民俗类项目，据统计镇内各街均有各自的队伍，每逢节日期间，各街的队伍都会自发参与花灯戏的活动，但这也恰恰反映了类似花灯戏形式的民俗类非遗难以确定其权利主体的问题。青岩花灯戏是青岩古镇内居民在长久的生活实践中保存与传承下来的，因此其权利主体不能仅仅将花灯戏的表演者列为其权利主体，其古镇内居民是否都应在花灯戏的开发中受益？此类问题在学术界仍有争论。

（二）青岩古镇内非物质文化遗产法律保护存在问题的成因

1. 非物质文化遗产法律体系不完善，缺乏针对历史文化名镇内非遗的专门保护

体系上，缺乏针对贵阳市非物质文化遗产的立法保护，尤其是没有建立针对特定区域内的非物质文化遗产的专门法规保护。通过对贵阳市政府官网信息公开中法规文件内容的查阅，发现贵阳市目前并未有相关非物质文化遗产的地方立法。法律法规是依法行政的前提，虽然我国当前非物质文化遗产保护法律体系正在逐步的完善当中，《中华人民共和国非物质文化遗产法》《贵州省非物质文化遗产保护条例》的实施也为非遗保护工作提供了重要依据，但是在特定区域或特定民族中的非遗保护工作仅仅依靠宏观且有原则的行政指导是远远不够的。

2. 非遗特定群体的知识产权保护尚需完善

我国有关非遗保护的立法已经规定了知识产权的适用内容，但是由于非遗的特殊性，即权利主体的不确定性及群体性等特点，导致非遗项目尤其是民俗类项目的权利归属并不明晰；同时，知识产权的时效性与非遗保护的长期性也是存在矛盾的，非遗本身的发展及传承就需要一个长久的时间段，单单靠知识产权的50年保护期限难以满足非遗保护的长久性要求。因此，如何通过立法来完善非遗特定群体即非物质文化遗产传承人及非遗所在地区原住居民的文化权利是亟须解决的重要问题。

3. 青岩古镇内非遗保护工作起步较晚

青岩古镇内的非遗保护工作起步较晚，主要表现在青岩古镇作为历

史文化名镇，其于1989年就被贵州省政府列为省级文物保护单位，而其中最先被列入非物质文化遗产省级项目的青岩花灯戏则是在2007年。由此可以看出对青岩古镇内文物保护工作的开展要远远早于其中的非遗保护工作。另外，起步较晚还体现在政府对古镇内非遗项目的开发及其与旅游的结合工作起步较晚，这类由政府主导进行的工作主要表现在设立非遗展览馆，组织表演地戏、舞龙等活动，举办大型民俗活动等。通过统计，这些工作主要集中在近几年，如2015年开始的慈云寺非遗展览、2016年第一届"民俗文化旅游系列活动"等，青岩古镇内非遗工作的保护与开发仍处于起步阶段。

4. 政府对历史文化名镇中的非遗宣传力度不够

通过对镇内居民的走访调查，可知古镇居民对非遗及非遗相关的法律法规的了解程度很低，并且其对于非遗保护法律法规的了解要低于其对于镇内非遗项目的认识程度。非物质文化遗产第一保护人就是政府，特别是地方政府。[①] 非物质文化遗产宣传工作的主体首要的应该是政府部门，非遗的宣传工作应当统筹于政府部门对于非遗的保护工作，只有通过加强政府部门对镇内非遗及非遗法律法规的宣传力度，才有可能提高古镇内居民对非遗保护法律法规的公众参与度，明确居民自身的权利义务，才能更好地保障古镇内非遗保护工作的有序推进。

四 完善保护历史文化名镇中非遗的法律措施建议

随着历史文化名镇旅游开发的兴起，以及非遗保护工作的持续开展，如何把握及保持历史文化名镇的旅游开发与其中非物质文化遗产保护工作的平衡问题是当前亟须解决的难点。通过对前述发现的问题及成因分析，逐一提出有针对性的法律解决措施，为地方政府施政提供参考。

[①] 周润健、朱天骄：《"传统村落保护要防止二次破坏"——专访冯骥才》，新华网，http://news.xinhuanet.com/politics/2014-10/31/c_1113066352.htm。

（一）充分发挥省级或设区的市的地方立法权，适时制定名镇区域内的文化保护专门法规

1. 名镇内文化保护专门法规制定的必要性及可行性

《中华人民共和国非物质文化遗产法》《贵州省非物质文化遗产保护条例》等法律法规中相对笼统的规定，对于这类特殊地区的非遗的发展只具有原则性上的指导意义，非物质文化遗产的特性体现了其所在的生存环境的特殊性，这也就要求对非遗的保护工作要根据不同地区、不同民族的具体情况来进行。同时，随着青岩古镇成为贵阳市首家5A级景区，其影响力及辐射力无疑会大大加强，名镇内的旅游经济不断发展，势必会给名镇内包括古建筑、原住居民的生活习惯在内的整体人文环境、传统风貌带来巨大的压力，这无疑会给名镇内的非物质文化遗产的保护工作带来新的挑战，因此应该通过立法来指导如何解决历史文化名镇开发与非物质文化遗产传承的平衡问题，明确地方政府、镇内居民、商业开发单位、非物质文化遗产传承人等主体应当扮演的角色。

名镇区域内的文化专门保护法规的制定的可行性主要表现在：一是地方政府对历史文化名镇及非遗保护工作的高度重视，以贵阳市为例，政府各部门的通力合作使青岩古镇成为贵阳市目前唯一的5A级景区，这表明地方政府对青岩古镇重视程度极大。二是贵州省有关非遗保护的立法探索为名镇内文化保护提供了丰富的经验，早在2002年贵州省就颁布了《贵州省民族民间文化保护条例》（现已失效），这部法规的施行也使贵州省走在了非遗保护地方立法实践的前列。三是社会各界对青岩古镇的持续关注，贵阳市人大代表孙昕于2017年贵阳市两会期间就提出了一项议案——建议市人大就青岩古镇保护和管理立法，加大古镇保护和管理力度，促进传统文化的弘扬和旅游产业的发展。

2. 名镇内文化保护专门法规部分条文的构想

（1）制定完善利益分享机制的条款

利益分享机制首先是强调对非物质文化遗产传承人利益的补偿及利益分享，即通过对非物质文化遗产传承人在非遗物质活动的传承过程中，付出的智力劳动提供相对等的报酬；以及对于在非遗传承中，针对非物质文化遗产传承人利益存在的有可能损害或减少的情况，提供适当的补偿。其次是利益分享机制应包括在对名镇的旅游开发过程中，名镇内居民的利益分享措施，赋予当地居民文化产权，具体可借鉴广西"黄姚"模式①。

（2）制定完善文化生态保护区建设机制的条款

《贵州省非物质文化遗产保护条例》在第五章对"文化生态保护区②"进行了相关的规定，然而仍属于较为原则性的规定；同时，早在2010年，贵阳市政府就组织专家对青岩、高坡设立文化生态保护区进行了相关的考察、论证。因此青岩古镇在制定名镇区域内的文化专门法规时，应引入文化生态保护区建设相关条文及规定，通过法规的规定明确文化生态保护区的行政执法部门、文物保护单位、非遗项目保护单位和保护区内居民文化权利及义务。

（二）利用大数据等手段，强化监督历史文化名镇中非遗保护的法规实施

法律保护非遗，并不是通过字面上的法条，而是通过法规的实施和执行，只有如此才能够更好地保护历史文化名镇内的非遗。虽然《非物质文化遗产法》中对于监督机制已经进行了规定，但是必须要利用科学的方法，强化法规实施才能使非遗的法律保护落到实处。

随着互联网和信息产业的发展，大数据③而引起人们的关注。由于其准确、高速、体量、多样四个特点，正逐渐成为企业谋求经济效益、创造经济价值的重要工具，然而大数据分析不仅可以作为企业发展核心

---

① 广西昭平黄姚古镇在进行旅游开发时，村民与企业谈判通过合同的形式赋予当地居民文化产权，从而保护古镇的文化传统不受破坏，旅游开发的利益得以分享，缓解了因资源开发而引起的矛盾冲突。
② 根据《文化部关于加强国家级文化生态保护区建设的指导意见》，文化生态保护区是指以保护非物质文化遗产为核心，对历史积淀丰厚、存续状态良好，具有重要价值和鲜明特色的文化形态进行整体性保护而批准设立的特定区域。
③ 大数据是一种数据集合，此数据集合一般无法在一定时间内用常规软件工具对其内容进行抓取、管理和处理。《贵州省大数据发展应用促进条例》也对大数据的概念做了较为详尽的界定。

竞争力的主要条件，也可以成为社会管理的重要手段。大数据能够通过科学的方法将非遗保护法律法规的实施情况进行数据化的分析，并可通过实时监测、跟踪法律法规在互联网上产生的海量行为数据，进行挖掘分析，发现法律法规在实施中存在的问题，最后针对所发现的问题提出相应的结论和解决方法。《贵州省大数据发展应用促进条例》作为中国首部大数据地方法规，将大数据产业纳入法治轨道。该《条例》对数据采集、数据共享开发、数据权属、数据交易、数据安全以及"云上贵州"等基本问题做出了宣示性、原则性、概括性和指引性规定。[1]通过将大数据的相应内容引入到对历史文化名镇的管理当中，通过数据采集及分析为其中的非遗保护提供技术上的支撑。

（三）运用知识产权保护制度，加强对历史文化名镇中非遗的法律保护

《中华人民共和国非物质文化遗产法》针对非遗所涉及的知识产权方面的问题，做了衔接性的规定[2]，但知识产权的客体是智力成果，而非物质文化遗产则是无形的，这两者并不具有包含与被包含的关系，对于非遗的保护并不是简单地对知识产权法内容的生搬硬套。历史文化名镇要存续经营、良性发展需要围绕"慢"字做文章，合理利用名镇中的非遗开发适当的旅游产品及服务，并围绕这些成果形成有效保护机制。如何根据非遗的特点进行知识产权方面的保护需要注意以下两点。

1. 明确非物质文化遗产的权利主体，确定权利主体的权利义务。作为非物质文化遗产，其权利主体极其复杂，不仅包括个人型、团体型，也包括特定区域内的社会民众型权利主体。个人型及团体型权利主体较为容易区别，但是具有群体性特点的如社会风俗、礼仪、节庆等非物质文化遗产项目，其权利主体属于特定的公众群体，即社会民众型权利。在明确权利主体及其权利的同时，必须规定其相应义务，传承人必须保证非物质文化遗产传承的原汁原味，不得因经济利益或其他原因而使非

---

[1] 魏艳、马丽：《我国首部大数据地方法规在贵州诞生》，人民网，http://scitech.people.com.cn/n1/2016/0119/c1007-28065667.html。
[2] 《中华人民共和国非物质文化遗产法》第6章第44条：使用非物质文化遗产涉及知识产权的，适用有关法律、行政法规的规定。

物质文化遗产在传承过程中丧失其基本的价值内核，否则应承担相应法律责任。① 比如青岩古镇中的花灯戏作为民俗类的非遗，其权利主体应为青岩古镇内的居民，任何居民都有使用这一非遗的权利，而古镇居民外的人在使用后，其部分的收益也应该通过合理的方式由权利主体共享，当然针对此问题学界及司法界仍存在争议，尚需进一步探析。

2. 对涉及非物质文化遗产的邻接权进行保护。大部分非物质文化遗产由于已流传很久，并不适合直接纳入知识产权保护范围，但并不妨碍对其邻接权进行保护。根据传说拍摄成的电影、电视剧、动画片以及表演的戏剧，这些作品都应受到著作权的保护，作品传播者依法享有邻接权，包括出版者权、表演者权、录制者权和广播电视组织权等，对历史文化名镇中非遗进行有效提炼和合理改编，释放其商业价值，能一定程度上扩大非遗所在地的影响力，成为保护与传承非遗的有效途径之一。

（四）建立共享非遗保护成果的法律机制，吸引社会公众的关注及参与

当前贵州非物质遗产保护工作涉及面广、内容多、任务繁重，只由政府来负责全部的工作是不现实的，必须积极引导发挥包括民间社会团体组织在内的社会公众的作用。

1. 通过历史文化名镇的规划和建设，努力将非遗资源优势转化为文化品牌，融入公共文化服务，并与传统文化教育、文化旅游等相结合，确保能够让广大群众共享保护工作成果。如被列入贵州省非物质文化遗产代表性项目名录的青岩古镇花灯戏，其在青岩有花灯班十多拨，通过支持非盈利性民众组织的活动，吸引民众的参与，促进了青岩花灯戏的保护和传承，促进古镇文化品牌的树立及文化旅游的发展。

2. 加强政府及文化部门对历史文化名镇的旅游管理，合理规划历史文化名镇中的旅游线路，不仅加强对历史文化名镇中的文物宣传，更应组织历史文化名镇中非遗活动，如"地方文化特色展演、民俗活动演出"等。通过组织相关非遗活动，增强游客的感官体验，促进地方特色非遗知名度的提升。

---

① 郭海霞：《论我国非物质文化遗产法律保护的困境与对策》，《特区经济》2010年第6期。

3. 同时还应该加强对于非遗项目名录的宣传力度，利用电视、广播、微博、微信、景点指南等多种途径和方式，为历史文化古镇中的非物质文化遗产进行造势，这样的势头有助于将古镇内的非遗推向省外，注重非遗保护与利用的"话题设置"工作，让更多的人了解并受其吸引。青岩古镇内掌握青岩玫瑰糖制作技艺的老人黄老伯，已八十多岁的高龄，在他经营的作坊中有一面墙是专门放置照片或者剪报的，这里面包括他在过去的几十年间接受各国记者、电视台的采访及相关的报道。类似这样的采访和报道材料，具有增加非遗的知名度的作用，能够引起公众的关注度，这对于非遗的传承保护无疑是十分重要的。

结　语

在商业化与城镇化的强力冲击下，历史文化名镇原有的人文历史环境和风貌面临着巨大的考验，而原有的人文历史环境和风貌又是非物质文化遗产赖以生存的"土壤"，因此这间接影响了非物质文化遗产的有效保护和有序传承。从立法、规划、管理、宣传等角度出发，为特定区域内的非遗构建完备、协调、灵活的法律保护机制，有利于地方政府实现非遗方面的治理实效。

京杭大运河文化遗产保护地方立法研究

朱金艺[*]

(浙江工业大学文化与法制研究中心)

摘要 京杭大运河文化遗产保护立法具有基础地位和重要作用。以杭州、扬州、嘉兴三市大运河世界文化遗产保护的地方立法为例,进行样本分析和比较研究,探讨以地方立法的途径为京杭大运河文化遗产提供法制保护。在肯定地方立法探索的积极性的同时,也应认识到其局限性,以期提升整体的地方立法的质量与实施的成效。为提升京杭大运河文化遗产保护的地方立法,应当增强地方立法的科学性、针对性和有效性;在"遗产廊道""文化线路"理论基础上,借鉴国际视野中的大型、线性文化遗产保护的有益经验与制度元素;确立分工明确、权责统一的大运河遗产管理体制,以大运河文化遗产基金制度等作为有益补充;形成区域协同保护机制;以政府为主导主体,健全大运河遗产保护的公众参与机制、形成传承保护的社会支持系统。在真实性、完整性原则下,促进文旅深度融合,维系和保持京杭大运河的环境生态与文化生态,将大运河文化遗产保护与利用的实效惠及人民生活,为线性文化遗产保护的法律制度完善与更新、为国家层面的立法供给与提升探索

---

[*] 朱金艺,女,法学硕士,高雄大学,博士研究生,浙江工业大学文化与法制研究中心青年副研究员,研究方向:文化法学、公法学。

和积淀科学合理的制度规程。

关键词 京杭大运河；文化线路；历史文化保护；地方立法；法治化

一 导论

（一）研究的问题

当2014年中国大运河申请世界文化遗产成功后，其不仅是我国的文化遗产，更是属于全人类的文化遗产。在《保护世界文化和自然遗产公约》等国际公约的指引下，对国内的文化与自然遗产资源的保护、可持续发展与利用，将成为各国的重要职责之一。发展我国的世界文化遗产保护事业，不仅可以促进我国文化软实力的增强，还能够向世界展现我国文化的厚重底蕴和独特魅力。世界文化遗产保护事业其中的法制保护，既是我国文化法治建设的重要任务，同时也是我国在环境与文化领域切实履行国际义务的重要环节和必要条件之一。当前，在中央层面尚未制定针对大运河文化遗产保护专门的法律、行政法规，但是关于大运河文化遗产保护的地方立法逐渐显现，形成了中央专门性保护的法律法规缺失与大运河文化遗产保护地方立法较为活跃的基本格局。由此，对大运河文化遗产保护地方立法文本进行比较，有助于实证分析大运河文化遗产保护的实践样态，同时可将现行地方立法及其实践经验作为对其他各地有借鉴意义的、宝贵的大运河文化遗产保护地方立法素材与制度资源的例证。

本文拟限缩于中国大运河分支京杭大运河，整理京杭大运河沿线设区市地方立法情况，并以文化遗产保护为指向，以京杭大运河沿线城市杭州、扬州、嘉兴三市的大运河文化遗产保护的地方立法为例证。在当前尚未有国家层面的保护大运河文化遗产的法律法规的现实背景下，以地方立法的方式探索完善对大运河文化遗产的法制保护是必由之路。针对京杭大运河文化遗产保护的地方立法研究是关于京杭大运河环境资源法研究的新领域，更是文化线路法制保护研究的新挑战。综观拥有运河的国家，无不认识到运河文化遗产保护的必要性和重要性，为了能够有效保护、开发利用国家运河，都制定了相应政策与法律制度。我国在文化法治建设上取得了一定成就的同时，随着京杭大运河沿线城市的发展，在具体文化遗产保护工作上面临着一些困难和问题。第一，京杭大运河沿线城市过度开发，运河河道受到侵蚀、甚至运河形态严重受损、运河的物化遗产状况堪忧、局部运河河段功能丧失。第二，现行法律对京杭大运河保护在很大程度上缺少有效的有关京杭大运河河段保护的地方性法规，较多的是以地方政府规章和其他规范性文件的方式呈现，效力低，基本属于政府行政措施的自我规定和自我授权，且对破坏大运河生态系统和文化遗产的行为威慑力不足；多头管理，缺乏管理部门之间的有效配合，管理碎片化导致管理效率低下；缺少对京杭大运河这一线性文化遗产的整体性、系统性保护机制；缺乏地方立法有效协同机制，影响立法供给和更新的协调一致。

（二）研究的意义

1. 理论意义

文化遗产法针对物质与非物质文化遗产的保护展开研究，是文化法学的一个分支，也是我国特色社会主义法律体系的一个重要组成部分。京杭大运河文化遗产既包括物质文化遗产，又包括沿线及其周边的非物质文化遗产，是文化遗产的集合体，具有深远的历史。通过现有的资料研究京杭大运河文化遗产保护的特点与需求，分析京杭大运河文化遗产保护地方立法的相关问题，思考我国采用地方立法方式保护京杭大运河文化遗产时的法制构建，促进法学与文化遗产学交叉研究发展，丰富完善文化遗产法学这一法学领域新兴学科的研究内容，俾使引起学界对文化遗产法学科基础建设的关注与重视，进一步推动文化遗产法基本理论问题的研究与文化法学的发展。

2015年《中华人民共和国立法法》修改，赋予了设区市地方性法规、地方政府规章创制权。京杭大运河文化遗产成为沿线地方运用立法权加强保护与管理的重要对象，因此以京杭大运河文化遗产保护为切入点，对比研究分析所择取的京杭大运河历史文化保护区域的地方立法，对所选取研究的地方立法文本所属的设区市在立法条件与能力、立法规程与机制、立法活动与内容等方面的共性和差异进行比较与评价，期冀切实增进设区市地方立法质量与成效、夯实基础，从而为地方立法的健康发展、地方立法在京杭大运河文化遗产保护上发挥立法引领和规范改革功能，提升地方对京杭大运河开发利用的治理能力，增强公民文化权利法治保障能力。另外在具体措施完善的建议部分将探讨京杭大运河历史文化遗产保护区域协同立法制度创设，为立法学区域协同立法实证研究提供参考。

2. 实践意义

为了加强保护历史文化遗产的国际间协作，我国于 1985 年加入《保护世界文化和自然遗产公约》。该公约中规定了文化遗产和自然遗产的定义、相关委员会的设立、相关保护基金的设立、国际援助等内容外，还规定了国家在保护世界文化和自然遗产上的义务，例如各缔约国应当承担保护、保存以及展示领土内的文化与自然遗产的责任，对此需采取相应的、积极有效的措施等。因此，通过研究京杭大运河文化遗产保护的地方立法，以地方立法资源有效、规范的利用为京杭大运河文化遗产的保护、开发等提供法制保障，使得在人们生活中不仅运河能起到原有的漕运灌溉功能，又能借此发展京杭大运河文化旅游产业，同时这也彰显了国家保护世界文化遗产的国际文化法律义务的积极履行。

加强对京杭大运河文化遗产保护的地方立法研究，还可为大型空间历史文化遗产或文化线路保护的法治化提供借鉴，形成一种可复制可推广的法治化保护经验。文化线路是一种新的遗产保护理念，代指集单体建筑、建筑群、遗址、历史城市、历史园林和文化景观的遗产综合体。对大型空间历史文化遗产或文化线路新类型的文化遗产就需要新的保护方法，需要对遗产实现的是一种综合性、整体性的保护，易言之，实施整体性保护战略，并且加之点状的较为分散的保护措施，从而对整个大型空间历史文化遗产或文化线路给予最系统的保护，争取实现最好的效果。从现有的对以"丝绸之路"为例的文化线路类型的文化遗产的保护措施研究成果上以及对大型空间历史文化遗产保护的成功实践经验上，进行学习借鉴，特别是将其中的法治与法制保护措施借鉴到对京杭大运河文化遗产的保护上。另外，对京杭大运河保护制度的研究再进行衔接，并进一步创新关于文化遗产保护的地方立法研究，将法治制度发展推广、成为大型空间历史文化遗产或是文化线路能复制的成功经验。

正如党的十八届四中全会提出全面推进依法治国，全会提出坚持社会主义先进文化前进方向，建立健全有助于激发社会主义文化发展活力、保障人民文化权利的文化法律制度，那么推进文化法治建设将是全党全社会重点工作之一。在当前推进文化发展、完善文化法治制度的新要求下，在文化法律体系建设方面，我国文化立法领域较少，文化市场行政执法缺少充分的法律依据。研究京杭大运河文化遗产保护地方立法，于实践中亦有助于京杭大运河历史文化保护区域提高地方立法质量与立法能力，有助于国家层面上完善关于京杭大运河文化遗产保护制度抑或是关于文化遗产保护的统领全局的基础性法律，进而在文化法律体系建设上有所充实，有利于推进我国文化法治建设。

（三）相关研究述评

1. 国内关于京杭大运河文化遗产保护立法研究述评

京杭大运河纵贯中国南北，巨型遗产活态特点也给大运河的保护带来诸多困难。京杭大运河流经多个省份地区，分属于水利、航运、农业、渔政、环保等多个不同的行业部门进行管理，这种多头管理就极易导致京杭大运河文化遗产保护管理工作中协调不足、头绪复杂；除了受到多个部门的管理之外，还受到多部法律规范的保护，法律的交叉管理缺少统一的立法也会导致具体保护管理工作中法律依据的混乱。[①]

在对以大运河为例的线性文化遗产保护与利用的研究中，李麦产等学者指出，恰恰是大运河沿岸城市给大运河带来了污染和破坏，另外囿于财力或是手段和方法的限制，一些文化遗产得不到有效保护，使得一些文化遗产在社会与场所的变迁中遭到湮灭或遭受破坏。[②] 从针对徐州段运河的保护与开发的研究中也可以看出，因为当地保护意识薄弱、保护机制不健全、保护手段不科学等因素的影响导致大运河沿线及周边文

[①] 姜师立：《大运河活态遗产保护与利用探析》，《中国名城》2016年第9期。
[②] 李麦产、王凌宇：《论线性文化遗产的价值及活化保护与利用——以中国大运河为例》，《中华文化论坛》2016年第7期。

化遗产的保护中产生了一些问题，比如徐州的道台衙门等现有的古建筑年久失修、亟须修复，徐州当地没有展现大运河文化的综合性场馆等。①

当中国大运河申遗成功后，对大运河文化遗产的保护与管理工作将成为重点。在此之中需解决如何实现从资源到产业的转变，也即需要妥善利用好大运河，发展大运河相关文化产业与文化事业。根据百度网络检索，在安徽省境内只有三处可快速检索到的、能有效展示大运河文化遗产的机构或者遗址，即隋唐大运河博物馆、泗县"十里长河"运河古道和柳孜运河遗址。综合来看，对大运河本体的展示效果也并不理想，很难顺利推进大运河文化旅游产业的发展。除了没有有效利用展览馆等方式展示大运河文化遗产，对大运河文化的研究力度与深度也是远远不够的。单霁翔在其对京杭大运河的相关分析中指出了研究大运河文化的重要性，将多彩的大运河文化比作大运河的灵魂，缺乏对大运河文化的研究将不能充分利用大运河文化遗产，也不能有效地激活大运河文化遗产。② 一味地谈及对大运河文化遗产进行保护难以有效地调动公众参与保护的积极性，而只有通过合理利用大运河文化遗产，将其价值转变为可感知的文化产品的价值，实现现世价值之后才能进一步推动各界对大运河文化遗产的协力保护。大运河文化遗产作为公共文化资源，开发与利用是传承文化的推动力，正如罗志谈到我们需要不断挖掘博大精深的大运河文化中所蕴含的丰富内涵从而才能为现代人民服务③。

连冬花认为，不同地区运河的河段是以自组织系统出现，而大运河就是包含这些大量自组织子系统组成的巨型他组织系统，由于这种他组织特性使得单靠沿线各城市的组织管理已经无法满足大运河文化遗产所需有效协调的要求，因此需要建设国家层面的管理机构并赋予其相应的管理权力在高于各城市管理层面上进行协调控制。④ 王晓针对大运河浙江段保护与管理制度的发展提出了应当依据《中国大运河缓冲区管理细

---

① 胡梦飞：《徐州运河文化遗产的保护与开发》，《湖北职业技术学院学报》2016 年第 3 期。
② 单霁翔：《运河城市的集体梦想 中华民族的共同希望——全面推进大运河保护与申报世界文化遗产》，《中国名城》2008 年第 S1 期。
③ 罗志：《考古者眼中的隋唐大运河 湮没的辉煌》，《大众考古》2015 年第 3 期。
④ 连冬花：《大运河遗产保护与利用协同的路径探析》，《系统科学学报》2016 年第 2 期。

则》和《中国大运河环境景观保护与协调导则》，制定浙江省系统化的运河文化遗产保护管理法规，具体而言应制定公布《大运河（浙江段）文化遗产保护管理条例》、《大运河（浙江段）文化遗产保护管理规划》和《大运河（浙江段）文化遗产管理监测日常管理制度》。[①] 详尽的一系列配套保护管理制度，明确运河保护管理权属、保护管理内容，从而使得文物、建设、规划、环境等各部门在管理职责问题上有很好的协调。

阳建强在对城乡文化遗产保护研究中的观点可以对大运河文化遗产保护起到一定的启示借鉴作用，其提出文化遗产保护作为一项社会系统工程极具复杂性，涉及多个部门、多个行业，文化遗产保护运行的基本思路应加强自下而上与自上而下的管理之间的相互配合与相互协作，要加强各个部门和相关利益者之间的协调，建立部门协调、沟通机制，健全法规制度，形成多层次社会责任保护与合力机制。[②] 郭娅丽在京津冀区域文化遗产保护与利用的问题上，指出了区域协同法律治理的核心问题。她指出了在现行法律框架下，区域性立法法律位阶不明导致区域立法实践中现存的地方性合作协议属于框架性意见，缺少法律规范所具有的严密的行为模式与法律后果的逻辑结构，发挥不了法律意义上的强制约束力的话就难以产生有效的实施效果；此外她还指出了区域立法中的一个关键问题，即"解决急需问题的立法与解决长远问题的立法何者优位"，考量过后在区域协同立法中仍需遵循区域之间公平原则。大运河文化遗产是线性文化遗产，每一段河段之间的生态环境都息息相关。在制定区域协同立法时应充分挖掘大运河沿线各城市的资源优势，通过市场调节机制加之区域协同立法的法律手段来合理配置人力、经济等资源，从而妥善协调区域利益与市场配置资源之间的关系，较好地体现区域之间的公平性原则。受大运河为线性文化遗产的影响，各河段区域协同发展是大运河整体保护与管理工作的一个重点。在郭娅丽对京津冀区域文化遗产协同立法的研究中还指出要进行对京津冀三地的法规清理，

---

① 王晓：《后申遗时代大运河遗产整体性保护的对策建议》，《杭州（周刊）》2016年第11期。
② 阳建强：《基于文化生态及复杂系统的城乡文化遗产保护》，《城市规划》2016年第4期。

尽快出台京津冀三地的区域协同立法。① 那么若借鉴到大运河文化遗产保护的地方协同立法中，则应该在宪法法律依据下，对大运河沿线城市的法规进行清理，在已有国家层面的法律规范的基础上，出台大运河沿线邻近城市之间的协同立法，因区域协同发展的重要法律保障之一是建立区域性立法合作机制。②

2. 国外关于运河文化遗产保护立法研究述评

美国伊利运河虽然不是世界文化遗产，但是美国在运河文化遗产的保护上取得了较为瞩目的成功，其遗产廊道保护方式值得我国大运河文化遗产保护制度学习借鉴。龚道德、张青萍在对美国国家遗产廊道的动态管理的研究中，认为这种遗产廊道保护方式的对象是"拥有特殊文化资源集合的线性景观"，在保护过程中通常体现为"有明显的经济中心、蓬勃发展的旅游、老建筑的适应性再利用、娱乐及环境改善"。③ 研究美国的法制，可以发现美国最初仅仅有对运河的部分河道的立法保护，而没有伊利运河作为整体的立法保护。直至2000年国会通过了伊利国家遗产廊道法案、2006年美国国家公园管理处颁布《伊利运河国家遗产廊道保护与管理规划》，对运河的研究、保护管理的视角才逐渐扩大到运河全线。美国的这种立法保护模式称作"部分—整体"模式，和我国在运河上的立法保护发展模式正好相反，我国是从整体到部分进行立法保护规划。但是不论如何，我国与美国在对运河保护管理上都坚持"整体保护、分段管理"的原则，在该原则的指导下才能更好地发挥对线性文化遗产的有效保护。

法国米迪运河是世界上第一条运河类世界文化遗产，是运河遗产保护的代表。修建法国米迪运河最初是为了躲避直布罗陀海峡、海盗及西班牙的税收，用于贸易航运。而现在法国米迪运河申遗成功后，该运河不再主要为了运输货物，而转变为运河旅游。在功能的转变过程中，法

---

① 郭娅丽：《京津冀区域文化遗产保护与利用的法律治理》，《北京联合大学学报（人文社会科学版）》2017年第1期。
② 常敏：《京津冀协同发展的法律保障制度研究》，《北京联合大学学报（人文社会科学版）》2015年第4期。
③ 龚道德、袁晓园、张青萍：《美国运河国家遗产廊道模式运作机理剖析及其对我国大型线性文化遗产保护与发展的启示》，《城市发展研究》2016年第1期。

国在对米迪运河的保护与管理上也逐渐探索出一套较为成熟的制度。法国采用"国家—地方"两级管理体制对运河进行保护与管理，权力的下放与分类管理是法国米迪运河保护管理制度的一大特色。米迪运河的管理和我国大运河的管理一样，涉及多个部门。米迪运河各方面管理归属于哪个部门都较为明确，比如"负责管理运河的机构为法国航道管理局"，"遗产建设与运河环境改造工作全部由隶属于环境部的建筑和城市规划管理处"，"已经被列入历史建筑物的运河周边市政建设、水利工程和建筑工程等的保护和管理工作则全部由文化部负责"。而权力下放之后职责归属于各管理部门的下属机构。虽然权力下放与分类管理的制度看似简单，与我国大运河保护与管理中的工作制度近似，但是我国应实际贯彻落实权力下放与分类管理制度，明确不同管理部门不同的权责。[①]如前所述，大运河文化遗产包括物质文化遗产、非物质文化遗产与自然遗产等，那么具体到保护管理工作制度上，可以将不同的遗产交由不同的专业部门进行保护管理，避免在大运河文化遗产保护工作中因为权责不明确而造成"多头管理""互相扯皮"等现象。李博在对米迪运河的研究中提到了运河设计者在运河两岸种植了各类乔木，既提供了树荫、展现优雅的运河生态景观，又能够减少运河河水的蒸发也能加固堤岸。在学习借鉴法国对米迪运河保护管理制度之余，也应学习运河环境生态的保护理念。[②]我国在疏浚河道、加固河岸堤坝的时候也需要注重运河生态景观，既能提高运河沿线及其周边的地方特色面貌，又能够发挥运河文化旅游的功能，提高运河利用的经济效益。

（四）研究的思路与方法

正是在"后申遗时代"以及地方立法权限与能力经由2015年《立法法》修正得以确立和逐渐发展的进程中，研究京杭大运河这一人类共同文化遗产保护法制的必要性和紧迫性日益凸显。本文拟进行地方立法的实证分析，择取了杭州、扬州与嘉兴三市保护大运河文化遗产的地方

[①] 魏雷：《"后申遗时代"隋唐大运河安徽段文化遗产保护与利用》，硕士学位论文，淮北师范大学，2016年。

[②] 李博：《法国路易十四王朝的荣耀——米迪运河》，《中国文化遗产》2006年第1期。

立法，先以对比分析的方法对立法文本内容进行比较研究，对选取该三市地方立法文本的理由进行阐述后，论述三市地方立法的对比分析结果并进行小结。在对三市地方立法文本研究的基础上，结合京杭大运河文化遗产保护实践，总结出京杭大运河文化遗产保护地方立法存在的问题，先明确大运河线性文化遗产特征影响下立法保护具有的特殊困难之处，再对地方立法机制方面的问题以及社会机制方面的问题进行归纳分析。据此，针对三市地方立法以及文物保护法等相关法律规范中所建构的保护机制以及三市京杭大运河文化遗产保护地方立法中所具有的局限性，归纳本文针对京杭大运河文化遗产保护地方立法提升策略的相关建议。

二 京杭大运河文化遗产保护地方立法分析

根据立法法规定，地方性法规的内容包括城乡建设与管理、环境保护、历史文化保护等方面。京杭大运河文化遗产作为线性文化遗产以及各类文化资源的集合体，既包括河流水体本身也包括周边沿岸环境及桥梁、船闸等设施。显然京杭大运河文化遗产的地方立法保护归属于地方立法权限范围内，具体实践中不仅需要对运河生态系统提供保护，也需要对桥梁、港口、园林设施等城乡公共事务管理加强保障[①]，还需要对京杭大运河千年历史发展产生的物质与非物质文化遗产予以保护与传承。

（一）京杭大运河文化遗产保护地方立法文本选取

正如前揭之，"后申遗时代"仍需要一系列配套性地方立法的支撑与保障。纵观京杭大运河沿线城市，除去北京市、天津市以外，其余十六个设区市中无锡、苏州、杭州市属于"较大的市"，其他设区市在2015年或是2016年经各省人大常委会批准通过后享有了地方立法权。京杭大运河沿线涉及大运河保护的地方性法规、政府规章和其他规范性

---

① 李小萍：《对设区市立法权限之"城乡建设与管理"的界定》，《法学论坛》2017年第3期。

文件主要有：《关于进一步加强大运河（德州段）遗产保护管理和开发利用的通知》、《大运河遗产山东省聊城段保护规划》、《大运河遗产（泰安段）保护规划》、《大运河遗产山东枣庄段保护规划（2010—2030年）》、《大运河宿迁段遗产保护规划》（2010年公布）、《大运河遗产（淮安段）保护规划》、《大运河扬州段世界文化遗产保护办法》、《无锡市大运河遗产保护办法》、《嘉兴市大运河世界文化遗产保护条例（草案）》、《杭州市大运河世界文化遗产保护条例》等。从上述列举的来看，虽然部分设区市的人大常委会和政府不断加大对大运河文化遗产保护管理的法律制度建设，结合本地实际、调研论证并且制定了一系列保护管理条例、办法或是保护规划，对京杭大运河文化遗产的保护有着积极的作用，但是整体来看还是缺少必要有效的地方立法，只有较少的设区市提供相应的地方立法法制保护。易言之，大运河文化遗产保护的地方立法率总体不高，表明大运河沿线对大运河文化遗产保护的立法意识整体不高，未充分利用地方立法资源，较倾向于采用行政方式推进大运河文化遗产保护工作，故而从对大运河线性文化遗产"点状"保护而言未能给京杭大运河所有区段提供区域性的法律制度保障。

其中，杭州市、扬州市、嘉兴市可谓为开展大运河文化遗产保护地方性立法实践的典范型城市。该三地地方性法规等规范的设定，结合了各地监管实践，对京杭大运河文化遗产保障工作进行指导。三地大运河文化遗产保护地方立法实践的展开，是京杭大运河文化资源法制保障工作的有益探索。选择杭州市、扬州市、嘉兴市三个设区市的地方立法文本作比较，主要还基于以下两点原因：第一，杭州市、扬州市在2015年立法法修改之前属于"较大的市"、拥有地方立法权，那么经过多年的立法实践工作的积累应具有一定的地方立法能力基础，二者的对比可以看出拥有较为成熟的地方立法能力的城市在京杭大运河文化遗产保护地方立法工作上的成果。第二，杭州市与嘉兴市都属于浙江省的设区市，两市立法文本之间的对比可以保证在相似经济、社会环境下的地方立法工作的发展，同时与江苏省设区市扬州作比较，可以尝试探索省市间在大运河文化遗产保护地方立法实践上是否存在差异性。因而确定地方立法比较样本之后，进行细致的条文梳理，逐章、逐条进行直接对比，通过文本内容的比较、地方立法实践等对所选择的该三个设区市地方立法比较的视角，对三地在京杭大运河文化遗产保护上的情况有更深度的把握。

具体而言，杭州市人民代表大会常务委员会于2017年4月7日公布《杭州市大运河世界文化遗产保护条例》（以下简称《杭州市条例》），该条例自2017年5月1日起施行。此外，杭州市运河综保中心委托中国建筑设计院和杭州市城市规划院历时两年编制完成的《杭州市大运河世界文化遗产保护规划》，顺利通过杭州市规划委员会审议。[①]扬州市自2017年2月1日实施《大运河扬州段世界文化遗产保护办法》（以下简称《扬州市保护办法》）。嘉兴市人大常委会法制工作委员会2017年11月公开第一次审议后的《嘉兴市大运河世界文化遗产保护条例（草案）》修改稿（以下简称《嘉兴市条例草案》），向广大市民和社会组织征集意见。[②]确定好地方立法样本分析对象后，对比分析这些城市的基本情况。以国家统计局公布的2016年各城市地区生产总值的数据来看，所择取的三个设区市中杭州市位列第一，达到11700亿元，扬州市位列第二达到4375亿元，嘉兴市为3836亿元。[③]三个设区市在经济发展上存在些许差距，杭州市作为浙江省省会城市，经济整体水平较高，与其他两个设区市在地区生产总值上拉开了较大差距，但是三个设区市在公共预算上有相近的投入比例。

总结来说，地方有关机关制定规章政策、出台法规来保护大运河，是一项投入多、见效慢的工作，虽不被看好，但是"功在当代、利在千秋"。对京杭大运河沿线设区市地方立法的评估、评判，除去单个地方立法样本的立法语言、立法技术等的评估之外，还需要进行不同区域的样本比较评价。采用实证研究、比较的方法，对大运河沿线城市已出台和形成草案的关于大运河文化遗产保护的地方性法规、地方政府规章等

[①] 杭州市京杭运河（杭州段）综合保护中心：《杭州市大运河世界遗产保护规划通过审查》，浙江省文物局，http：//www.zjww.gov.cn/news/2017-09-20/1203073578.shtml。

[②] 《关于征求〈嘉兴市大运河世界文化遗产保护条例（草案）〉意见的公告》，嘉兴市人民政府网站，http：//www.jiaxing.gov.cn/srdcwhbgs/gggs/qtywgg/201712/t20171218_729703.html。

[③] 《2016年城市GDP排名：1月20日国家统计局公布2016年全国各城市GDP排名》，每日财经网，http：//www.mrcjcn.com/n/200157.html。

内容进行比较研究，指出横向上同级别地方立法之间存在的立法相似、重复等问题，形成对地方立法有关情况全面、准确的掌握和判断，俾使完善相关地方性法规、政府规章的设立，推动文化立法的法治化进程。

（二）京杭大运河文化遗产保护地方立法比较与分析

1. 立法概况

为利于下文对三市地方立法的内容进行清楚、便捷、直观地分析，以下表形式先简述三市地方立法概况，再进行有关比较结果的探讨。

表1　　　　　三市京杭大运河文化遗产保护地方立法概况

地方立法所属设区市	杭州	扬州	嘉兴
条例框架	未分章，38条	未分章，20条	未分章，28条
制定根据	《中华人民共和国文物保护法》《历史文化名城名镇名村保护条例》等	《中华人民共和国文物保护法》等（提及《保护世界文化与自然遗产公约》）	《中华人民共和国文物保护法》等（提及《保护世界文化与自然遗产公约》）
目的	加强保护，促进保存、研究与展示，发挥作用	加强保护，履行国际责任和义务	加强保护、利用和管理
保护原则	统一规划、统一管理、分级负责、统筹协调、有效保护、合理利用（真实性、完整性）	依法规划、分级负责、属地管理、合理利用（真实性、完整性、延续性）	统一规划、分级负责、属地管理、合理利用（真实性、完整性、延续性）
特殊负责机构/部门	大运河遗产综合保护部门	相关管理委员会	无

关于制定条例或是办法的法律法规的根据上，《杭州市条例》明确列举了两个相关的中央立法，而《扬州市保护办法》与《嘉兴市条例草案》则使用"根据《中华人民共和国文物保护法》等法律法规"。根据立法法第73条第1款之规定，地方性法规的制定乃为了具体执行上级位阶中（包括了较高效力的法律与行政法规）的规定，那么在对京杭大运河文化遗产保护过程中涉及京杭大运河流域沿岸城市的物质与非物

质文化遗产关于名城名镇名村的内容时，必然会受到《历史文化名城名镇名村保护条例》之规范，故而三市地方立法就制定根据之规定比较来看，《杭州市条例》列举了涉及大运河文化遗产保护内容的行政法规，其做法更为妥当，反映了立法法设定的有关法律效力位阶的内容。

从地方立法制定的目标来看，三市的规定中都强调了为了加强对文化遗产的保护。此外，《杭州市条例》还较为全面地提及了文化遗产保存、研究与展示的促进工作，可谓为对文化遗产保护内容的规定更为细致，其中关于研究工作的规定亦与文物保护法第一条之内容中的"促进科学研究工作"相呼应。《扬州市保护办法》中则在"保护"之外，规定了履行国际责任和义务的目的内容。《嘉兴市条例草案》的相关内容中使用了"保护、利用和管理"的表述，符合文物保护法中文物工作所贯彻的方针，此外虽然关于政府承担京杭大运河文化遗产保护的责任与义务，与《保护世界文化与自然遗产公约》的规范相一致，但是其以按照国际公约要求的有关表述，似可理解为具有以国际公约作为制定条例根据之意涵，然而根据立法法第 82 条的规定，可作为根据的有法律、行政法规、地方性法规，一般不以国际公约为制定地方立法之根据，故而《嘉兴市条例草案》的规定有欠妥当。

三市地方立法所遵循的保护原则中的相同或近似之处可归纳为"统一（依法）规划""属地（统一）管理""分级负责""合理利用"四项，充分体现与贯彻了制定地方立法所依循的文物保护法第 4 条文物工作方针中的"保护为主""合理利用""加强管理"。除此之外，在《杭州市条例》所规定的保护原则中"统筹协调"一词则更能体现大运河线性文化遗产保护的特殊需求——关于政府部门的协调与行政区域之间的协调，"有效保护"虽与保护基本原则中"保护"一词似有重复，但是在基本原则表述中再次强调针对文化遗产的保护工作，则更能引起具体工作开展中的保护意识。虽然原则性规定无法具体地、细致地指导京杭大运河文化遗产保护工作的开展，但是原则性规定在文化遗产保护体系的建构、具体规则的串联、保护工作的指导实施等方面具有不可或缺的作用。正如前揭之，京杭大运河线性文化遗产的特征对各设区市于行政区域内保护工作的开展提出了更高的要求，即需要建构区域协同机制，不仅在法制方面应该建构京杭大运河保护的地方立法协同机制，还应当在组织管理机构等其他方面建立起区域协同保护机制。因此，《杭州市条例》的规定更有利于满足大运河线性文化遗产保护的特殊需要。另外，《扬州市保护办法》与《嘉兴市条例草案》中，除了维护文化遗产的真实性和完整性的通说内容之外，还加入了维护遗产的延续性，彰显了文化遗产传承的核心理念，亦可表现为文化遗产保护的可持续发展观。

各级人民政府与以文物主管部门为主的各级相关职能部门，承担各自职责、协同做好有关京杭大运河文化遗产保护工作的方面无须赘言。在《杭州市条例》中规定了市、区人民政府确定大运河遗产综合保护部门，承担大运河文化遗产保护工作的组织、指导、协调等具体职责；《扬州市保护办法》中则规定了有关管理委员会负责各本区域内的文化遗产保护工作。可见，杭州、扬州二市地方立法在传统职能部门基础上又结合地方实际，针对性地对具体保护工作的负责机构作出明确规定，以规范各政府机构、职能部门等在大运河文化遗产保护方面的工作职责。

2. 权利义务关系

法律规范在于对主题下的权利义务关系予以调整，在对大运河文化遗产保护地方立法的比较分析中亦不可忽视地方立法对权利与义务的规范设定。文物保护法文本中涉及权利范畴的明确表述乃为所有权与使用权；历史文化名城名镇名村条例中涉及的权利内容包括了要求举行听证的权利与所有权。文化遗产的保护可以提升到对文化权利的保障，文化权利是公民一项基本权利，在大运河文化遗产保护法制中关系到与文化权利相关的两方面内容：其一，公民有权参与文化生活，享受公共文化服务设施，具体到大运河文化遗产保护工作中而言，比如人们参观游览京杭大运河流域文化遗址，不失为丰富文化生活的一种选择，或是如下文将探讨的大运河国家文化公园的建设亦是公共文化服务设施的一种具体范例；其二，除了组织与个人之外[①]，保护、利用与管理大运河文化遗产的主要义务主体为政府，政府承担了文化遗产保护、利用与管理的

---

① 《中华人民共和国文物保护法》第7条。

法定义务，亦属于公民文化权利所对应的政府文化行政义务之范畴。重点领域的立法，其内容中应当以公民权利的保障为目标，以彰显符合公平原则的权利公平之内涵。以此立场言之，在京杭大运河保护地方立法中也宜通过权利宣告的方式，即除了所有权或是管理权还有文化权利之概念，以期保障公民文化权利、推进文化遗产保护领域的法治化。归属到京杭大运河文化遗产保护领域时，相关权利义务关系的研析对地方立法文本的研究亦具有指导作用。

在具体分析地方立法文本中设定的大运河文化遗产保护各项义务规范之前，先以下表形式做整理，俾使有助于下文相关分析的作出，以及便于阅读方面的理解。

表2　　三市京杭大运河文化遗产保护地方立法规定的义务类型

地方立法所属设区市	杭州	扬州	嘉兴
保护标准	整体性（第4条）	无	整体性（第4条）
财政预算	第8条（同条规定了鼓励社会捐赠等方式筹集保护资金）	第5条（于第13条中规定了鼓励捐赠、投资等方式）	第7条（同条规定了鼓励社会捐赠等方式筹集保护资金）
公民义务	第9条	第11条	第8条
表彰奖励	第20条	第13条	第8条
缓冲区、遗产区划定	第10以及第12—20条	第8—10条	第12—21条

综观三市地方立法内容，设定的主要义务之内容在类型上存在一定相似性，包括但不限于如下具体制度：明确市县镇等各级人民政府和相关部门的职责分工，进一步完善监管体制；明确对大运河综合整治、工程建设、文物保护等的相关管理规定，坚持可持续发展的方式平衡保护和开发利用之间的关系；对日常管理工作中产生的新问题，在不违背上位法的同时努力填补法律制度规制上的空白；构建奖励制度，促进公众保护京杭大运河文化遗产的积极性，发挥社会监督作用；强调监管者的监管职责和违法者的法律责任，将京杭大运河文化遗产的保护作为地方社会管理中的重要命题贯穿于地方立法之中。三地地方立法的以上特征体现了京杭大运河

文化遗产保护地方立法补充细化性和可操作性的双重特征。

在京杭大运河文化遗产保护地方立法中，三市对义务规范的内容在结构安排上有所不同。比如《嘉兴市条例草案》将针对保护大运河文化遗产有显著成绩的行为对象给予奖励的规定与公民负有保护义务的规定两方面内容置于同条规定中，与杭州、扬州二市地方立法的结构安排上不同；又比如在以社会捐赠为例的筹集大运河文化遗产保护资金方面，《扬州市保护办法》中未将该方面内容与财政预算的规定同列于一条中，而是单独在第13条涉及鼓励大众参与文化遗产的保护与宣传等工作的相关内容的规定中予以表述。

另外，在《杭州市条例》与《嘉兴市条例草案》中都明确了大运河遗产应当实施整体性的保护，而《扬州市保护办法》中则无整体性之要求。从整体性一词的表述更能呼应本文所持的立场：京杭大运河文化遗产保护的要求在"点状"保护之外，需要"线状"保护，地方立法针对区域各段提供保护并形成协调的、对大运河整体的保护，或是在大运河整体层面提供对大运河文化遗产的法制保护。显然，在京杭大运河线性文化遗产保护特殊需求的影响下，《杭州市条例》与《嘉兴市条例草案》的规定使用"整体性保护"，对类型特殊的京杭大运河文化遗产保护的实际工作需求而言具有较佳的针对性。

此外，三市地方立法文本中以及具体实践中，其他显著的差异或可谓特色性规定在于：①2014年底，杭州市对京杭运河遗产综合保护委员会进行了体制调整，采用了"管办分离、政企分开"的模式，将市运河综保委并入杭州市园林文物局并新成立杭州市运河综合保护中心，为运河提供具有综合性的保护，承担运河遗产监测管理工作、协调运河水体治理工作，将运河集团（杭州市运河综合保护开发建设集团有限公司）作为市政府直属国有企业，负责运河两岸的土地开发、运河旅游等经营性项目，实现国有资产的保值增值，当然也负责承担大运河杭州主城区段综合整治与保护开发过程中的相应资金保障。[①] 杭州市该种机构模式

[①] 杭州市运河综合保护开发建设集团有限公司简介，http://www.hzyhw.cn/menhu/about.aspx?c_kind=387&c_kind2=401。

也获得了其他兄弟城市的好评和学习借鉴。2015年常州市政府副市长对《中国大运河常州段申遗成功后的保护管理研究》调研报告作出了批示，指出课题组对杭州进行了调研考察，阐述了常州市保护大运河的对策建议，拟打好"机构牌"、学习借鉴杭州市"管办分离、政企分开"的管理体制，筹措建立或委托设立运河投资公司，具体负责大运河两岸的土地开发、运河旅游等经营性项目。① 综上可见，杭州市京杭大运河文化遗产保护的具体实践创新文化遗产保护的运行机制，在法律关系上科学合理地区分了京杭大运河文化遗产保护利用的法定义务的具体内容并以不同的权能主体分别承担，具有明确的示范效应。②《嘉兴市条例草案》中可以归纳为包括但不限于如下的具体制度：第一，大运河遗产协调监督管理制度。不同于杭州市在该方面的管理制度，嘉兴市地方立法中规定了政府负责组织、协调工作，由文物主管部门对大运河遗产实施统一保护和管理，承担了主要职责，其他相关部门按照行政职能分工，协同做好保护工作。第二，工程验收主管部门参与制度。第十五条第二款规定，"工程验收必须有文物主管部门参与"，但未规定备案的时间要求。第三，水质标准硬性规定的制度。水质是大运河综合整治、开发利用活动的前提条件，综观大运河文化遗产保护的地方立法关于水质标准的规定有所不足。而《嘉兴市条例草案》第十七条明确了防治污染、改善水环境需要"达到世界文化遗产要求的水质标准"。第四，保护区活动开展的管理制度，即第二十一条规定了大运河遗产保护区进行商业宣传或者影视拍摄活动的要求，"应当征得所在地文物主管部门同意方可进行"。③《扬州市保护办法》的地方立法特色性规定方面稍逊一筹，其第六条规定了大运河遗产保护中的重大事项实行专家咨询制度，体现了大运河遗产管理工作中注重专业化、科学化，明确列举了鼓励开展的针对大运河利用的活动，以有利于大运河文化遗产保护和文化传承为宗旨。

3. 法律责任

地方立法关于法律责任的规定，主要针对组织和个人实施损害不可

---

① 《让古老的母亲河焕发青春活力——大运河常州段申遗成功后的保护管理研究》，中国人民政治协商会议常州市委员会，http://www.czcppcc.gov.cn/cms/a/duties/ldps/2016/0111/6185.html.

移动文物等行为，以及政府主管部门怠于履行职责或履行失当等行为。责任条款的规定有助于发挥地方立法的实效性。文物保护法设定的责任主体有行政部门工作人员、文物收藏单位、从事考古发掘的单位等单位和个人，处罚的依据主要是治安管理处罚法等，构成犯罪的依据刑法追究刑事责任。将三市地方立法进行比较后，在责任设置性质方面，文化遗产保护法律责任以行政责任为主。

综观三市大运河文化遗产保护地方立法的法律责任规范，遵循立法法第73条之意旨，以下内容将检视三市地方立法涉及法律责任的条文并进行相应分析，比如地方立法对文物保护法等法律法规已经明确规定的内容是否作出重复性规定。《扬州市保护办法》涉及法律责任的条文中均规定了依据有关法律法规进行处理，未作出其他明确的罚款规定。《嘉兴市条例草案》第二十五条的规定则依据文物保护法第六十六条最后一款规定的"可以并处罚款"，对不可移动文物实施的刻划、涂污行为，责令限期恢复原状，对于情节严重的将并处罚款；而第二十五条之内容中对于损毁不可移动文物的行为规定的罚款与文物保护法第六十六条的规定较为相近，因文物保护法第六十六条行为客体所表述的文物，应当包括《嘉兴市条例草案》第二十五条中损毁行为的客体不可移动文物。

同时京杭大运河文化遗产保护地方立法的法律责任规定亦具有积极面向。《杭州市条例》法律责任有关条款以及《嘉兴市条例草案》第二十五条前半部分与第二十六条的规定，这些条款的制定侧面体现了地方对立法资源的有效利用。以《杭州市条例》第三十五条为例，该条规定给予行政处罚的行为为"损毁、擅自迁移或者拆除"，客体包括"水工、航运设施遗存"以及古建筑等其他典型不可移动文物，罚款要件上无其他要件如情节严重等；而在文物保护法第六十六条中对于擅自迁移、拆除行为的客体规定为不可移动文物，造成严重后果的将给予五万元以上五十万元以下罚款。故而《杭州市条例》该条规定一方面利用处罚法规定的权力对相关破坏大运河文化遗产的行为增设了罚款，另一方面未规定"造成严重后果"等情节严重的要件的适用，不遮蔽上位法的适用，即如果规制的违法行为造成了严重后果则可适用文物保护法。简言之，

《杭州市条例》第二十五条内容对损害、擅自迁移具有历史、科学与艺术价值的大运河文化遗产等行为依法增设了罚款的行政处罚，且不需要情节严重的构成要件，相较于上位法而言针对性地对大运河文化遗产提供保护，其保护更为周延、更为严格，是对上位法的补足且不与之抵触。

综合而言，京杭大运河文化遗产保护地方立法应当依托行政法律责任体系，并以刑事法律责任体系为辅助，实现对妨害文化遗产保护保存的行为的制裁。但是就当前所作的地方立法文本的评估综合来看，大运河文化遗产保护地方立法的责任设置的规范性、体系性稍显欠缺，这将可能削弱地方性法规、地方政府规章的有效性与可执行性。因此，为了加强对京杭大运河文化遗产的保护，地方立法起草过程中关于法律责任条文的订定不容忽视，法律责任有关条文作为地方立法有效性与可执行性的保障，其制定所具备的科学化、民主化、规范化将有助于地方立法预期的法律效果与社会效果的取得。

4. 小结

京杭大运河文化遗产保护地方立法是国家文化法学体系的有机组成部分，在地方开展京杭大运河文化遗产保护工作、保障公民文化权利、弘扬传承优秀运河精神等方面有着不可替代的地位、发挥着积极的作用。在展开地方立法实证研究过程中，总结地方立法文本与地方实践经验，推动地方立法文本的完善是深入研究文化遗产保护地方立法的一个关键的切入点。

在地方立法的内容上，综观京杭大运河流域沿岸的地方立法，特别是所择取的杭州、扬州、嘉兴三市地方立法，京杭大运河文化遗产保护地方立法的基本定位可视为属于管理型法律规范，但是拙文认为京杭大运河文化遗产保护地方立法的内容制定中亦需要树立权利意识，在地方立法文本中体现公民文化权利保护之面向，以使得各级政府切实地在京杭大运河文化遗产保护的具体工作开展中保障公民的文化权利，尤其在公民参与文化生活、享受公共文化服务设施等方面。在该基础上，从三市地方立法文本来考量，《扬州市保护办法》第十四条规定较能体现一种保障公民文化权利的面向，该条规定中提到了在遵循保护文化遗产真实性与完整性的前提下鼓励开展的具有利用大运河文化遗产性质的活动包括了设立展览馆、建设公园等，同时也鼓励组织开展设计以大运河为主题的、有助于传播运河文化的文艺创作。一般而言，国家鼓励展览馆等对外免费开放，那么地方实践工作中在地方性法规及地方政府规章等指引下，建设大运河文化遗产展览馆、大运河文化遗产主题公园等，有利于地方大众享受文化服务设施，在京杭大运河文化遗产保护工作开展的同时亦保障并促进实现公民的文化权利，故而地方立法在"管理法"的特征下亦可保留"权利法"的功效。因此，京杭大运河文化遗产保护的地方立法应当结合地方实际、体现地方立法特色，制定符合京杭大运河线性文化遗产保护现实需要的法律条款，包括前文所述关于法律责任条文的内容，亦需在文化遗产保护、保存、利用等方面立基于保障公民文化权利上进行一定的制度创新。

为避免京杭大运河文化遗产保护地方立法的局限性对具体工作展开的约束，在具体的操作中应当充分调动社会多方主体参与、制定与修改关于文化遗产保护的地方立法，期冀社会多元主体共同支持和保障大运河文化遗产，以期形成社会共建共享的文化遗产保护格局。以高等院校作为代表性社会主体为例，在现有的关于地方立法第三方参与制度的调研中可以发现，我国地方立法部门似乎青睐于选择本行政区域内的高等院校参与地方立法的调研论证与起草。地方立法部门可能由于立法人员数量不足、缺乏充足的立法理论支撑，或是偏向于考量部门利益，导致地方立法过程中存在短板。而反观高等院校参与地方立法，有丰富的人力资源、拥有健全综合的法律知识体系与实践经验，能够较为客观并保持中立，在促进地方立法科学化、民主化方面具有独特的优势。大运河文化遗产的保护涉及水利、建筑设施、非物质文化遗产等多领域，而高等院校中涵盖多个专业，就可以组建多学科的团队合作，将有利于大运河文化遗产保护立法资源有效整合，提高地方立法的成果质量，借此通过地方立法的方式对大运河起到切实有效的保护。高等院校作为第三方参与地方立法虽然具有一定优势，但难以避免会存在一些不足之处。高等院校学者主要从事于学术研究，可能并不完全适应当前的立法政策与技术要求，如若参与地方立法过程中实施不当，将会导致法规文本脱离实际、出现深奥超前抑或是理想化的现象。① 此外,高等院校作为单一的第三方在现有缺乏对地方立法文本内容以及地方立法可操作性与实施效果客观细化的评价标准的情况下,单一地受委托完成地方立法的调研论证与起草工作,完成的调研成果可能并不是最为合理与优化的。从某种程度上来说,高等院校的专家、学者在负责地方性法规建议稿起草过程中,通常会参考已有的法律文本,结合当地实际情况,进行综合分析、择优借鉴法律规范,于是乎在委托第三方起草的立法模式下会出现立法参照的现象,而导致地方立法可行性与可操作性的缺失。②

三 京杭大运河文化遗产保护地方立法存在的问题探讨

前文对杭州、扬州、嘉兴三市大运河文化遗产保护的地方立法文本进行比较分析,肯认三市地方立法内容与立法技术等方面的科学性与规范性的同时,亦揭示了地方立法所存在的一定的局限性。三市作为京杭大运河沿线设区市,较先对大运河文化遗产保护进行地方立法,相关的先行试验将对其他城市以及统一层面的法律规范的制定具有一定的参考与借鉴意义。故此,基于三市地方立法存在的局限性,拟结合大运河有关基本特征,归纳如下几点京杭大运河文化遗产保护地方立法存在的问题。

(一) 线性文化遗产立法保护面临的特殊困难

当今人们日益重视对文化遗产的保护与利用,相关理论研究和实践操作都获得突破性进展,例如线性文化遗产理论学说在一定程度上就标示了文化遗产保护利用研究领域中的新成就。线性文化遗产不同于以往的物质和非物质文化遗产的分类,是基于大规模管理文化遗产的现实需要,根据文化遗产在一定空间范围内呈密集分布的特征而作出一种新的概括提炼,表现该类文化遗产在空间分布上距离长、规模大、呈现线状

---

① 王书娟:《样态与进路:第三方参与地方立法的实证分析》,《江淮论坛》2016年第4期。
② 刘佰福:《地方立法中的"参照"——以我国水土保持地方立法为样本》,《河北法学》2017年第10期。

或者带状、由各类文化遗产集合而成。[①] 线性文化遗产理论揭示了线性文化遗产作为文化遗产资源的聚合体的本质，实际上同时也揭示了线性文化遗产内容的丰富性与复杂性。

京杭大运河纵贯南北，总长度约3200千米，作为我国的线性文化遗产，从京杭大运河各区域段的保护管理工作来对整个京杭大运河起到保护与利用是难以有效实现的。随着城镇化进程加快，由于污染、建设性破坏、水土流失等造成京杭大运河沿线及其周边的生态系统面临巨大的挑战。根据扬州市环境保护局发布的《2016年扬州市年度环境质量公报》来看，该年水质较以往有所改善，京杭大运河的水质在该年度为优，而与其相连的宝应湖、高邮湖、邵伯湖仍然呈轻度富营养，瘦西湖为中度富营养。[②] 人类活动范围的增大，给运河水体、土壤等带来污染，影响着京杭大运河生态系统安全。而沿河沿岸的土壤也因水质污染、人类垃圾堆放等污染程度十分严重，最为突出的是以农药化肥使用过量引起的水质与土壤污染。[③]

公民环保意识和法制意识的淡薄，受利益驱使将京杭大运河作为污染液体的排放通道而被行政或刑事处罚的案例也较多，这些被查处以及尚未被查处的违法行为在一定程度上加剧京杭大运河生态调节功能的下降。随着执法部门执法工作的加强，个别污染大运河的违法行为也开始"升级换代"，有的违法排放污水的行为令人吃惊。一辆排污车辆伪装成洒水车，车内人员穿着类似环卫人员的橙色制服，"光明正大"地打开车底排水口向京杭大运河北段的北运河排放发臭的生活污水，后被北运河水政监察大队通过水政监察"义务信息员"提供的线索查获，而在被查获前该车辆已经向北运河偷排7次生活污水，共计56吨。[④] 工业污水、生活污水、农业污水的排放导致大运河水资源被污染；公民节约用

[①] 李麦产、王凌宇：《论线性文化遗产的价值及活化保护与利用——以中国大运河为例》，《中华文化论坛》2016年第7期。
[②] 《扬州市环境状况公报（2016）世界环境日出炉》，中共江苏省委新闻网，http://www.zgjssw.gov.cn/shixianchuanzhen/yangzhou/201706/t20170606_4192127.shtml。
[③] 杨静：《京杭大运河生态环境变迁研究》，博士学位论文，南京林业大学，2012年。
[④] 《伪装洒水车北运河排污56吨，司机被罚款5000元》，千龙网，http://beijing.qianlong.com/2017/0503/1654987.shtml。

水意识淡薄、工业农业超量用水,导致大运河水资源浪费严重;水利设施的兴建、挖沙取土的人为干扰,严重破坏大运河的周边生态系统稳定。经过梳理京杭大运河沿岸城市已出台的地方性法规、规章等可以发现,地方在水体保护上都有采取一定的措施,比如行政处罚手段,但是总体来看并没有有效地遏制污染河水的行为。

此外,囿于财力、方法等的限制,传统的文化遗产保护通常是首先将历史建筑遗存等界定为文物,然后再通过隔离、封闭的方式对其予以保护,而这种模式下的保护只能针对筛选出来的小部分、数量有限的文化遗产,更多的文化遗产未被界定为文化遗产点就得不到应有的维护与修缮。不少文化遗产被排除在"文化遗产点"之外,随着社会发展与变迁遭受到破坏甚至湮灭的后果。比如在申遗成功之后,江苏省徐州市和镇江市没有遗产点入选,文化遗产保护制度的缺失和监管不到位等因素导致徐州当地泗水捞鼎遗址、荆山桥、内华闸等文化遗产未能得到有效的保护。[1] 线性文化遗产这种在线状或者带状区域内集合大量文化遗产资源的情况,就决定了线性文化遗产需要统筹安排的保护与利用,需要从整体的眼光与思维,坚持一体化的保护与利用,而这种特殊之处也给具体工作中带来难度,需要以线性文化遗产保护的思路贯穿京杭大运河文化遗产保护与利用的制度框架。

(二) 地方立法的有效协同不足

北京市政府出台了《大运河遗产保护规划(北京段)》,江苏省政府批复同意《中国大运河(江苏段)遗产保护规划(2011—2030)》,山东省实施《山东省大运河遗产山东段保护管理办法》。在设区的市层面,杭州市出台《杭州市大运河世界文化遗产保护条例》,扬州市修改后审议通过《大运河扬州段世界文化遗产保护办法》,洛阳市政府颁布《洛阳市大运河遗产保护管理办法》,嘉兴市公开征集《嘉兴市大运河世界文化遗产保护条例(草案)》意见。从这些制度规范可以看出,这

---

[1] 王沛:《运河文化保护现状及存在问题》,《彭城周末》,http://epaper.cnxz.com.cn/pczm/html/2014-07/05/content_251638.htm。

些省份、这些设区的市都开始对京杭大运河文化遗产的保护工作给予了一定的重视，对京杭大运河保护、管理工作的职责部门作出了较为明确的规定。地方是推行大运河线性文化遗产区段保护的主要力量，然而整体来看，大运河沿线城市仍然欠缺有效的地方立法提供法律制度保障。

地方立法可以补充细化上位法，将上位法在各地方上进行实施与贯彻落实，在地方上进行特殊领域的立法先行、试点创新，对于我国法律制度建设而言，有着不言而喻的作用。从积极方面来说，对各地各级人大常委会和政府不断加大对包括京杭大运河在内的文化遗产保护管理的法律法规的建设、结合当地实际情况制定一系列相关规定的做法应予以充分肯定。地方立法法律制度的建立可以减少多头管理、协调不足的负面影响。京杭大运河流经北京市通州区、天津市、河北省沧州市等共18个城市[1]，其流经区域之广，分属于多个省份、不同地区，多地对京杭大运河流经的河段进行管理。以京杭大运河浙江省段为例，由北至南流经了三个设区的市。细化京杭大运河文化遗产的保护管理工作，除了分属于不同市县区外，还分属于不同行业部门管理，如水利、环保、建设、规划、文物等部门。水利部门负责全市行政区划内河道的防洪排涝、整治工作；建设部门负责行政区划内河道的整治以及沿岸建设工作；规划部门负责京杭大运河沿岸景观物的设计和建筑物审查工作等。地方立法在地方行政区域内针对京杭大运河文化遗产保护与利用工作，需要对各部门的职责、权力予以明确，建立部门之间的协调机制，以期为文化遗产的保护与开发提供必要的制度保障，使具体管理实践工作有法可依。具体而言，京杭大运河文化遗产保护地方立法缺少有效协同机制集中体现在：

第一，缺少协同保护机制。《大运河遗产保护管理办法》规定了由文物主管部门与水利、交通、环保等部门合作，开展对大运河文化遗产的保护管理相关工作。[2] 不同部门、大运河沿线不同地区在不同目标、

---

[1] 《运河18城》，京杭大运河旅游官网，http://www.grandcanaltravel.com。
[2] 《大运河遗产保护管理办法》规定，"国务院文物主管部门主管大运河遗产的整体保护工作，并与国务院国土、环保、交通、水利等主管部门合作，依法在各自的职责范围内开展相关工作。大运河沿线县级以上地方人民政府文物主管部门，负责本行政区域内的大运河遗产保护工作，依法与其他相关主管部门合作开展工作，并将大运河遗产保护经费纳入本级财政预算"。

依据不同法律法规的影响下,管理工作就会产生诸多交叉和矛盾冲突。缺少有效的地方立法协同保护机制,导致这种矛盾冲突在实践管理过程中并未破局。现行文化遗产保护法律制度中存在"缺乏协调配合"的问题,在当前多部门分割管理的保护形式下会造成"有利益大家争",产生问题时相互推诿,使得会出现遗产资源难以得到有效整合等诸多困境。[①]

第二,缺少区域协同立法机制。目前,京杭大运河线性文化遗产相关地方立法过于分散、地方立法"碎片化"的难题亟须解决。在区域协同立法上,在我国现有立法制度中并没有明确规定区域协同立法的主体、程序、立法权限等内容,未有合法的地位,因而通常采用中央统一立法来取代区域立法的作用,以解决区域性协同立法法律诉求的问题。[②] 我国大运河文化遗产保护欠缺,如《长城保护条例》中对长城这一线性文化遗产的"整体保护、分段管理"的专项立法保护模式。在国家决定设立雄安新区之后,在调整优化京津冀城市布局等研究中有关三地的协同立法的探讨也在展开。采取消极态度回避区域立法制度研究是不可取的做法。此外,大运河水流的流动性又需要破除地方行政区域在地方立法时存在自利倾向的弊病。故针对京杭大运河线性文化遗产的特性,在已有相关区域立法的研究中、在当前欠缺区域协同立法的背景下,应认识到京杭大运河沿线区域统筹保护与开发利用自然资源、文化资源的区域协同立法抑或是协同保护机制存在缺失,其中区域协同立法是对协同保护机制的保障和促进,为制度构建的重点内容。

(三)地方立法社会支持的缺失

以杭州市为例,浙江省杭州市作为浙江省会城市,在京杭大运河文化遗产保护意识的带动下,相关具体保护工作亦为该市带来了可观的社会经济效益。比如杭州市运河沿岸传统手工艺实业重新展现了出来,像是张小泉剪刀、泥塑或是江南水乡柔美象征的丝扇等,吸引了来京杭大

[①] 王灿发:《论我国环境管理体制立法存在的问题及其完善途径》,《政法论坛》2003年第4期。
[②] 张磊、马治国:《关中一天水经济区统筹科技资源的地方立法理念设计》,《理论导刊》2016年第8期。

运河游玩的旅客参观与购买。然而纵观京杭大运河沿岸城市社会发展情况，在城市快速发展中高楼崛起、技术发展现代化，但不免在关联到京杭大运河文化遗产保护的城市建设与管理中显得有些控制失当，导致京杭大运河沿岸城市的面貌、文化趋于一致，城市特色逐渐蜕变，这也使得京杭大运河各河段的地域独特性在削弱，未贯彻文化遗产保护中维持原真性和完整性的目标宗旨。当京杭大运河各遗产点以及未被认定为遗产点的各文化遗产得到有效维修与保护时，便可以在此基础上发展京杭大运河文化景观旅游线路和品牌建设。

京杭大运河沿线城市未形成成熟的运河文化景观旅游项目，在于各设区的市缺少结合地方上运河文化遗产所具有的特色来发挥地方积极性、主动性和创造性推动京杭大运河文化旅游项目的实践探索。不过由于设区市的地方立法工作处于起步阶段，对京杭大运河文化遗产的保护还未形成系统的立法认识、立法制度、立法经验等体系，跳跃式地推动旅游发展会存在较大困难。因而在京杭大运河文化遗产保护与开发利用的法律制度建设过程中，可以围绕如何彰显京杭大运河历史文化特色、如何整合打造京杭大运河文化旅游品牌进行理论探讨，为京杭大运河沿岸带来经济效益，在一定程度上又能促进人们更积极地保护京杭大运河文化遗产资源。

四 京杭大运河文化遗产保护地方立法的提升策略

各国对运河的保护以及我国对其他文化遗产的保护，无一不注重法律的制定与实行，并且根据不同文化遗产的特点，在实践操作中不断丰富、完善与发展。正如前文所述，具体到京杭大运河文化遗产保护上缺少操作性较强的地方立法，分段管理上的法制保护显得较为空泛。京杭大运河沿线城市的地方立法，是地方细化对京杭大运河文化遗产保护管理工作的前提导向。在前文对三市地方立法的实证研究分析以及归纳的几点问题的基础上，提出如下针对京杭大运河文化遗产保护地方立法提升的策略建议。

（一）提升京杭大运河文化遗产保护地方立法科学性
1. 遵循遗产廊道类型文化遗产保护的科学规律
（1）遗产廊道保护模式与文化线路理论

20世纪末时，许多国家在对自然资源等遗产的保护主要采用区域化保护的模式，区域化保护多用于城市、建筑上。随着人们环保意识的增强，兴起了"绿道"的概念。最初绿道（或称绿色通道 green way）这一概念在美国得以提出并发展。该概念主要用于自然资源的保护上，green 指的是自然区域或是半自然植被区域，way 指的是通道。而遗产廊道这一概念，则是将区域化保护和绿道概念结合的产物；与绿道概念不同的是，遗产廊道是一种综合性的概念，包括了自然资源、经济以及文化。遗产廊道最大的特点在于，不局限于绿道这一概念强调自然资源，遗产廊道更注重于历史文化，同时也看重经济发展与自然系统稳定之间的平衡，因而包含了历史文脉传承与现实沟通互动产生的新意义。因此，遗产廊道保护模式作为一种保护规划方法，在保护文化遗产的同时，亦秉承"区域振兴、居民休闲、文化旅游"等多重目标。[1]

此外，文化线路可谓近年来国际遗产保护领域中出现的一种同遗产廊道相关概念近似的、新兴的遗产保护理念，其基本特征是以"线路"为纽带，即以陆地道路、水道或是混合类型的通道为基础，使得文化遗产涵盖的范围更加广泛，联结自然遗产、文化遗产以及其他综合性遗产，概念开放且具有一种动态性。此种文化遗产保护理念所具有的大范围、多维度的保护方法，能对一个国家特别的文化遗产的保护带来综合而深远的影响。

文化线路理论的提出，一改人们对世界文化遗产"点状"特点的传统认知，以一种以自然形成或是人类活动为"脉络"的"线状"的全新展示，使得自然景观的发展变化和人类迁徙流动的变化更加真实地展现。此理念下强调的是一种对"线状"资源（包括物质和非物质文化

---

[1] 张磊：《论京杭大运河"申遗"的法律认识及其保护》，《南通纺织职业技术学院学报》（综合版）2006年第2期。

遗产）的一种整体性保护，不仅能够提供各区段内的保护，还能促进线状或者带状的文化遗产所需要的整体性保护。

（2）借鉴遗产廊道保护模式与文化线路理论

京杭大运河从本体来讲具有丰富的自然资源，长期的历史积淀使得在京杭大运河沿岸区域也产生了丰富的文化资源，是极为重要的遗产廊道。在对京杭大运河文化遗产保护地方立法研究的开展中，可学习借鉴上述保护模式与保护理论，进而可对京杭大运河文化遗产保护具体工作提供法律指引，有助于保存、保护京杭大运河的自然资源、物质与非物质文化遗产，使得人们感受到长期历史积淀下来所蕴含的深厚的文化底蕴，在沿岸历史文化保护区域城镇化进程发展中以及进行的南水北调工程中可以提高沿岸居民的生活水平，以发挥京杭大运河文化遗产的人文价值与经济价值。

遗产廊道保护模式的最基本特点在于整体性，因而地方立法过程中以及日常开发过程中也不应脱离该特点。地方立法以上述保护模式与保护理论为指导，则应以各遗产点为极点，以京杭大运河整体为发展主轴，以沿线旅游热点城市为支撑，充分利用沿线城市的交通线，整合发展各要素于线性空间中，并且为使得京杭大运河文化遗产得以传承，在地方立法指导下的开发利用过程中也应充分考虑到时序问题。对于具备开发条件的京杭大运河资源可予以开发，对于不具备开发条件的可先妥善保存，待开发技术水平提升后再予以执行开发。因而，在地方立法的调研、论证、起草与评估等过程中皆应以遗产廊道保护模式为标准，从整体性出发，灵活机动地根据具体情况执行实际操作。

文化线路理论指导下，既需保护遗产的自然价值和文化价值，亦追求遗产保护、文化旅游、居民休闲居住等多元化目标，其概念内涵是基于动态性的特征来表现空间上和时间上的连续性。通过文化线路保护理论的指导，以掌握关于世界文化遗产保护与利用的研究和发展的应然方向：保护对象既包括遗产本体亦包括遗产廊道周边的内容，保护的方式不仅需要在"点状"还需要在"线状"，保护内容上不仅需要保护运河自然生态环境，更需要重视对非物质文化遗产的传承与文化价值内涵的发展。文化线路理论作为地方立法的理论基础，其影响和意义不同于传统的文化遗产保护理论，其优势和特点在于其所蕴含的核心价值如文化多样性与文化民主、跨区域的理解交流与沟通等，将有利于推动文化认同、交流、传播，以及发展、创新文化旅游。① 以文化线路理论作为京杭大运河文化遗产保护地方立法的理论基础，还有益于增强立法科学性。首先在该理论指导下能使得地方立法机关充分认识到京杭大运河文化遗产保护中涉及基础学科的多样性，以期在文化遗产保护管理的实践过程中充实知识储备与人才储备。在历史建筑学、美学、社会学等理论下对京杭大运河文化遗产资源进行合理的价值评估，从而进一步整理出遗产资源清单；在景观生态学、建筑学等理论下对京杭大运河保护进行规划设计；在文化学、城市旅游学等理论基础下，实践和发展可持续文化旅游。其次，文化线路理论又要求京杭大运河文化遗产保护地方立法实践过程中突破传统地域保护思维，提倡跨区域合作保护。在"点状"保护的基础上，亦需要整体保护"线状"的价值，也即修复保护京杭大运河文化遗产点的同时，在文化线路理论作为理论指导下强调每个文化遗产点都需置于整个京杭大运河线路，作为整体的组成部分来评估文化遗产的价值。

2. 构建权责统一的大运河遗产管理体制

法国米迪运河的权利最初属于私人所有，而后在 18 世纪才被政府购回财产权。法国米迪运河具体的保护开发工作，可分为统一层面和地方层面的"双轨"开展。然而与我国不同的是，米迪运河所在的地方政府不负责米迪运河的管理，但是提供米迪运河的保护维修所需要的经费。② 加拿大里多运河的主管部门是该国公园管理局，其职责主要是管理里多运河的相关土地和通航水域，此外加拿大的自然资源部、环境部、交通部等亦协同管理里多运河，主要职能分别在渔猎、处理污染和水路通航方面；在运河所有权问题上，里多运河的所有权属于该国联邦政府。③ 两国的运河遗产管理体制中关于权力职责的确定与划分亦较为

---

① 龙迪：《国外生态文化保护区规划研究》，硕士学位论文，东南大学，2016 年。
② 邓俊、谭徐明、王英华、刘建刚：《文化遗产保护背景下大运河保护与管理研究》，《中国水利水电科学研究学报》2012 年第 3 期。
③ 刘庆余：《国外线性文化遗产保护与利用经验借鉴》，《东南文化》2013 年第 2 期。

明确。

我国的京杭大运河兼具水利工程与文化遗产的双重属性,因此需要建立分工明确、权责统一、科学有效的大运河遗产管理体系,使得各级水利部门在水利工程进行维护修复、各级文物部门在对文化遗产进行保护时有科学可行的技术指导、有适用性较强的技术标准,亦使得其他各部门在京杭大运河保护与利用工作中的权力运作有相关直接依据。

在中国大运河申遗前,各城市在扬州市成立了"大运河联合申遗办",而后扬州市在2014年9月将之更名为"世界文化遗产保护办公室",因其在申遗过程中积累了大量经验,且在此后的大运河文化遗产管理、日常监测和宣传推广等工作上该机构亦发挥了积极的作用。对于大运河保护指挥领导小组的建设,有建议提出可由市长、市委宣传部长、分管副市长担任领导小组的负责人,政府其他相关部门负责人为成员[①],负责大运河文化遗产保护与利用的具体协调领导指挥工作。此外,在当地条件允许的情况下可根据实际情况建立国有公司负责大运河的开发和旅游等经营性项目,公司收益用于运河整治、维修和保护等所需支出。

另以前文已简述的大运河杭州段治理的成功经验为例,在大运河遗产管理体制中,杭州市组建了杭州运河指挥部(正局级事业单位),并与综合整治开发领导小组办公室联合办公,此外成立了杭州市运河集团(国有独资企业)。[②] 在这样专业运河管理机构中,由指挥部承担行政职能,由运河集团负责大运河杭州段的市场化运作,形成了政府主导、市场运作的大运河保护模式,充分发挥了政府"看得见的手"和市场配置的双重作用。针对大运河的特点,专门机构管理才能全面实现保护大运河的目的。该区段施行的专业化的大运河遗产管理机构,其职权分明、权力统一的特点顺利推进了大运河整治保护与开发工作的展开,值得大

---

① 沈建钢、蒋英慧:《中国大运河常州段保护对策研究》,《常州工学院学报》(社会科学版)2016年第3期。
② 姚如青:《杭州特色与经验:纪念改革开放30周年(环境卷)》,杭州出版社2008年版,第102—103页。

运河沿线其他城市学习借鉴。

3. 建立健全大运河文化遗产基金会制度

京杭大运河文化遗产保护地方立法的制度除了管理体制的建构外，还可通过建立健全大运河文化遗产基金会制度，以提供一定的资金支持。正是在京杭大运河文化遗产的维护和修缮方面，由于地方政府不能完全覆盖所需支出，因此更多地希望能够吸引社会公众资金予以支持。杭州市设立国有公司进行管理大运河旅游开发收益的运作模式并非适用于大运河沿线所有城市，限于当地运河资源旅游开发的程度、当地配套旅游交通设施等因素的影响，需要其他制度措施来从资金上支持大运河的保护修复工作。

2016年针对文物的保护工作，国务院出台指导意见提出了一些具体措施以供参考，在《关于进一步加强文物工作的指导意见》（国发〔2016〕17号）文件中，强调了文物的保护工作应为工作重点，提出多项保护举措中就包括了设立公益基金制度。京杭大运河沿线城市学习杭州市设立国有公司以管理、保值升值大运河旅游开发所获得的资产的做法可能存在现实问题，沿线城市并不能都开展该种做法，而设立公益基金制度则具有现实可能性，以期为京杭大运河沿线具体保护工作的开展提供资金支持。建立健全大运河公益性文物保护基金制度，采取社会募集等多项措施筹集资金，将筹集的资金专项用于大运河文物的保护与修复工作，或是为文物保护点、历史建筑的使用权人和所有人对文物的维护修缮工作提供帮助，以此来激励相关责任人更好地履行文物保护的义务。

大运河文化遗产基金会更可能为非公募基金会，资金来源应着眼于大运河文化遗产机构的运营收入或是企业个人的相关捐赠以及获得资产的再投资营利等。大运河文化遗产基金会同时还可参考借鉴英国艺术基金所实行的"National Art Pass"（国家艺术通行证）制度[1]，比如基金会成员可在大运河沿线博物馆、美术馆、历史文化建筑享受半价或者免费参观的优惠，抑或是在参观游览时可享受一系列的导览等服务，吸引

---

① 朱琰、吴文卓：《国外文化遗产基金制度及其借鉴》，《东南文化》2016年第4期。

个人或是企业成为会员，将筹集的资金用于保护大运河文化遗产，进而又能为会员带来更多的福利。比如制定相关配套政策，对投资大运河文化遗产保护的企业、个人，或是民办博物馆、藏书馆的创办者给予税收、补贴等方面的优惠。①

因而地方立法在当前倡导公众参与保护大运河文化遗产的趋势下，应继续加强对公众参与文化事业发展的引导性宣传、政策性扶持等，吸引企业、个人的目光到大运河沿线文化艺术机构、历史文化建筑等之上，培养公众参与文化遗产保护事业的意识，从而在一定程度上也能促进大运河文化遗产基金会制度的推进实施，以使得在政府财产支持的基础上有更多的资金来保护修复大运河文化遗产、促进大运河文化艺术资源的未来发展。此外基金收入除了来自政府支持以及企业个人捐赠之外，还可以尝试要求重污染或是排污企业进行捐赠，亦可以通过该举措使得污染企业履行大运河保护任务受到激励作用。②同时需要重申在大运河文化遗产保护基金会制度建立与完善的过程中，应确保资金收入真正能够用于文化遗产点的维护与修缮；对此，还应当在相关立法中规定面向社会予以年度报告的义务，经济监督以及社会监督等有关规范。

4. 补足地方立法传播机制，增强地方立法实效性

部分领域的地方立法处于被边缘化的尴尬境地，因其宏观、表面上的平淡而被认为实用性不强，因而也就出现了不受重视的现状。但是宏观上的平淡并不能掩盖微观上的丰富以及地方立法对保护对象的意义所在。在完善地方立法制度构建之时需要认识到制度制定之后并非自然就能够得以执行，除了在立法过程中需要消耗成本，在传播过程中、在运行各阶段都需要消耗成本。地方立法制定后的传播、执行机制的不足可能就会影响到地方立法功效的切实发挥。在现代经济活动的交流协调中产生的交易成本往往高于甚至远高于产品的生产成本，占据总成本的大

---

① 刘爱河：《法律和制度视角下的文化遗产保护公众参与》，载《第三届"中法文化遗产法国际研讨会"论文集》，云南出版社2014年版。
② 孟庆瑜、张思茵：《京津冀清洁生产协同立法问题研究》，《吉首大学学报》（社会科学版）2017年第4期。

部分。① 将该观点迁移到京杭大运河文化遗产保护地方立法的实施过程中,当地方立法制定出来后,法律文本对公众的宣传、执法者学习内化所需要消耗的时间、精力等成本并不低于制定地方立法文本所消耗的相关成本。为了避免京杭大运河文化遗产保护地方立法的适用呈现偶然性,在缺少专项保护京杭大运河文化遗产的上位法时就需要通过降低传播成本的方式来增强地方立法的实效性。

首先,需要拓展公众知悉地方立法信息的渠道,并及时更新地方立法信息,持续地公告地方立法信息的相关资讯。比如各设区市司法局创立的微信公众号等各类媒体上进行宣传推广,可以适时推送地方立法的有关信息,或是推送根据大运河文化遗产保护地方立法处罚条款而进行处罚的违法行为以增加公众对于该条款的认知。充分利用京杭大运河沿岸居民社区、运河博物馆、历史建筑遗存等,进行京杭大运河文化遗产保护地方立法的有关宣传,使得公众在饱览运河景观的同时可获取有关大运河文化遗产保护的地方立法资讯,增强公众保护京杭大运河文化遗产的意识。其次,加强负有保护大运河文化遗产职责的有关机关对京杭大运河文化遗产保护地方立法的宣传培训工作的重视程度。可定期组织有关京杭大运河文化遗产保护的专题培训或下发介绍法律文本的学习材料,使执法人员了解、熟悉京杭大运河文化遗产保护的相关制度,特别是针对发生在大运河遗产区、缓冲区等行为的有关处理规则。最后,采取可行措施适应规则认知便宜化倾向。执法人员掌握京杭大运河文化遗产保护制度也需要消耗一定的学习成本,在较大的执法压力之下欠缺动力学习新的规范,在法律适用方面就会形成一种"路径依赖",也即一种规则认知的"便宜化倾向"。②在这种情况下通常就会采用上位法或是已有的法律规范来解决问题。因而在对执法者宣传、培训有关大运河文化遗产保护地方立法制度时需要以多种灵活方式,比如对于一般性规定像是遗产区、缓冲区的划分可以采取动画、讲述的方式,对于京杭大运河文化遗产的执法工作有关键性

---

① [德]柯武刚、史漫飞:《制度经济学:社会秩序与经济政策》,韩朝华译,商务印书馆2000年版,第152—153页。
② 俞祺:《地方立法适用中的上位法依赖与实用性考量》,《法学家》2017年第6期。

帮助的法律条文进行重点讲解。

(二) 形成京杭大运河文化遗产区域协同保护机制

1. 建构京杭大运河文化遗产保护的地方立法协同机制

在各设区市以行政区域为基础的保护京杭大运河文化遗产的地方立法模式上需要增加协调统一性。面对河流水质污染问题的威胁，京杭大运河流经各城市必须加强区域协调合作，特别是在地方立法制度方面，一致行动来保护大运河环境、维护沿线河流两岸人民的利益，以求破解碎片化地方立法模式带来的困境。

从系统性来看，京杭大运河河道跨度大、属于复杂的他组织系统，其中以行政区域划分的各河段可以作为自组织系统出现，因而大运河就是包含多个自组织子系统的一个大型他组织系统。[①] 因此从大运河的组织特性上来说，各设区市以各自行政区域为范围进行组织管理的方式仅能产生有限的作用，不能有效满足京杭大运河线性文化遗产保护的特殊需求。京杭大运河流域生态系统的整体性是沿岸城市合作的自然基础，任何污染水质、破坏生态环境的行为都会影响流域沿岸人民的生存和发展。2015 年地方立法权扩展后，各设区市有条不紊地展开地方立法并获得了良好的效果，为京杭大运河文化遗产提供了丰富的地方立法实践经验。国家立法机关可以统合大运河文化遗产历史保护区域先进的制度经验，认为有必要通过统一立法的形式形成全国性规定则可以做出决断。[②] 或是可以在可持续发展观的指导下，通过开展大运河沿线城市地方立法协同工作，为京杭大运河文化遗产的保护工作提供统一或者集体性层面的法律保护，奠定大运河文化遗产保护法制框架的基础。各设区市在地方立法协同的发展过程中，可以交流各地特色小镇、美丽乡村建设的成功经验，以此类具有地方文化特色的城市与乡村为突破口，作为带动大运河发展的重要驱动力，亦可以作为未来大运河文化旅游的重要景观和

---

① 连冬花：《大运河遗产保护与利用协同的路径探析》，《系统科学学报》2016 年第 2 期。
② 俞祺：《重复、细化还是创制：中国地方立法与上位法关系考察》，《政治与法律》2017 年第 9 期。

服务点。①

　　大运河的整体性、系统性的特征使得开展保护合作须依靠地方立法协同机制的保障才能确保保护京杭大运河文化遗产的目标得以顺利、有效实现。在前述有助于充分发挥大运河生态功能、经济功能与人文功能所采取的系列法律措施及相应保障手段建构的基础上，协调大运河保护与利用之间的矛盾冲突，平衡上游城市与下游城市之间的利益，促进与监督大运河文化遗产保护合作措施和法律制度的有效实施，解决过程中出现的矛盾争端，实现保护大运河生态环境与沿岸城市依靠大运河进一步发展的目标。鉴于京杭大运河沿线城市的经济发展水平、地方立法能力有所不同，关于大运河世界文化遗产保护的法律文件在效力层级上和管理制度构建上存在一定差异，综合考虑各设区市地方实际条件和基础，力求从整体上能有效保护大运河文化遗产，并且促进大运河沿线设区市地方立法水平的共同提升、实践管理能力的共同进步。正如前揭之，作为一个复杂的他组织系统，其中各个要素是紧密相连、不可割裂的，通过整体上的协调合作以维护、确保系统的稳定性必不可缺。各设区市在开展行政区域内大运河文化遗产保护与管理时，在最终必须形成一个集体行为。各设区市应树立协同责任意识、保护大运河文化遗产的历史责任与道德责任意识，在各行政区域范围内开展保护管理工作，最终需形成一种集体行为，一种地域性和全局性相协调的整体性保护局面。

　　正如 2017 年 6 月时，大运河沿线 35 个城市拟以大运河为核心，共建"大运河文化带"，使得大运河成为中华文脉的重要标志，使这条历史悠久、跨越千年的文化长廊融入我国国家发展战略中。②"大运河文化带"建设工作座谈会于济南召开，会议上高度审视了大运河的功能，同时也对搞好大运河发展的顶层设计与流经城市协同发展等理念措施给予高度关注。大运河历经千年，集我国历史发展史上齐鲁、中原、淮阳等多种文化形态于一体，有大量历史遗存可作为史料予以调研考察，因而

---

① 孙威、林晓娜、马海涛、孙湛：《北京运河文化带保护发展的国际经验借鉴研究》，《中国名城》2018 年第 4 期。
② 曾洁：《京杭大运河沿线 35 个城市计划共建"大运河文化带"》，《中国水利》2017 年第 13 期。

建设"大运河文化带"将有利于实现流经城市协同发展的目标，有利于全方位地展示中国文明历史进程以及现代发展成就。

"大运河文化带"的思想其核心在于将运河河流本体、沿岸、桥梁等各种线性文化遗产的基础在空间上集合文化遗产、文化产业等要素为一体。依托"大运河文化带"的打造，以促进大运河文化遗产的合理保护与科学利用，需要推进大运河文化遗产连线成片地推进保护与利用工作；基于大运河线性文化遗产的特征，于单一行政区域内需要发展区域内京杭大运河文化遗产的整体价值，还需要区域间大运河展开线性文化遗产的保护利用规划。为实现目标，需要文化的创新、技术的创新，更需要制度的创新，大运河文化遗产保护的地方协同立法法律机制则可以有效促进目标之实现。该机制作为大运河文化遗产保护法律机制基本构架，不仅是当前法律体制下的一种创新工作机制，还是实现"大运河文化带"的法律保障机制。正如前文所讨论的大运河文化遗产保护的地方立法制度的落实，京杭大运河沿线各市需要根据地方特色、针对所在地文化产业发展、大运河旅游线路设计、运河沿岸城乡发展建设等各种问题，制定针对性的法律。从单一行政区域内大运河河段治理，向大运河沿线城市协同治理转变，并不代表大运河沿线各城市特色都趋于一致，在区域协同治理的过程中应注重尊重差异、保持城市当地特色，避免区域协同治理造成趋同化进而导致"千城一面"的现象。[①] 区域协同治理机制的合作予以加深之时，需持续丰富和发展协商内容，增强合作意识，提高共同发展的认知水平。

2. 建构京杭大运河文化遗产的区域协同治理机制

我国当前的实践中，京杭大运河沿线各设区市关于管理职责分工上多数是以文物主管部门负责统一、协调、指导工作，相关部门根据各自行政职能协同管理，这样的制度在各设区市的行政区域内能起到管理效能，但是从大运河线性文化遗产特征基础上容易出现"上游污染，下游治理"的现象，对下游城市的水质治理工作上增加了很大的负担。发生

---

① 单霁翔：《运河城市的集体梦想，中华民族的共同希望——全面推进大运河保护与申报世界文化遗产》，《中国名城》2008年第1期。

在跨行政区域的运河水流污染现象与现行行政管理体制不相适宜,是导致大运河水质、环境恶化的重要因素。对此区域协同治理机制的建构中需要通过增加协调合作治理机制来改善该问题。京杭大运河文化遗产的协调合作治理机制,包括了负责管理主要事务的组织管理机构的建构,还将涉及人员的配置,以及大运河文化遗产保护管理工作的职责分工、所需资金的筹措工作等。京杭大运河沿线各城市之间的保护合作是在该组织管理机构的领导下开展具体工作的,该组织管理机构亦为京杭大运河沿线城市的地方立法协同机制的正常运行提供了组织保障的基础。放眼于国际河流保护合作机制中,有保护多瑙河国际委员会(ICPDR)、保护莱茵河国际委员会(ICPR)和湄公河委员会等,都是属于国家间联合的组织管理机构,为国际河流保护提供组织保障,在这些国际河流组织管理机构中通常还下设秘书处、理事会等次级组织。[1]

京杭大运河文化遗产区域协同治理具体制度的建构,以解决京杭大运河河流污染的问题为例,可以建立河流流域污染防治管理机构,赋予其行政管理职能,作为国家与各地方职能部门之间的沟通桥梁,与地方上环境保护机构为上下级关系,各地职能部门在开展环境保护工作时需要服从该机构的统一规划、协调与管理,当地方职能部门执法不力时,该机构具有直接执法权。[2] 或者在地方立法协同理念的引导下,可建立大运河文化遗产保护的联合管理委员会,由其负责各行政区域的主管部门之间的工作沟通,收集各主管部门反馈的大运河治理相关信息,对利益相关城市的主管部门所提出的问题进行及时反馈,总结各设区市在大运河治理上的工作经验。又或是可以通过改变中国大运河申遗之前的联合申遗办的职能并且予以更名,作为大运河沿线城市的协调组织管理机构。为落实该类协调组织管理机构的职能,可以通过各设区市地方立法的方式规范各地行政管理体制下各职能部门的职责所在,比如定时向该协调组织管理机构分享反馈大运河文化遗产保护相关信息,使得该机构设立的初衷得以实现,使其实现协调大运河整个流域文化遗产的保护和

---

[1] 余元玲:《中国—东盟国际河流保护合作法律机制研究》,博士学位论文,重庆大学,2011年。
[2] 范娟:《我国国际河流污染防治法律机制研究》,硕士学位论文,昆明理工大学,2007年。

发展。总而言之，组织管理机构的建立在于揭示一种合作关系，也即大运河沿线城市为了充分有效地保护与利用大运河通过区域协同治理机制展开合作，而河流的保护合作则需要在一定的组织形式下进行谈话、展开的。国际河流的保护合作多数以流域为单位组织展开合作，如多瑙河流域合作、莱茵河流域合作等，通过会议、磋商、展览等微观层面开展具体工作的落实。我国京杭大运河保护与利用的协同理念已然存在于以"大运河文化带"为例的实践当中。

　　随着大运河文化遗产保护以及城市"大运河文化带"建设的推进实施，应当有区域协同治理机制以及地方立法协同机制加以调控和引导。具体工作机制还可包括如下内容：首先，各设区市应做好当地物质文化遗产点的摸底排查以及非物质文化遗产的登记工作，作为大运河文化遗产保护的实践工作基础，以期在未来合作中对于相似文化遗产的保护经验与做法各设区市之间可以进行相互交流，为经验交流工作提供便利，同时该物质与非物质文化遗产的分类登记目录可以作为政务公开内容，对全社会予以公开，又能促进公众积极有效地参与大运河文化遗产的保护。[1] 其次，可以搭建大运河沿线城市专家资源合作体系。该体系应该涵盖大运河沿线城市各地高等院校、水利生态等各方面的科研机构、企业等多方主体，充分发挥各地在当地拥有的相关优势，比如杭州市可以发挥文化旅游优势、北京当地可发挥科研优势，提出关于大运河文化遗产保护与资源利用发展的创新措施，可搭建大运河文化遗产保护专家库和咨询机构库，相关专家资源可定期开展地方立法、实践管理的经验交流活动，促进大运河整体共同发展。再次，如前所述的地方立法协同机制的建构中，可尝试设置协调条款，对大运河流域各设区市的关系及制度进行协调。协调条款的设置不论形式如何关键在于坚持"文化线路""遗产廊道"保护模式，在整体观念的基础上倡导可持续发展观、大力保护水资源与文化遗产。就跨行政区域水污染防治而言，可在地方立法强调监测系统构建的基础上尝试建立信息共享平台，克服信息封闭造成的"孤岛效应"，以作为大运河水资源配置优化的前提，使各设区市决

---

[1] 王晓：《后申遗时代大运河遗产整体性保护的对策建议》，《杭州》2016 年第 11 期。

策机构根据数据信息作出更科学有效的决策。最后，在当前主要部门负责组织协调、各行政部门按照行政职能分管负责的机制下，可搭建大运河保护主管机关交流平台，致力于解决大运河上下游流域日常管理工作中出现的矛盾冲突，交流意见，促进在问题解决方式上达成共识，加快大运河整个流域协同发展的步伐。

（三）健全大运河文化遗产保护的公众参与机制

1. 细化大运河文化遗产保护公众参与制度

京杭大运河文化遗产具有较高的科学、历史、文化价值，有"中国古代文化长廊"之美誉，对其有效的保护将使之成为现代人们在忙碌工作中精神享受、文化熏陶的源泉。京杭大运河作为公共资源，其整治与开发必然会影响利益相关者，因此需要通过规范系统的包括地方性法规在内的法律来增加公众参与保护京杭大运河文化遗产的实效，切实保障公众参与权。

民意的缺位会影响京杭大运河文化遗产保护地方立法的质量，背离民主立法的目标。京杭大运河文化遗产的保护治理工作与利益相关者息息相关，离不开京杭大运河文化遗产利益相关者的积极、广泛参与，在京杭大运河保护治理工作中应加强民间与国家的广泛合作，构建公众参与治理机制。细化大运河文化遗产保护公众参与制度，以努力提升京杭大运河文化遗产保护的地方立法质量为导向，坚持地方立法所秉承的科学立法、民主立法的基本原则，使得在地方立法起草、实施过程中公众的参与程度、参与层次、参与方式等在"蹒跚学步"中能有所提高。

（1）公众参与大运河文化遗产保护地方立法的实践

《杭州市条例》公布前，杭州市人民政府法制办公室于2016年5月官网上发布该条例征求意见稿，公开征求意见，于公告中一并详细列举了收集意见的联系方式，在网页末端有参与听证的报名方式，参与听证会留言截至6月10日。[①] 此外，公告中还详细列举了听证会四个要点，

---

① 《关于公开征求〈杭州市中国大运河世界文化遗产保护条例〉（征求意见稿）意见的公告》，中国杭州，http：//www.hangzhoufz.gov.cn/details/tzdetail.aspx? iguid = 7956&page = 4。

概括为如下：第一，各部门管理职责的分工以及大运河的保护管理体制能否高效完整实现文化遗产保护目的；第二，大运河保护规划与其他城市规划等规定是否全面；第三，控制、限制大运河遗产区、缓冲区内的建设活动是否科学；第四，关于法律责任规定是否具有可操作性。此外，大运河杭州段处有多座桥梁，为了使得桥梁的整治能与京杭大运河沿岸环境有机融合，杭州市在武林广场面向社会公开展示征集整治方案，征求公众的意见。[①]

嘉兴市政府办公室于2017年5月25日发布关于公开征求《嘉兴市大运河世界文化遗产保护条例（征求意见稿）》意见的公告，公开征求社会公众的意见并附上相关途径和方式。[②] 扬州市人民政府法制办公室于2016年9月30日刊登关于对《大运河扬州段世界文化遗产保护办法》（征求意见稿）公开征求意见的公告，附上提供意见或建议的途径和方式，并且在网页末端还直接提供提交意见的通道，便于民众反映自己的意见。[③]

（2）研析大运河文化遗产保护公众参与机制的路径

就公众参与大运河文化遗产保护这一命题而言，应认识到国家或是地方政府无法完全保障大运河文化遗产的管理，财政是一方面的影响因素，另一方面针对大运河广阔的保护范围、丰富的文化遗产点、多样的生物自然栖息地等富有保护技术性的问题都使得大运河文化遗产的保护面临巨大挑战。然而无论什么样的参与者，京杭大运河文化遗产的主管机关应当灵活根据公众的参与目的与方式指引他们的参与行为。杭州、扬州、嘉兴三个设区市在各自大运河文化遗产保护的地方立法制度中均明确了公众参与制度。在关于公众参与大运河文化遗产管理的制度研讨中，可以首先尝试探究大运河遗产利益相关方合作参与机制的构建，可以从以下几个方面展开。

[①] 孙忠焕：《杭州运河史》，中国社会科学出版社2011年版，第306—307页。
[②] 《关于公开征求〈嘉兴市大运河世界文化遗产保护条例（征求意见稿）〉意见的公告》，中国嘉兴，http://www.jiaxing.gov.cn/zwxx/szfxx/gggs_37848/201705/t20170525_688108.html.
[③] 《关于对〈大运河扬州段世界文化遗产保护办法〉（征求意见稿）公开征求意见的公告》，扬州市人民政府，http://www.yangzhou.gov.cn/yangzhou/myzj/myzj_list.shtml?opinion_seq=885。

第一,应合理定位"公众"的范围。不应将"公众"定位过高,即不应将"公众参与"近似等同于"全民参与"。公众参与机制建构中的对象还应重视受大运河文化遗产影响的"利益相关方"的参与,比如可能实施大运河文化遗产保护地方立法所规定的给予行政处罚的行为的组织或个人。重视大运河文化遗产保护的利益相关方的参与,也可视为对该法在正式实施前的普法工作,明晰违反大运河文化遗产保护地方立法规定的应承担的法律责任。

第二,实现公众能够"有序参与"。公众参与地方立法应体现一种"集中下的民主,民主下的集中",也即在过程中应该有有序的组织领导,应该有有序的表达意见与分歧时的协商,这样才能充分发挥民意的智慧与力量,可见公众的有序参与离不开组织指导。有序的组织指导需要立法机构来发挥主导作用,在立法起草、立法调研、立法论证、立法评估等整个地方立法过程中承担起一定的组织领导职能,为公众的有序参与奠定基础。在大运河文化遗产保护的地方立法未来发展中,地方立法机关在地方立法能力逐渐提高、地方立法相关制度逐渐完善的基础上,应明确大运河文化遗产保护地方立法的基本原则与目的,明确公众参与地方立法的程序与方法,敢于做出科学决策,理性指引大运河文化遗产利益相关方的利益平衡。

第三,扩展公众参与的内容。除了公众参与地方立法制度建设以外,可以依托大运河沿线的公众居住社区,以各社区为网格,鼓励社区实践活动开展大运河文化遗产保护的宣传、参与河流生态环境保护,鼓励公众以大运河文化遗产元素开展社区文化的营造工作,同时也能通过社区记忆、以地方性资源为依托,增强地方自豪感。[①] 公民长久地生活在历史建筑遗存之中,以生活生产的方式直接参与文化遗产保护,是现阶段保护文化遗产的一种可谓最好的方式。[②] 以福建土楼为例,其作为2008年入选的世界文化遗产,是一种独具特色的山区居民建筑,具有居住和防御外敌的功能,福建政府鼓励原住民传承、传播非物质文化技

[①] 王晓:《后申遗时代大运河(杭州段)遗产保护问题研究——从历史地区环境"完整性"出发》,《东南文化》2016年第6期。

[②] 王云霞主编:《公众参与文化遗产保护的法律机制》,文物出版社2014年第1版,第45页。

艺，延续传统节日嫁娶、祭祀等活动，从这种居民直接生活、直接参与保护的方式中形成了自觉保护文化遗产的氛围。[1] 因而在京杭大运河文化遗产保护中，当政府投入相关专项保护资金或是通过基金制度积累了专门看护文化遗产如建筑遗存的财力时，可以鼓励公众以开旅馆、做当地导游等多种方式成为大运河文化遗产的"守卫者"，以物质补偿补贴、提供就业机会、政策扶植引导创业等方式增加公众收入，使得公众自愿并且具有较高积极性地来保护大运河文化遗产，从而实现双赢。

大运河文化遗产的日常管理工作中牵扯各部门的管理职责，大运河流动性的特征也牵扯到上下游各城市之间的利益，大运河文化遗产的保护与开发也必然牵扯到文化遗产使用者或是所有者的利益，因而在大运河文化遗产保护的公众参与机制的构建上，必然需要细化以地方立法领域为例的公众参与制度的建构，以及利益相关方的合作制度，做好利益相关方的沟通、协商工作，以寻求大运河文化遗产延续与发展的最大公约数。同时公众参与制度的建构也是政府保障公民文化权利的体现。文化权利是一项基本人权，其要求每个人在现有社会历史条件下应享受一定的文化待遇，可以采取一定的文化态度与习惯。正如国家明确提出的公民参与文化活动、进行公共文化鉴赏、阅读图书等权益[2]，在建构公众参与大运河文化遗产保护制度时满足了公民参与文化生活的权利，回应了公民精神文化生活的需求。通过大运河文化遗产保护的公众参与机制的构建，保障了公众作为文化主体的地位、权利。

2. 健全国家文化公园等文化遗产载体的运行规范

针对大运河文化遗产保护的地方立法以及相关的控制性详规要能够把实效体现在沿岸城市人民的生活中，优化公共资源的利用效益。未出台地方立法的沿岸城市拟出台地方立法时，应在地方立法前期工作的调研与论证中考察对大运河沿岸景观的设计美化；在已出台地方立法以及相关控制性详规的基础上，应进一步将规定落实到实处，进行有效的整

---

[1] 张甜甜：《福建规划保护土楼 鼓励原居民住户留在土楼内生活》，中国新闻网，http://big5.china.com.cn/gate/big5/culture.henan.china.com.cn/focus/201303/P71285QZEX.html.
[2] 《国家基本公共服务体系"十二五"规划》，中央政府门户网站，http://www.gov.cn/zwgk/2012-07/20/content_2187242.htm.

治。大运河沿线两岸的土地尽可能栽种适宜的花木，种植绿地，使得两岸成为人们休闲观景的好去处，能近距离地感受大运河水韵景观的魅力。在对大运河文化遗产的开发利用上，应在公益性的基础上刺激经济增长。以京杭大运河杭州段保护的具体实践经验为例，杭州市政府出台了大运河保护开发的战略规划，基于大运河"文化、旅游、生态、休闲、商贸、居住"六大功能的基础上[1]，明确大运河杭州段开发的经济价值基本定位，充分开发具有公益性的公共设施，主要的项目有运河博物馆、西湖文化广场、艮山公园等。这种具有公益性的开发模式不仅使得环境效益变好，又能使得周边环境优化、人居环境改善，还能在大运河沿岸形成绿色产业经济带。另以大运河常州段为例，在运河沿岸周边修缮了清凉寺、赵翼故居等，建立苏东坡纪念馆、唐荆川纪念馆等，同时也促进美丽的运河风光与名城的历史文化相辉映。大运河文化遗产载体的运行，以及以保护、宣传展示大运河文化遗产为主要目标的公共文化设施的兴建，既可以作为公民参与文化生活的一种基本途径，又可促使公众知悉大运河文化遗产并积极投身于大运河文化遗产保护当中，是大运河文化遗产保护的公众参与机制的内在要求。

京杭大运河具有复杂开放的自然资源和历久弥新的文化资源，在对京杭大运河文化遗产保护的地方立法的建构中，对大运河文化遗产的保护与开发应充分贯彻公众参与的管理机制和治理方式，以体现利益共享的出发点。构建大运河文化遗产的公众参与机制，应充分认识到大运河具有公共资源的属性，因而对大运河的开发都是开放性的，在美化运河周边环境后应面向社会开放，给市民带来美好的感官享受。在地方立法基本制度构建中应彰显公共物品的公益性，也即维持公益的费用由政府投入，而由此带来的各种利益由社会成员所共享。

为实现"加快文化发展改革，建设社会主义文化强国"的目标，为传承中华民族优秀传统文化，2017年印发的《国家"十三五"时期文化发展改革规划纲要》中提出了依托包括大运河在内的重大历史文化遗产的国家文化公园建设，以此作为重要标识、象征中华文化。根据该规

---

[1] 韩凯：《运河杭州段水质治理的法律启示》，硕士学位论文，浙江农林大学，2013年。

划纲要，大运河沿线城市结合地方实际、认真贯彻落实大运河国家文化公园的规划与建设时，应充分利用建设国家文化公园的方式来保护、展示大运河文化遗产所蕴含的美学价值、经济价值与文化价值。如同2011年国家文物局同意将山东台儿庄古城列为国家文化遗产公园，该历史文化名城成为了首个国家文化遗产公园后，便成为当地发展文化旅游的重心。健全以大运河国家文化公园为例的大运河文化遗产保护载体的运行规范，可参考以下基础思路包括但不限于：将大运河流域的地域特色、文化遗产与公园有机地结合在一起，创建具有地方特色的文化景观；在打造大运河国家文化公园的具体实施中，注重对大运河文化遗产的保护，可以考虑在京杭大运河沿岸为文化创意产业的发展提供空间，构建风格迥异的文化产业园区，加之一般景观公园的配套设施，使得其可以作为当地社区居民休闲健身场所的同时又可以作为开展文化旅游的场地，是向大众宣传与展示大运河文化遗产的有效途径。

结　语

京杭大运河是中华民族改造、利用自然的伟大创举，凝聚中华文化的基因，是不断发展和演变的复杂、系统的工程，兼具水利工程和文化遗产的双重属性。对于京杭大运河文化遗产的保护管理，管理主体的复合特征以及跨区域的通力协作是内在要求，公众的积极参与可起到有效支撑，科学的大运河文化遗产保护规划与具有针对性的、全面的大运河文化遗产保护法制则是根本保障。

通过掌握京杭大运河的现状，对所择取的京杭大运河流经城市杭州、扬州、嘉兴三市大运河文化遗产保护地方立法进行对比分析，揭示大运河文化遗产保护地方立法的积极性与局限性，一并指出了京杭大运河文化遗产体系规模的庞大，以及目前多部门、不同地区造成的矛盾冲突亟待解决。地方立法是实现京杭大运河历史文化保护的先行试验、在地依托和必要构成。各设区市对京杭大运河文化遗产保护的法律规范效力愈高，即以地方性法规为主，可折射出各设区市对京杭大运河文化遗产保护有关问题的高度重视。为解决当前京杭大运河文化遗产保护与利用面临的矛盾突出、管理制度不完善等问题，应充分发挥地方立法权的功能，逐步建立完善和协调的地方性法规，发挥地方性法规优势引导京杭大运河文化遗产的科学保护和合理利用，传承和发展京杭大运河文化遗产。

在加快文化立法、建设社会主义文化强国的国家战略指引下，文化立法的进程将顺应世道人心。中国大运河申遗成功，是大运河沿线人民集体梦想实现的第一步。站在国家和历史负责的高度，充分认识到保护大运河文化遗产的重要性以及完善大运河文化遗产保护地方立法的紧迫感。针对京杭大运河文化遗产地方立法保护制度建设中存在的滞后和薄弱环节，应继续坚持完善大运河文化遗产保护地方立法，积极探索建立高效、稳定的大运河文化遗产保护与开发制度，从法制层面提高政府对大运河文化遗产的保障度、社会对文化遗产的支持度，俾使对大运河文化遗产的保护更科学有效，亦期冀引起社会各界对大运河文化遗产以及其他相关线性文化遗产等涉及文化遗产保护问题的关注，不断完善之，推动文化遗产保护的法治化建设。

（本文指导教师：石东坡教授）

公共文化服务法治

论《公共文化服务保障法》的人权意义

——以宪法关系具体化的视角

杨 胜[*]

（浙江省温州市中级人民法院）

摘要 《公共文化服务保障法》不仅使得公共文化服务体系具有了明确系统的法律规范与保障，而且使得宪法所确认的公民文化社会权实现具有了集中完备的专门基本法律依据，并因此形成了相对健全的文化人权实现机制。文化社会权是文化人权的重要组成部分，与国家责任、政府给付义务之间形成文化人权中的宪法关系类型之一。《公共文化服务保障法》将这一宪法关系在双方主体及其权利义务内容和动态实践的价值标准、权能职责、权利内涵、共治机制上予以科学规范，使之标准化、刚性化。正是有了《公共文化服务保障法》的立法保障，公共文化服务不再只是普通的民生工程，而成为人权实现中不可或缺的政府给付法定领域。

关键词 公共文化服务；文化社会权；政府义务；人权实现机制

---

[*] 杨胜，浙江省温州市中级人民法院。

引 言

《公共文化服务保障法》于 2016 年 12 月 25 日经全国人大常委会表决通过，于 2017 年 3 月 1 日起实施。这是我国文化领域的一部基础性法律，该法分为六章，共六十五条，从公共文化设施建设与管理、公共文化服务提供、保障措施、法律责任等方面对公共文化服务保障做出规定。该法通篇洋溢着人权保障的精神，文化人权是其核心理念，对于我国公民的文化人权保障及公共文化服务体系建设有着深远的影响。

我国连续 26 年发布的人权白皮书及制定的相关人权行动计划，都体现着对文化人权的高度重视，人权白皮书对国家在保障公民文化权利方面提出了详细的发展规划与国家义务，而《公共文化服务保障法》正是将其从政策性保障上升到法律性保障的高度。2016 年发布的《发展权：中国的理念、实践与贡献》宣告了国家在文化人权保障中的重要义务，主要在于深化文化体制改革，解放和发展文化生产力，推进文化发展成果普惠化和发展机会的均等化，明确指出国家致力于保障公民文化发展权的实现。[①] 针对文化社会权的保障方面，要求加快构建现代公共文化服务体系，推进基本公共文化服务标准化均等化。

有为数不多的学者对该法在文化人权的体现与保障落实上提出了见解。李国新教授从制度建设的角度出发认为，《公共文化服务保障法》的最大贡献在于构筑起了我国公共文化服务基本法律制度体系的框架，其中公共文化服务标准制度奠定了现代公共文化服务体系的基石。[②] 杨永恒教授则从法治化的角度进行了解读，认为该法对于促进文化领域的法治建设具有重要的里程碑意义，其中蕴含着深刻的"依法治国""责任政府""以人为本""多元共治"等理念。[③] 陶东风教授从人权保障的

[①] 国务院新闻办公室：《发展权：中国的理念、实践与贡献》白皮书，中国人权网，http://www.humanrights.cn/html/wxzl/2/5/2016/1201/24048.html?yyue=a21bo.50862.201879&yyue=a21bo.50862.201879。

[②] 李国新：《公共文化服务法律保障的历史性突破》，《中国文化报》2016 年 12 月 28 日第 7 版。

[③] 杨永恒：《解读公共文化服务保障法》，《中国文化报》2017 年 1 月 22 日第 7 版。

角度出发，提出《公共文化服务保障法》对文化发展与文化建设而言具有着突出的贡献，标志着我国的公共文化服务体系建设，从带有阶段性的政府政策层次上升为带有持久性的国家法律法规层次。①

文化人权保障是《公共文化服务保障法》的核心理念，但从目前学者的解读中可知，其均在一定程度上揭示了该法对公民文化权利的意义和作用，但遗憾的是对如何在该法中得以体现的分析还比较欠缺，主要集中于制度化与法治化的解读。王琳琳的《文化权视角下的公共文化服务立法》②是《公共文化服务保障法》实施之际在人权理念的视角阐发其立法主旨的为数不多的重要学术成果，对于该法在公民经济社会文化权利的保障和实现上蕴含的精神、所具有的意义和能发挥的作用进行了视野开阔的分析。与此同时，遗憾的是该文第一，与该法的制度设定和规范创新之间的关联分析不足，第二，对文化权未作文化自由权与文化社会权（受益权）的区分，第三，对国家义务、政府公共文化给付职责的刚性法律规范未进行归纳和强调，仅仅指出其兜底性。因此，本文拟从文化社会权与国家责任、政府义务这一宪法关系出发，着重回答人权的理念与原则在该法中是如何得以体现的以及《公共文化服务保障法》通过怎样的制度设计来构建保障和实现文化社会权的完整法律机制两个问题。

一 文化社会权保障是《公共文化服务保障法》的基本原则

（一）文化社会权的内涵

文化权利是文化与人权相结合产生的概念，也是文化与人权关系最为核心的内涵，是人的基本权利之一。构成世界人权基本体系的三大文件《世界人权宣言》《经济、社会和文化权利国际公约》《公民权利及政治权利国际公约》都对公民的文化权利有所规定，文化人权作为其重要的组成部分，越发受到国际社会的重视。

---

① 陶东风：《公共文化服务：从民生概念到民权概念》，《中国政法大学学报》2015年第3期。
② 王琳琳：《文化权视角下的公共文化服务立法》，《中国社会科学报》2017年4月20日第7版。

明确文化权利的内涵是文化人权保障的前提，由于文化权利与文化有着深刻的联系，受制于不同的文化土壤并且部分内容极易与其他的基本权利相混同，例如受教育权、言论自由，所以目前还没有统一的文化权利的内容标准。《世界人权宣言》第二十七条对文化权利的规定可以归纳为参与文化生活的自由、享受文化成果的权利及文化创作受保护的权利。《经济、社会和文化权利国际公约》第十五条对文化权利的规定与《世界人权宣言》基本相同，增加了国家对这一权利进行保障的义务规定。《公民权利和政治权利国际公约》第一条规定了公民的文化自决权，公民享有自由谋求文化发展的权利，第二十七条规定了少数人享有其自己文化的权利。

笔者认为，文化权利分为文化自由权与文化社会权。有学者从法教义学的角度对公民的基本文化权利进行规范分析，认为文化权利具有消极自由权的特征，同时也需要国家通过履行积极义务进行保障，文化权利的内容包括文化参与权、文化成果共享权、文化利益保障权和文化选择权等方面[①]。学者蔡建芳对《经济、社会和文化权利国际公约》中规定的"参与文化生活"的权利进行了论述，认为"参与文化生活"的权利应包含：从事科学研究和文学艺术创作的权利；享受文化设施和服务的权利；选择文化生活方式的权利；保持和发展文化特性的权利；表现和传播文化的权利；参与和决定文化事务的权利。并认为该"参与文化生活"的权利包含积极权利与消极权利的特征，但未对每一权利的性质进行说明，未对文化自由权与社会权进行进一步的界定。[②]

对基本权利进行"自由权—社会权"的二分，是对基本权利进行规范分析的基本框架。自由权的主要功能在于防御，社会权的主要功能在于受益，受益功能对应国家的给付义务，文化人权兼具自由权与社会权的特征，文化自由权和文化社会权构成文化权利的两个方面。我们认为文化权利的内容包含以下四个方面：参与文化活动的权利（主要包括参

---

① 何锦前：《公民基本文化权利的规范分析》，《湖南工业大学学报》（社会科学版）2012年第12期。
② 蔡建芳：《论参加文化生活权利的权利内容与国家义务》，《法制与社会发展》2011年第2期。

与和决定文化事务,选择文化生活方式);文化创作自由(主要表现为从事科学研究和文学艺术创作);享有文化利益的权利(表现为享受文化成果和服务);文化创作受保护的权利。

其中,具有社会权特征的是参与文化活动的权利,享有文化利益的权利和文化创作受保护的权利。社会权的根本意义在于公民享有的要求国家履行积极义务给予一定物质和精神利益的权利,文化社会权即要求国家积极给付和合理、必要的基于文化公序的立法、规制等以尊重、促进、保护和实现精神、文化利益的权利。文化社会权更强调平等性和可及性,强调政府要履行公共职责,公共文化服务保障便是其中的重要内容和实现途径。文化社会权也更加强调实质正义,强调对弱势群体的文化权益保障。可见,文化社会权的尊重、维护、保障与促进实现是以文化人权与国家责任政府义务的基本宪法关系为桥梁的。

(二)制度性保障是国家保障文化权利的义务

文化社会权与国家责任、政府义务构成一种文化范围内的宪法关系。制度性保障是国家保障文化权利的义务。德国的制度性保障理论认为,宪法对于基本权利的规定包括权利与制度两个方面,基本权利对于个人来说是一种主观公权利,而制度则体现在生活关系的角度之中。[①] 这意味着基本权利本身依赖着制度性保障,国家必须建立型塑基本权利内涵的制度,以此为基本权利提供制度性的保障。无论是自由权还是社会权的实现都依赖着国家的制度性保障,国家负有"不侵犯基本权利的核心内容"的核心内容保障义务。对于社会权而言,这即要求国家建立的制度必须达到"最低限度的满足"。

有学者从基本权利的功能体系角度,提出权利与国家义务之间并不是直接的对应关系,而是要根据不同权利所具有的功能,再由功能对应相应的国家义务。所谓的受益功能要求国家作为某种行为,从而使得公

---

① 欧爱民:《德国宪法制度性保障的二元结构及其对中国的启示》,《法学评论》2008年第2期。

民享有一定的利益。① 这即是政府的给付义务，包括三个方面的内容，物质性的利益，法律程序与服务行为。政府履行给付义务必须坚持上述的"最低限度满足"原则，保障每个人都能获得符合该权利的最低限度的满足。由于受益功能是社会权的主要功能，所以促使政府履行给付义务的机制是实现社会权的重要保障机制。

《公共文化服务保障法》是公民与政府之间文化给付的基本宪法关系的具体化。这在该部法律中通过宣告性条款予以体现，揭示了这种宪法关系是中国宪法所确定的，也是这部法律的宪法依据。该法通过立法予以资源整合和聚集，为文化人权提供制度性保障，保障文化人权成为该法的理念方向，其立法目的、宗旨、依据、原则等无不彰显高度自觉的文化人权保障与实现的价值追求。

可以说，该法是以文化人权作为其支点与归宿的。在该法的宗旨中明确指出制定本法是为了加强公共文化服务体系建设，丰富人民群众精神文化生活；该法的原则中指出公共文化服务坚持以人民为中心，支持优秀公共文化产品的创作生产；社会力量参与公共文化服务体系建设是该法的基本方针；该法的制定依据我国宪法第二十二条国家为人民服务、为社会主义服务的各项文化事业，开展群众性文化活动的规定等。

这些法律条款作为该法的总则部分为加强公共文化服务体系提供了总括的法律保障，通过法律手段补齐公共文化服务的短板，以法律的力量全面强化政府的责任，并且注重对文化服务提供内容的建设。《公共文化服务保障法》一方面将文化人权细化为各项具体的权利，包括公民的文化需求表达权，文化服务内容的选择权，评价监督权，特定主体的特定需求权（表现为国家加强优秀公共文化产品的民族语言文字译制和在民族地区的传播，鼓励和扶助民族文化产品的创作生产，支持开展具有民族特色的群众性文化体育活动）等。另一方面，《公共文化服务保障法》通过一系列的制度规定，诸如公共文化服务标准制度，公共文

---

① 张翔：《基本权利的收益权功能与国家的给付义务——从基本权利分析框架的革新开始》，《中国法学》2006 年第 1 期。

设施免费或者优惠开放制度，特定场所服务制度、征询和评价制度，公共文化服务公示制度和目录提供制度，公益性文化单位提供免费或者优惠的公共文化服务制度等凸显了文化社会权不是一种消极权利，是积极的、需要政府保障落实的权利。

二　政府给付义务是《公共文化服务保障法》的根本内容

《公共文化服务保障法》分总则、公共文化设施建设与管理、公共文化服务提供、保障措施、法律责任、附则六章，共计六十五条。从总则部分蕴含着文化人权保障的公共文化服务保障的宗旨、原则、目的、方针等纲领性的规定，到分则对政府的职能、权限、保障、责任等具体规定，包含明确标准和制定相关制度，规定政府建设公共文化设施的责任，规定公共文化设施拆除和重建的程序，规定提高公共文化服务效能，规定政府提供公共文化服务的责任等，无不凸显着政府给付义务在该法中的重要性。

（一）积极保障——政府给付义务

1. 财政经费

公共文化服务经费保障机制是政府对于公共文化服务经费安排使用的规定。财政支出是政府进行公共文化服务提供的必要条件，只有充足的资金保障才能确保公共文化服务的正常供给。在财政支出上，该法规定了国务院与地方各级政府按照支出责任共同承担的方式，国务院《关于推进中央与地方财政事权和支出责任划分改革的指导意见》对这一规定进行了细化，明确了不同情形下的责任承担方式。《公共文化服务保障法》的这一规定将政府在基础设施建设上的财政责任扩大到了文化设施领域，采用中央与地方共同承担的方式有助于扶助地方经济较差地区的公共文化设施建设，也有利于跨行政区域的文化设施的建设，从根本上保障了文化设施的供给，保障公民的享有文化利益的权利。

这一制度的另一个亮点在于要求将经费纳入预算，并且安排公共文化服务所需资金。我国《预算法》第十三条规定：经本级人民代表大会批准的预算，非经法定程序，不得改变。《公共文化服务保障法》与《预算法》共同形成了对政府支出责任的法律规范，纳入预算并且安排所需资金要求政府对于公共文化服务建设有一定的规划，这一规划应当是与所需资金相结合综合考虑的，同时也与公共文化服务需求调查制度，公共文化设施使用效能考核评价制度相协调，只有将这些因素都进行详细的讨论研究才能使得公共文化服务建设真正地落实到位。同时这一制度也与政府购买公共文化服务制度相配合，要求政府在购买文化服务上进行合理妥善的安排。

所以，要求纳入预算与安排资金，突出了政府在履行给付义务的主动性的一面，防止因为资金不到位而减少公共文化服务的供给，那将本质上是对公民文化社会权的侵害；防止政府对资金的滥用，避免出现政绩工程等不符合当地文化需求的文化设施，切实保障公民的文化权利。

另外，对于公民、法人和其他组织通过公益性社会团体或者县级以上人民政府及其部门，捐赠财产用于公共文化服务的，该法确定了税收优惠制度，对于这些捐赠的资金，还规定了设立专门的基金，专门用于公共文化服务。一方面，国家通过鼓励公民的捐赠推动了公共文化服务的建设，另一方面，部分公民的积极参与使得公共文化服务惠及更多的公民。这是公民参与公共文化服务的重要内容，也是国家保障公民文化社会权的重要途径。

2. 规划建设

作为《公共文化服务保障法》的根本内容，政府给付义务是公民文化社会权保障所不可或缺的。政府给付义务最为重要的内容便是公共文化服务设施的提供。公共文化设施建设为公民提供了文化生活的场地，设施的数量与质量都直接关系着公民的文化生活质量。对公共文化服务设施的规划建设进行规定有助于对政府的文化建设进行指导与规范；有助于公共文化实施的提供更能贴近公民的需求，发挥实际的效能；有助于提高公民参与公共文化服务的热情，提升文化生活的满意度。

公共文化服务的范围是公民文化社会权的重要内容，哪些属于文化社会权的保障内容，哪些不属于，一直以来都是讨论的焦点。《公共文化服务保障法》首次明确了公共文化服务的内容，其中关于公共文化设施，通过概念说明与列举说明的方式界定并列举了16种公共文化设施，包括公共图书馆、博物馆、文化馆、美术馆等。这一列举方法是原则性规定的具体化，使得政府的操作实施更加清晰，明确，使得第二款对政府公布文化设施目录的规定才更有实际意义，这一规定也让公民明确了公共文化设施的具体内容，提高他们的参与度。另一方面，《公共文化服务保障法》对公共文化设施的建设进行了详细的规定，包括建设用地的规定，该规定与城乡规划相关法律相结合，明确了政府进行公共文化设施建设用地的开发依据以及需要履行的手续。对于该建设用地的调整、变更做出了较普通功能用地更为严格的规定。在明确居民区需要有相关配套公共文化设施的同时，对基层文化设施的建设单独做出了规定，体现了其对基层公共文化服务保障的重视，这也体现了该法的均等性特征。除了对建设用地的规定，该法还强调了对公共文化设施的保护，其主体是任何单位与个人，均使用了"不得"的禁止性表述，保护的内容为公共文化设施的功能、用途、重建、改建等直接影响公共文化设施发挥作用的行为。

从公民文化社会权的保障角度考虑，公共文化服务设施的规划与建设是公民进行文化活动所不可或缺的，明确详细的规划建设规定保障了公民参与活动的权利与享有文化利益的权利，在保障公民基本文化权利的同时也激发了公民参与文化活动的热情。该制度与公共文化需求调查制度相配合，提供符合公民需求的公共文化服务，与考核评价制度相结合，提高公共文化服务的效能，这也是该法深刻的文化人权保障的理念的体现。

3. 需求服务

公共文化服务需求调查制度是《公共文化服务保障法》相对基本法律规定之一，在保障法之中，既有一致性，又有差异性，更切合人的偏好、地域等诸多要素。党的十八届四中全会通过的《中共中央关于全面推进依法治国若干重大问题的决定》中强调了全面依法治国必须坚持人民主体地位，其中要求必须保证人民通过各种途径和形式管理国家事务，管理经济文化事业，管理社会事务，公共文化服务需求调查制度便是对这一要求的回应，是对全面依法治国实施战略的回应，通过需求调查让公民积极参与公共文化服务建设。在行政决策之中，强调公众参与的重要作用，而需求调查制度正是积极发挥了社会公众的力量，使得政府的行政行为更加符合公民的实际需求，促进人权型政府、服务型政府的建设。

　　需求调查制度深刻地蕴含在该法规定的若干制度之中，其中最为直接、最为重要的便是公共文化服务标准制度。公共文化服务标准的制定共有四项要求，其中一项便是需求调查，《公共文化服务保障法》规定国务院根据公民基本文化需求和经济发展水平，制定并调整国家基本公共文化服务指导标准。在公共文化服务标准制度中规定需求调查有助于指导标准更加符合公民的实际需求，同时与社会经济条件相结合，在考虑公民需求的同时也考虑地区的经济发展，使得指导标准具有其实践价值；另外，需求调查制度也与特殊群体及地区的文化权利保障相结合，该法规定各级人民政府应当根据未成年人、老年人、残疾人和流动人口等群体的特点与需求，提供相应的公共文化服务；面向人员流动量较大的公共场所、务工人员较为集中的区域以及留守妇女儿童较为集中的农村地区，提供便利可及的公共文化服务。对特殊群体及地区的权利保障是该法均等性的体现，而需求调查也是促进实质公平的重要制度措施，有助于提高公共文化服务的针对性和时效性；群众性文化体育活动是公民文化社会权的内容之一。关于群众性文化体育活动的开展，该法也规定了需求调查制度，其主体包括居民委员会、村民委员会及国家机关、社会组织、企业事业单位。

　　可见，在丰富公民文化生活、保障公民文化权利方面，需求调查制度发挥着重要的作用。一方面，其发挥着沟通政府与公民的桥梁作用，将公民的需求反馈至政府；另一方面，与标准制度，考核评价制度等制度相配合，可以说《公共文化服务保障法》所涉及的所有制度之中都有着需求调查的制度设计，需求调查本身，就是公民积极参与文化生活的表现，也是保障公民文化社会权的必需。

　　4. 特殊群体（地区）

　　"以公共文化服务的标准化促进均等化"是《公共文化服务保障法》的重要原则，标准化制度旨在为地方在统一标准指导下制定适宜地方实际的地方标准,而均等化则强调所有人都能享受到普遍的公共文化服务,强调均等性。从表面上看,两者是分别注重特殊性与普遍性的一对矛盾,但从实质平等的角度,正是由于各地的发展不平衡,诸如革命老区、民族地区、边疆地区、贫困地区相较于沿海发达地区存在着客观上的公共文化服务劣势;由于各个人群的差异性,诸如未成年人、老年人、残疾人和流动人口相比于普通公民在获得公共文化服务上存在着一定的障碍,使得各地区需要针对当地的实际制定相关的标准,这是标准化的内涵同时也是均等化的体现,使得国家制度需要向特殊人群倾斜,让他们能够享受到与一般公民一样的文化利益。这是宪法中人人平等原则的体现。

针对特殊人群的人权保障,我国先后制定了《未成年人保护法》《老年人权益保障法》《残疾人保障法》等法律。这些法律更多的是对特殊人群的物质权利、生存权利的保障,以满足其基本的生存条件,而《公共文化服务保障法》则是从文化服务方面保障特殊人群的精神文化权利。这是从生存权到发展权的提升,是人权的全面、充分和切实保障的重要体现,高度凸显了该法的人权保障内涵与时代特征。

因此,以标准化促进均等化,实则是促进人权的平等保护与实质保护,《公共文化服务保障法》不仅将其确立为原则性规范,更将其具体化,明确了各级政府满足特殊群体文化需求的责任,强调了面向特殊人群的公共文化服务必须具有针对性。针对民族地区的文化发展,要求政府从加强民族地区语言文字文化产品供给,加强民族作品的传播,鼓励扶助民族文化产品生产,开展具有民族特色的群众性文化体育活动四大方面全面、充分地实施民族地区的公共文化服务。

(二) 消极保障——监督与法律责任

1. 公共文化服务标准制度

此次《公共文化服务保障法》确立了一些基本制度,是对公共文化服务历史经验的总结与提炼,其中最具有基础性、最能体现中国特色的是公共文化服务标准制度。

所谓的公共文化服务的标准制度指的是在国家标准指导下的体现不

同地方特点的标准化。① 其核心在于强调文化服务的因地制宜，针对不同的地方提供不同的标准，提高文化服务的针对性与有效性。根据《公共文化服务保障法》第五条与第二十八条的要求，国务院负责制定与调整全国的公共文化服务指导标准；省级政府根据国家标准结合当地的实际情况制定并调整本行政区的实施标准；设区的市与县级政府根据上述的两个标准并结合当地实际，制定相关的目录并组织实施。其中值得注意的是，国务院制定的为指导性的标准，并非强制性标准；省级政府制定的为具体的实施标准，其依据是当地的需求、财政与文化特色。

这一制度将国家基本公共文化服务指导标准与地方的实施标准相结合，主要考虑到我国人口众多，各地发展不平衡的状况，赋予地方根据实际情况制定实施标准有助于充分发挥地方的自主性，有效对接地方群众的基本文化需求，保障文化权利的实现；有助于发展地方的特色文化，保障公民享有的选择和发展自己文化的权利；有助于地方的文化发展与当地的经济发展水平相适应，提高文化发展的可持续性，让公民享有更符合自身需求的文化利益。其中，浙江省率先进行标准化的试点工作，建立公共文化服务标准化检查和评估制度，坚持在全省范围内开展试点，探索不同地区差异下公共文化服务标准化的实施策略，全省共出台行业标准与项目标准112个，内容涉及文化馆、文化站、图书馆等②。以杭州市余杭区为例，余杭区出台了全国首个公共文化服务地方标准文件——《余杭区基本公共文化服务标准（2015—2020）》，明确了基本公共文化服务的内容、数量、种类和水平，通过标准化推进公共文化服务均衡发展，当地群众的基本文化权利得到了有效的保障。③

公共文化服务标准制度作为一个基础性的制度，为其他制度的确立构建了基本的框架和尺度，公共文化服务公示制度和目录提供制度、征询和评价制度等都是在标准制度之下用因地制宜的理念为当地群众提供符合实际需求的文化人权的保障基准。

---

① 朱宁宁：《一部法能否唤醒沉睡的公共文化资源》，《法制日报》2017年2月7日第10版。
② 王学思：《探索推进基本公共文化服务标准化》，《中国文化报》2016年12月30日第7版。
③ 杭州市余杭区文化广电新闻出版局：《关于余杭区加快推进公共文化服务体系建设效能评估再次蝉联全省第一的报告》，http://www.yuhang.gov.cn/xxgk/zcfg/bmwj/201702/t20170208_1076647.html。

2. 监管制度

在公共文化领域，监管制度表现为对公共文化服务设施的监管及公共文化服务提供的内容的监管。对设施的监管有助于加强设施的安全性与有效性，保障公民参与公共文化服务的安全，提高公民参与公共文化服务的获得感和舒适度。对内容的监管有助于保证公共文化服务提供的质量，保证提供的内容符合社会主义核心价值观，保护公民的身心健康。

《公共文化服务保障法》在对公共文化服务设施的监管上做出了严格规定，对管理单位作出了严格的责任要求，要求加强公共文化设施经常性的维护管理工作，保障设施的正常运转，要求建立管理制度和服务规范，建立健全安全管理制度，保障公共文化设施和公众活动安全。公共文化服务场地往往是人群聚集的场所，公共安全问题不可忽视，该法对于公共安全的规定体现了在保障文化社会权之外的对公民人身权利的保障。进行设施的监管有助于减少当前大量文化设施管理不善、空有其表的现状。规划建设制度配合监管制度能够让公共文化设施发挥其应有的功能。

在《公共文化服务保障法（草案）》审议阶段，多位委员建议在草案中增加安全保障条款，以保证公共文化发展的安全性和可控性，维护国家安全和公共利益。[①] 李建宁委员提出，草案对公共文化服务设施的正面性规定较为详细，但是缺少对于一些可能利用公共文化服务设施传播封建迷信、极端主义活动等危害国家安全社会公共利益的规定。丛斌委员提出在此基础上增加不得利用文化服务传播低俗、迷信、违反社会主义核心价值观等内容。《公共文化服务保障法》在原则部分就对公共文化服务的内容作出了指向性规定，公共文化服务应当坚持社会主义先进文化前进方向，坚持以社会主义核心价值观为引领，该原则性规定即从正面规定了公共文化服务所应当提供的内容。该法进一步在公共文化服务提供这一章做出了具体性的规定，各级人民政府应当充分利用公共文化设施，促进优秀公共文化产品的提供和传播。"应当"一词表明这

---

① 王伟：《全国人大常委会委员建议增加安全保障条款保证公共文化发展安全性可控性》，《法制日报》2016年12月21日第1版。

是政府应尽的义务，不得违反。该法并没有从反面做出禁止性规定，一方面已做正向规定，无做出相反规定的必要，另一方面该相反行为本身就是违法行为，已有其他法律法规如治安管理处罚法甚至刑法等进行规制。

监管制度作为消极保障的重要内容，对管理单位及政府做出了严格的义务规定，保证公共文化服务设施的有效运转及内容的健康向上，保障公民参与文化生活的安全性舒适性及避免公民被不健康的内容污染。该法从硬件保障上升到内容保障，对公民的文化社会权保障富有深刻的意义。

3. 公共文化设施使用效能考核评价制度

长久以来，我国的公共文化设施普遍存在着重建设、轻管理的现象。一些貌似富丽堂皇的文化设施空有其表，没能提供优质的公共文化服务，或者提供的服务不能与公民的需求相适应，公民对服务的满意度较低。如果一个公共文化设施不能发挥其应有的作用，那么公共文化服务就失去了其载体，也就是文化设施使用效能较低，文化设施与文化内容应当是紧密相连的，加强对公共文化设施的运营和管理，才能有效地避免这一问题。

而运营和管理一方面靠政府的积极作为，《公共文化服务保障法》专门规定了政府提供公共文化服务的质量以及公共文化设施管理单位的基本制度。另一方面需要通过对政府作为进行反馈以保障经营和管理的质量，这一反馈机制就是公共文化设施使用效能考核评价制度。

《公共文化服务保障法》规定了考核评价制度建立主体是各级人民政府，这体现了公共文化服务的政府主导内涵，同时要求必须要有公众参与。毕竟，内部监督的效力往往是有局限的，只有加入完备的外部监督机制，才能保障这一制度的有效进行。而公众的参与是该制度不可或缺的一部分，对公众参与的规定实质上是对于公民参与和决定文化事务权利的保障，这一制度与公众的文化需求调查制度相互配合，有助于公共文化设施管理单位积极主动地关注、研究公众的公共文化需求，及对文化提供的意见建议，以保证公共文化服务与公民的文化需求相适应，切实保障公民享有文化利益的权利；这一制度与政府购买公共文化服务制度相配合，有助于推进服务型政府建设，丰富公共文化产品结构，提高公共文化服务效能。

4. 责任追究

《公共文化服务保障法》中规定了政府大量的职责，职责本身包含着一定的权力。由于必须克服可能的权力滥用，所以有学者指出保障法应当做出限制政府权力的规定，并且减少政府的干预。但从另一方面来看，这与"保障"本身是有一定紧张关系的，保障更多地意味着一方通过积极的作为来实现另一方的权利，减少其权力本身可能减少保障的力度。公共文化服务具有的公益性凸显了政府在服务的提供与实施中的优势性与重要性。一部法律管用不管用，关键是不是真正的依法追责，所以不是要减少政府的权力[①]，不是将其完全交由社会市场解决，而是要对政府具有的权力本身进行监督，让政府行使权力依法有据，让权力滥用有法可究。

《公共文化服务保障法》与以往的其他文化立法不同的地方在于其列举了违反该法律的违法行为，其中各级政府及有关部门占了2条，公共文化设施管理单位占了2条，其他两条适用于一般主体。而政府的违法行为列举在第一、二两条，规定了由上级机关责令改正及对负责人员的处分的责任承担方式。

责任追究的规定是该法的一大特色，"权责一致"是依法行政的重要内容，以上所有的关于政府积极给付的规定，倘若没有责任追究条款都只是一纸空文。责任追究条款一方面给予政府鞭策，让其积极履行应尽的义务，保证公共文化服务的切实履行；另一方面增强了公民对政府的信任，加强了公民对政府行政行为的监督。责任追究制度从事后监督的环节保障了公民文化社会权的实现。

三 进一步健全和完善文化社会权的保障与实施机制

"徒法不足以自行"，当前我国更加强调宪法实施，并且从人权保障

---

① 朱宁宁：《一部法能否唤醒沉睡的公共文化资源》，《法制日报》2017年2月7日第10版。

的高度更加重视法律的实施。《公共服务文化保障法》仅仅是一部基础的专门文化法律，还需要配套立法、地方立法，还需要国务院及省级政府的行政立法；还需要加强对公众的权利救济。

（一）加强配套立法

加强该法的实施，加强国务院文化公共服务行政法规的制定和修订，促进包括公共文化服务在内的政府文化治理体制机制变革。《公共文化服务保障法》是一部文化领域的基础性的法律，为了扩大其涵盖性与兼容性，保证规则的稳定性与确定性，使得其规定难以过于具体与详尽，这就需要行政法规、部门规章等其他法律文件的补充，以保障该法的实施。《公共文化服务保障法》的制定目的在于促进公共文化服务体系的建立与完善，而在这一体系中，公共文化服务行政法规等文件的制定也是不可或缺的组成部分，以建立完备的制度实施体系，保障这一体系的高效运作。同时，该法的出台使得政府的文化治理有了法律规范的依据，告别依据政策治理的局面，行政法规可为政府的实施做出进一步的规范，以实现政府文化治理体制机制的变革，推动法治政府建设，以保障公民的基本文化权利。

（二）激活地方立法

尽快完善地方公共文化保障立法，因地制宜，促进公共文化服务标准制度、财政保障制度、文化需求调查制度、公共文化服务设施规划与建设制度、公共文化服务绩效评价制度的落实。在《公共文化服务保障法》的起草、调研阶段，文化部便开展了文化服务标准化、基层综合性文化服务中心建设、公共文化机构法人治理结构建设的三项试点工作，其中浙江省率先公布《浙江省基本公共文化服务标准》，广东省出台了构建现代公共文化服务体系的"1+4"系列文件，江苏省苏州市出台了《苏州市公共文化服务办法》作为量化公共文化服务各项指标的顶层设计。[①] 可见，对于《公共文化服务保障法》所规定的各项制度，地方立

---

① 王学思：《探索推进基本公共文化服务标准化》，《中国文化报》2016年12月30日第7版。

法正在逐步跟进与完善,以保障各项制度的落实。

(三) 增强人大监督

依法运用专题审议、质询等方式,切实增强人大及其常委会对政府公共文化服务的监督和促进。参考联合国的人权普遍定期审议制度,各国议会应当参与,而且也可以参与普遍定期审议机制,发挥议会在人权保护与促进方面固有的优势。[①] 在文化人权保障上,发挥人大及其常委会的作用,采用专题审议的方式参与有关公共文化服务报告的起草、听证或咨询,达到监督和促进的效果。借鉴丽水市人大常委会9位委员联名向丽水经济技术开发区管委会提出《关于水阁污水处理厂存在未达标排放问题的质询》案,该案例是在该市人大常委会会议上首次提出质询案,在人大监督上具有标志性的意义,并且取得了很好的效果,可见,积极发挥人大及其常委会的监督作用,是推动政府各项工作落到实处的保证。在公共文化服务保障上也是如此。[②]

(四) 加强权利救济

增强文化人权理念和意识,增强公众的文化服务参与权、选择权和监督权实现力度,侧重保障特殊群体的文化社会权的有效实现,创建文化权利保障报告制度、评估制度、救济制度等。《公共文化服务保障法》中对于公众参与的重视已然体现了其人权保障的理念,同时对均等化的规定,以保障特殊群体、特定区域公民的文化人权。随着公民权利意识的不断提高,参与公共文化服务的热情不断提高,公众参与制度也会随之不断完善,在保障公民的参与权、选择权、监督权方面需要建立相关的配套机制,同时加强对特殊群体的文化社会权的保障需要在现有的规定之上建立更详细的实施细则,规定在每一项具体的制度实施之中。可以积极创设"区别于传统救济方式的适合公共文化服务领域的救济制度,探索建立公共文化公益诉讼",增进公民依法行使和维护自己文化

---

① 朱利江:《试论联合国人权普遍定期审议中的议会参与》,《人权》2017年第1期。
② 徐珣:《浙江丽水人大首试质询权》,《人大参阅》2016年第2期。

权利的能力，拓宽公民参与文化法治的渠道。

文化人权理念已经在该法中得到了贯彻，但真正地使整个社会建立起人权保障的意识尚待时日，这不仅需要完善的制度实施，也需要每一位公民的积极参与，这一互动过程的不断强化使得文化人权理念必将深入人心。

结　语

综上所述，《公共文化服务保障法》蕴含着深刻的文化人权保障的理念，一方面该法的确立使得公民的文化社会权与国家责任和政府义务这一对宪法关系具体化，另一方面作为人权实现机制，该法的制定使得公民的文化社会权得到了真正的立法实现。《公共文化服务保障法》所确立的积极保障制度诸如财政经费制度、规划建设制度、需求服务制度、特殊群体（地区）保障制度，及消极保障制度诸如标准制度、监管制度、考核评价制度与责任追究制度凸显了政府给付义务是公民文化社会权保障的核心依托，该法的制定是对政府公共文化服务建设的法律约束，对公共文化服务体系的建设具有深刻的指导意义与引领功能，而公共文化服务体系的建立之根本在于对公民的文化社会权的保障。《公共文化服务保障法》作为文化领域的基础性法律是从公共文化服务领域保障公民的文化社会权利，为其他的文化立法奠定了基础。目前，《中华人民共和国文化产业促进法》草案正在审议阶段，该法将从营利性的文化产业方面保障公民文化创造自由等其他文化权利。随着一系列文化立法的开展，相信公民的文化权利将会得到更全面的保障，推动国家尊重与保障人权原则在文化立法实践中得到切实、全面、充分的落实。

（本文指导教师：石东坡教授）

论公共文化服务可及性评价机制

莫嘉慧[*]

(华东师范大学法学院)

摘要 公共文化服务可及性是衡量和评价公共文化服务设施、文化产品、文化活动以及其他相关服务中政府积极义务履行程度的重要指标。可及性评价侧重于反映公民对于文化设施服务的满意度与适切性,是不可缺少的评价体系。获得感理论为可及性评价提供了理论支撑,《中华人民共和国公共文化服务保障法》为其提供了法律依据。在可获得性、可接近性、可接受性、可适应性这四个维度的基础上采用导向、供给和结果指标体系构建公共文化服务可及性指标要素,细化公共文化服务可及性评价的内容,为其投入实践应用予以管理支持。

关键词 公共文化服务;可及性;评价机制;获得感

引 言

加强公共文化服务体系建设是《公共文化服务保障法》的立法目标,也是公共文化服务可及性评价机制发展的导向和目的归宿。《公共文化服务保障法》对"公共文化服务可及性"做了原则规定,实现了可及性法律化的第一步。在实践中对于如何评价公共文化服务可及性已

---

[*] 莫嘉慧,华东师范大学法学院硕士研究生。

有了一定的探索，但是在理论上公共文化服务可及性的内涵、评价的维度、评价的方法都还没能够达成共识，且实践中公共文化服务的绩效评价对可及性评价存在不自觉的替代，而《公共文化服务保障法》的实施又使得对公共文化服务可及性评价机制的需求显得更为迫切。为此要吸取学界相关研究的成果，建立并完善公共文化服务可及性评价机制。本文尝试辨析公共文化服务可及性的含义，分析其必要性，寻求和确立其理论和法律依据，进而细化公共文化服务可及性评价机制的具体内容。

一　公共文化服务可及性评价的含义及必要性

（一）公共文化服务可及性的含义

公共文化服务可及性是衡量和评价公共文化服务设施、文化产品、文化活动以及其他相关服务中政府积极义务履行程度的重要指标。其评价的对象是公共文化服务与公众文化需求之间的适配度。换言之，公共文化服务可及性关心的是公民能否便捷、及时地获得公共文化服务体系提供的文化服务，以及公共文化服务体系通过公共文化服务是否能满足公民的公共文化需求[①]等问题。公共文化服务可及性评价的结果直接反映了公民文化权利的实现程度，为政府提供了调整公共文化服务保障资源配置、服务内容等各个方面的依据。通过这一评价机制能让政府更好地认识到已有的公共文化服务与人民需求之间的差距，使两者更加贴合，保障公民文化权利的实现。

（二）实施公共文化服务可及性评价的必要性

讨论公共文化服务可及性评价的必要性时，首要要解决的问题是为何需要在绩效评价体系之外再增加可及性评价体系。首先要承认政府公共文化服务绩效评价指标的构建与公共文化服务可及性评价的指标有共通之处。但绩效评价侧重反映了政府对于文化目标的完成程度，而可及

[①] 王前、吴理财：《公共文化服务可及性评价研究：经验借鉴与框架建构》，《上海行政学院学报》2015年第2期。

性评价侧重于反映公民对于文化设施服务的满意度与适切性。以临安山核桃文化体验馆为例,根据"百度百科"介绍,该馆占地面积达3500多平方米,于2011年10月25日正式开馆,投资近600万元。这无疑可以成为政府的公共文化服务绩效成绩的一部分,但相关的绩效评价成绩却难以直观反映人民对于该馆的满意度与适切性。由于查不到该体验馆官方人流量统计数据,笔者依据各大旅游网站上截至2018年6月24日的网友点评数量从侧面反映该馆的人流量,携程旅游网上网友对临安山核桃文化体验馆点评共23条,百度旅游网上网友相关点评4条,同程旅游网相关点评90条,途牛旅游网、马蜂窝上网友相关点评皆为0条。从网友点评的数量和内容分析,该馆人流量并不大,且较难寻找,公众适切性与满意度并不高。这就是绩效评价难以反映,但可及性评价则能够反映出的问题。

通过公共文化可及性评价,能够相对公允地揭示公共文化服务的实际成效,避免以场馆建设、产品提供和活动频次等来外在地表现公共文化服务的成果。可及性评级可以改善实践中由于缺少公众参与,使投入和需求相脱节的情况。绩效评价是一种自上而下的评价模式,可及性评价则是一种自下而上的评价模式,两者并不是分立的评价体系,互相结合可以使基层政府改变长久以来遵循的"行政的逻辑",转变成"服务的逻辑",形成双向反馈的机制,通过可及性评价将人民群众的意见传导到政府,政府逐级做出部署,发挥指引作用,再通过绩效评价,反馈上级对于下级的意见并进行监督,两个机制相互补充,形成良性循环,使公共文化服务资源发挥最大的作用。

在实践层面上,公共文化服务可及性评价直接有助于《公共文化服务保障法》的实施。从内容上看,公共文化服务可及性评价应当是《公共文化服务保障法》实施过程的组成部分。《公共文化服务保障法》中公众参与的服务设施使用效能考核评价机制等相关机制的部分功能反映的就是公共文化服务可及性评价。同时,因为可及性是一项十分客观的数据,其需要依靠一定的指标来进行测评、衡量,而这些用来测评衡量的指标能够与《公共文化服务保障法》的实施细则直接对接,细化为实施细则的一部分。从实施过程上看,公民参与公共文化服务可及性评价有助于其加深对于文化法治的理解和认可。因为文化建设、文化法治、文化权益这三者互不可分。文化建设的过程和成果，只有通过一定的法律制度，才能够转化为社会成员的具体权益；只有在法律的框架内，才能够切实保障社会成员的合法权益。[1] 公共文化服务可及性评价是对文化建设的评估，其是文化法治的一部分，体现了文化法治对文化建设的规制，公众在参与的过程中，会潜移默化地接受文化法治，形成文化自觉。文化自觉是一种理性的文化认知，比文化实体化更为重要，这有助于提高全社会的文化意识形态，进一步成为文化法治的助推力。公民形成文化自觉后会加强对于《公共文化服务保障法》的理解，自觉地关注该法的落实情况，主动地推动该法的实施。

此外，从总体上看，公共文化服务可及性评价还可以降低文化治理产生的负面效应。应当看到，在某种程度上，文化治理中的"治理"一词蕴含着"控制"的意思，"文化治理"隐含着权力的"文化霸权"问题，处理不好就有可能把百花齐放的"文化花园"变成文化沙漠。[2] 而公共文化服务可及性评价使广大人民群众参与到文化治理中来，其中的互动性使得人民群众的意见得以反馈，将投入与需求予以对接，尊重公众文化需求在核心价值体系与社会文化主旋律之上的个性化，既发挥了文化的治理性，又保证了文化的多样性。

二 公共文化服务可及性评价机制的理论依据与法律依据

（一）公共文化服务可及性的理论依据

直接为公共文化服务可及性提供支撑的理论是获得感理论，这一理论源于习近平总书记在中央全面深化改革领导小组第十次会议上提出的"让人民群众有更多获得感"。获得感理论包含两个特征：第一，公平公正，"获得感"要求保证社会中的每一个人都能够公平、公正地共享发

---

[1] 沈春耀：《加强文化法制建设》，《中国人大》2011年第23期。
[2] 竹立家：《我们应当在什么维度上进行"文化治理"》，《探索与争鸣》2014年第5期。

展成果；第二，包容性，这主要体现在重视弱势群体、边缘群体的获得感上。① 由于较于"幸福感"等词，"获得感"更为直接切实，故而该理论不断发展，逐渐成为改革、治理和发展的评价维度之一。

获得感理论的提出，体现了从"宣告"权利到"实现"权利，将权利从人权转化为宪法权利、由宪法权利转化为法律权利，再进一步转化为现实权利。这与可及性具有一致性，获得感与可及性关注的问题都是权利的实现程度。但获得感的局限性在于相较于可及性其更加主观，从某种程度上可以说可及性是获得感的外化体现，可及性相对客观地反映了获得感。获得感更为重视人民群众内心对于权利实现的评价，而可及性更为重视从实际出发评价相关设施、服务等与公民需求的适配度。

且公共文化服务可及性评价目的——确保公共文化服务实现均等性、基本性、公益性、便利性，也与获得感理论的特征一致。具体了解公共文化服务的四性（均等性、基本性、公益性、便利性）后，可以发现其与获得感理论特征的共通之处。"均等性"是指每个公民应当共同享有所有的公共文化产品及相关基础设施，获得同等的服务；"公益性"是指公共文化服务不以盈利为目的；"基本性"是指公共文化服务须满足公众对于文化需求的最低要求；"便利性"是指公共文化服务不论在空间还是时间上对于公众是便利可及的。

获得感理论的"公平公正"特征在公共文化服务的四性中都有所表现。获得感产生的前提条件之一是公民公平、公正地共享发展成果，均等性中"公民共享基础设施，获得同等服务"就是获得感产生的前提，公益性、基本性和便利性都隐含在这一前提条件之中。基础设施和服务都是政府不以盈利为目的提供的，提供的标准肯定高于或等于公民最低文化需求，公民要使用相关的设施或服务则必然要求实现便利可及。

获得感理论的特征之二"包容性"在该理论中主要表现为"包容性发展"，这与公共文化服务的均等性、基本性相关，为公共文化服务可及性评价提供了理论基础。"包容性发展"与"获得感"之间存在高度的一致性：其针对的都是经济社会发展中的社会不公、贫困及两级分

---

① 曹现强：《获得感的时代内涵与国外经验借鉴》，《人民论坛·学术前沿》2017年第2期。

化问题，其目的都是让每个人都有机会参与到发展进程之中，使发展成果能为每个人共享。①包容性发展要求实施一系列包容性政策，保证社会所有成员平等地享有最基本的权利，关注弱势群体和边缘群体，减轻社会的不平等。实行公共文化服务可及性评价就是为了保证所有公民平等地享有基本公共文化服务，做到均衡发展，从大局上协调资源，保证公平公正，这与公共文化服务的均等性、基本性对接，与包容性发展一致。

（二）公共文化服务可及性评价的法律依据

《公共文化服务保障法》是公共文化服务可及性最为关键、直接的法律依据。该法秉持文化人权保障的理念，比较全面地构建了公共文化服务体系。该法第一条明确了立法目的和目标，其中提出了加强公共文化服务体系建设，可及性就是该体系必不可少的评价标准之一。第四条将公益性、基本性、均等性、便利性作为公共文化服务重要的基础评价指标和规划导向，成为一项重要的法定原则。该法第八条与第九条强调了对特殊地区和特殊群体的公共文化服务，体现均等性、基本性的具体要求。如此规定既是实质正义的要求，又是政府在《公共文化服务保障法》这一公法上补充性、辅助性原则的体现，而这些又都是可及性的宏观要求。

与可及性直接关联的是该法第三十六条，该条中明确使用了"便利可及"这一表述，说明在制定《公共文化服务保障法》之中，立法者已经初步有了"可及性"的立法诉求。且"便利可及"不仅是对公共文化设施的规划、建设和运行上的要求，而且更是对公共文化服务活动效果的要求。可及性还体现在该法的第十五条中，第十五条要求县级以上地方人民政府因地制宜确定公共文化设施的种类、数量、规模以及布局，"布局""数量"等可以与公共文化服务可及性指标中的"公共文化服务设施覆盖率"对应。要实现公共文化服务便利可及，就必须精准布局，平衡分布。而该法的第二十八条中提到"结合当地实际"，这与

---

① 曹现强：《获得感的时代内涵与国外经验借鉴》，《人民论坛·学术前沿》2017年第2期。

"可及性"将公民的需求与公共文化服务资源对接的目的是一致的,按需配置,满足公民的文化需求。第三十条和第三十四条提到的"因地制宜"、第三十七条"结合自身特点和需要"也与第二十八条的"结合当地实际"异曲同工。

根据第五十六条可以粗略地得到"公共文化服务可及性评价＝公共文化需求的征询反馈制度＋有公众参与的考核评价制度"这一等式,该条基本体现了可及性评价的具体内容。而第二十三条中规定应建立有公众参与的公共文化设施使用效能考核评价制度。通过《公共文化服务保障法》的规范内容解析,可知可及性评价机制是该法的一个重要构成。除此之外,该法还建构了许多公共文化服务机制,这些机制相互补充、相互协调,与可及性评价紧密相联。如文化需求调查制度就确立了人权可及性评价的原点;文化需求反馈制度则可以从侧面监测可及性评价的准确与否;绩效评价制度则和可及性评价相辅相成形成双向沟通。可见,公共文化服务可及性既有普遍意义的公共服务可及性又有特殊意义的文化人权可及性,在《公共文化服务保障法》中业已确立可及性评价的实现机制。

三　公共文化服务可及性评价机制的指标体系的构建及运用

(一)构建公共文化服务可及性评价机制的指标体系

实施公共文化服务可及性评价指标的第一步就是明确公共文化服务可及性评价机制的指标体系。公共文化服务可及性评价需要定量分析,需要明确的指标要素。使用确定的指标要素进行评价,有助于改变传统法学由规范研究和定性分析一统天下的局面,反映客观法律现象的具体数据能够发挥自身效用,帮助人们精确描述和认识经验事实,通过法律运行实际效果的测量来调整法律、使之与不断变化的社会生活相适应。[1]指标要素既需要主观判断又需要客观统计,主观的指标主要通过问卷调

---

[1] 屈茂辉、张杰、张彪:《论计量方法在法学研究中的运用》,《浙江社会科学》2009年第3期。

查和专家评价的方式获得，客观的指标主要通过量化、统计的方式来获得。科学、合理地设置公共文化服务可及性的指标，不仅使得公共文化服务可及性评价更为清晰、准确，而且为公共文化服务的发展提供了调适的具体导向。

公共文化服务可及性评价的指标分为一级指标和二级指标。在构建一级指标上，有学者[①]提出可以借鉴卫生服务可及性分析的相关维度和受教育权的"4A"框架，从可获得性、可接近性、可接受性和可适应性四个维度来评价公共文化服务可及性。这一点主要是借鉴受教育权的"4A"框架提出的，而受教育权的"4A"框架虽然注意到了使用指标的重要性，并提出了制定指标的相关问题，但是没有制定具体指标体系来衡量缔约国对于"4A"框架的遵守[②]。基于这一点，公共文化服务可及性评价应当在可获得性、可接近性、可接受性和可适应性四个维度的基础上制定具体的指标体系。在受教育权领域，有学者将"4A"框架分解为结构、过程和结果指标（"structural-process-outcome" indicators）来构建受教育权具体的指标体系。结构、过程和结果指标体系是 Paul Hunt 于 2003 年首次提出的，2006 年联合国在《有关国际人权文件遵守的监控指标报告》中使用了这一指标体系，用于对所有人权类型的衡量。根据联合国《有关国际人权文件遵守的监控指标报告》，结构指标体现的是法律文件的批准和通过以及便于人权实现的基本制度和机制；过程指标衡量的是国家在实际生活中制定法律和政策实现权利的程度；结果指标衡量现实情况，即国家实现权利的程度。[③] 使用结构、过程和结果指标体系可以衡量国家义务的各个方面，区分履行义务时的优势和劣势，从而进行更合理的评价。

公共文化服务可及性评价的具体指标体系可以在可获得性、可接近性、可接受性和可适应性四个维度的基础上，借鉴结构、过程和结果指

---

① 王前、吴理财：《公共文化服务可及性评价研究：经验借鉴与框架建构》，《上海行政学院学报》2015 年第 2 期。
② 吕建高、尚剑伟：《受教育权指标构建的基础与框架》，《上海政法学院学报》2013 年第 2 期。
③ Report on Indicators for Monitoring Compliance with International Human Rights Instruments, http://www.refworld.org/docid/4a54bbd5d.html.

标，结合公共文化服务与公民生活息息相关的特性，从逻辑结构上考虑，将公共文化服务可及性评价的一级指标设计成导向指标、供给指标、结果指标。以图书馆为例，导向指标是公民需求的书目，供给指标是图书馆提供的书目，结果指标是导向和供给对接的结果评价。

导向指标主要考察的是文化法律法规是否健全以及评价和反馈机制是否健全。由于法律法规和相关机制的健全不可能在一朝一夕，因此导向指标的考察要结合上一年的相关情况，并且针对不同的地区设计不同的权重。鉴于法规制定和机制健全时间周期较长，对其考核周期较长，故导向指标所占权重应相应减少。

在三个一级指标中，由于我国公共文化服务还处于初级阶段，因此供给指标是一级指标中最为关键的指标，在设计权重时应注意加大权重。供给指标是刚性指标，主要考察的是公共文化服务设施和相关服务的供给情况，该一级指标下大多数二级指标都较为关键。在此，以公共文化服务设施覆盖率为例进行说明，公共文化服务设施覆盖率考察的是文化规划问题，提高该指标就需要政府部门对公共文化服务资源进行合理的配置，在空白区域补充文化设施，保障公民能够享有公共文化服务，例如舟山海上图书馆，这一设施弥补了地域上的空白点，提高了覆盖率。

结果指标考察的是公共文化服务的实际情况，主要考察导向指标和供给指标的对接情况，该指标最为关键的是数据的收集和分析。以公共文化服务设施人均使用次数为例，该二级指标考察的是公共文化服务设施的服务效能。

综上，设计公共文化服务可及性指标体系时，供给指标权重最大，结果指标权重第二，导向指标权重最小。在综合考虑各方面因素后，公共文化服务可及性指标体系设计的满分分值为100分，其中导向指标共占25分，供给指标共占40分，结果指标占35分。但指标设计时需要考虑地区差异、历史发展阶段等，指标的设计不可避免地带有局限性，需要不断地更新、调整，才能使得公共文化服务可及性的评价机制更为完善。

二级指标的构建与一级指标有所不同，二级指标应根据地区和评价对象等有所改变。现预设评价对象是某一县级地方人民政府的公共文化服务。导向指标的二级指标主要是根据《公共文化服务保障法》的具体内容来构建。该法第五条明确各个行政区域都有根据当地特色制定的基本公共文化服务实施标准，故导向指标中可以以此为标准对照该行政区域内的实际完成情况。同时，与第五条相关的第二十八条明确了各个地方根据基本公共文化服务实施标准制定更为细致的行政区域公共文化服务目录，这也是导向指标中的内容之一。第十四条规定"县级以上地方人民政府应当将本行政区域内的公共文化设施目录及有关信息予以公布"，第五十七条中规定"各级人民政府及有关部门应当及时公开公共文化服务信息"，导向指标中就需要关注公布的情况。第十五条有提到公共文化设施的选址应当征求公众意见，导向制度构建二级指标时应将第十五条和第五十六条结合，关注第五十六条提出的反映公众文化需求的征询反馈制度和有公众参与的公共文化服务考核评价制度的建立及运行情况。除了上面的两个制度之外，第二十三条提出要建立有公众参与的公共文化设施使用效能考核评价制度，这也是导向指标中应当关注的。而公共文化服务可及性评价与绩效评价两者不可分离，在评价可及性时也应当关注绩效评价，导向评价指标时也应体现这一点。

  构建供给指标下的二级指标时要关注"可及性"的特点。可及性是为了评价公共文化设施和服务的配适度，在供给指标下应分别关注公共文化设施和公共文化服务的提供情况。在供给指标下关注公共文化服务设施的提供情况，主要应关注"公共文化服务设施数量""公共文化服务设施覆盖率""人均公共设施占有量"；同理，公共文化服务应关注"公共文化服务提供次数""公共文化服务设备服务半径""公共文化服务资源占有量"。而《公共文化服务保障法》第五十一条规定要"合理设置公共文化服务岗位，配备相应专业人员"，这也是供给指标下应该关注的，故而在供给指标之下应设一二级指标"文化服务人员配备率"来反映这一项。

  结果指标主要体现的是需求与资源之间的配适度。首先应该关注的就是公共文化设施和服务的利用率，设施和服务只有被使用了才有存在的意义，故而利用率应放在结果指标的评级第一位。在利用率之后的第二位是人民的满意度，满意度可以直观反映公众在公共文化上的需求是否被满足，公共文化服务提供是否存在问题。因为公共文化服务可及性的落脚点在"便利可及"上，因此还需要在结果指标下关注公众到公共文化设施的时间和方式，故而设置公民到公共文化服务设施的交通渠道和时间消耗两项。

表1　　　　　　　　　公共文化服务可及性评价指标体系

目标层	一级指标	二级指标	分值
公共文化服务可及性评价指标体系	导向指标	1. 与"基本公共文化服务实施标准"的符合程度	2
		2. 行政区域公共文化服务目录的组织实施情况	2
		3. 行政区域内的公共文化设施目录及有关信息的公示情况	3
		4. 公众建议征询反馈制度的构建及运行情况	4.5
		5. 公共文化服务考核评价制度的构建及运行情况	4.5
		6. 公共文化设施使用效能考核评价制度构建与运行情况	4.5
		7. 政府公共文化服务绩效评价制度的构建与运行情况	4.5
	供给指标	1. 公共文化服务设施数量	6
		2. 公共文化服务设施覆盖率	7
		3. 人均公共文化设施占有量	4.5
		4. 公共文化服务提供次数	5.5
		5. 公共文化服务设备服务半径	7
		6. 公共文化服务资源占有量	6
		7. 文化服务人员配备率	4
	结果指标	1. 公共文化服务资源利用率	8
		2. 公众对于公共文化服务设施的满意度	8
		3. 公民到公共文化服务设施的交通渠道	4
		4. 公民到公共文化服务设施的时间消耗	5

虽然本文尝试构建了相对独立的公共文化服务可及性评价指标，但必须指出的是，公共文化服务可及性既可单独评价，也可在实践操作中

与公共文化服务绩效评价体系合并开展。

(二) 公共文化服务可及性评价机制指标体系的运用

根据不同地域、不同受益主体制定出公共文化服务可及性评价的指标体系后,应当将其进行公示,并投入实践去运用该评价体系,发挥其应有的评价功能和法律效力。这一点可从《公共文化服务保障法》第二十三条中获得依据,根据第二十三条规定,各级人民政府应当建立有公众参与的公共文化设施使用效能考核评价制度,公共文化设施管理单位应当根据评价结果改进工作,提高服务质量。这条可解读为通过规范的法律程序得出公共文化服务可及性评价结果后,不应将其束之高阁,而是应当将其运用起来,发挥其法律效力。法律效力具有激励性和强制性,与此对应,公共文化可及性的评价结果具有激励、矫正、预防和惩罚的功能,针对这两个功能,我国应当分别构建补贴机制和问责机制,有奖有罚,两者结合,优化公共文化服务体系的财政支出结构,使得相关文化经费物尽其用。

根据《公共文化服务保障法》第十三条"对在公共文化服务中作出突出贡献的公民、法人和其他组织,依法给予表彰和奖励"和第五十六条"各级人民政府应当加强对公共文化服务工作的监督检查,建立反映公众文化需求的征询反馈制度和有公众参与的公共文化服务考核评价制度,并将考核评价结果作为确定补贴或者奖励的依据",对应公共文化服务可及性评价的结果可以构建补贴机制和奖励规则。当公共文化服务可及性高于平均值时,应当对被评价的对象进行奖励和补贴,这样有助于激励被评价的对象,同时鼓励其他服务者以此为榜样。补贴、奖励机制还具有矫正功能。建立激励和补贴机制将公共文化服务可及性评价结果与公共文化服务的投入相结合,结合预算,更好地管理支出,为公共文化服务受益者带来优惠。还能够让评价结果不佳的公共文化服务提供者将重点放在自己在评价中获得较低指数的项目上,为提高指标而对接下来的工作计划进行调整,提高公共文化服务的服务效能,形成良好的竞争氛围,与《公共文化服务保障法》第二十三条对应,达到公共文化服务可及性评价的目的。

有奖必有罚，当被评价对象的公共文化服务可及性低于平均值时，则需要启动问责机制。《公共文化服务保障法》第五章"法律责任"为构建具体问责机制提供了严格的法律依据。问责机制的建立具有预防和惩罚两种功能。首先，问责机制的存在就使得公共文化服务提供者明白需要切实地履行公共文化服务中相应的责任与义务，预防部分公共文化服务提供者打着公共文化服务项目的旗号却不为人民群众提供应有的服务。其次，还可以发挥问责机制的导向作用，公共文化服务提供者需要根据公共文化服务可及性的指标体系进行努力，避免受到惩罚。最后，问责机制最重要的就是其惩罚功能，若公共文化服务提供者被评价后，发现其公共文化服务可及性过低，则应受到处罚，处罚包括"限期改正""给予处分""罚款"等。问责机制带来的惩罚对公共文化服务提供者自身是处罚，对其他提供者则是个警示。

结　语

公共文化服务可及性评价反映了公共文化设施与服务和公民精神文化需求之间的回应性和配适度，着重关注"便利可及"，重视公民文化受益权利的真正实现程度。可及性评价与绩效评价是我国公共文化服务中不可或缺的两大评价体系，两者既有共性，又有区别，相辅相成，有助于我国公共文化服务体系进一步有效发展。在汲取获得感理论和剖析《公共文化服务保障法》的基础上，本文吸收学界相关研究成果，尝试在可获得性、可接近性、可接受性、可适应性这四个维度上采用导向、供给和结果指标体系构建公共文化服务可及性指标要素，细化公共文化服务可及性评价的内容，构建了两级指标。但是目前可及性有关的讨论仍停留在理论层面，应当结合《公共文化服务保障法》的实施，逐步将可及性评价带入公众视野，逐步投入实践，解决公共文化领域中出现的"设置孤岛"、设施"空心化"等问题，发挥公众参与的优势，将人民群众的需求与公共文化服务的提供相对接，使公共文化服务设施发挥真正的作用。

（本文指导教师：石东坡教授）

文化产业促进法治

文化执法体制改革的考量要素分析[*]

刘 辉[**]

(浙江农林大学法律系)

摘要 在乡镇设立派出机构的做法,即借鉴"总队—支队—大队—中队"的建制思路设立派出机构,在地级市成立综合执法支队,在市区成立综合执法大队,在部分规模较大的乡镇设立综合执法大队的派出机构,更容易达到执法力量下沉与避免机构膨胀的双重目标。在派出机构模式下,可以借鉴实践中的合理经验,采用综合执法小组的模式提高乡镇综合执法队伍的分工明确性和机动灵活性。

关键词 文化权利;行业自律;行政监管;委托执法;派出机构

建设服务型政府的改革方向,为文化执法活动指明了着重于为文化产品生产与服务提供秩序保障与条件支持的目标。在此目标引导下,政府向社会放权以及政府内部的纵向分权,是降低政府监管成本,提升治理综合效益的基本前提。在鼓励行业自律、吸纳公众参与、强调信用机制建设的前提下,明确文化市场监管的主要内容、有效方式,才能有的放矢地探讨文化综合执法体制改革的问题。

文化市场的秩序依赖于行业自律、行政监管、司法救济多方面合力

---

[*] 本文初稿参见刘辉《文化执法体制改革的考量要素分析》,北大法律信息网,法学在线栏目,2017年7月7日。法宝引证码:CLI.A.0100225。
[**] 刘辉,男,法学博士,浙江农林大学法律系讲师。

的维护。推动文化执法体制改革①，才能构建起符合市场经济要求的文化市场监管模式。从管制型政府向服务型政府过渡，需要将单向执法的权力运行模式调整为行业自律与行政监管分工合作的模式。文化执法的内容、方式与体制安排是相互关联的三项要素，只有明确执法的重点内容、基本方式，才能提出更妥当的体制安排方案。

关于文化市场监管的既有文献中②，反映出如下观点：文化市场监管的目标应当定位于如何有效地保障公民的文化权利。我国的行业自律组织存在着对政府依附性强、官办色彩浓、行业代表性不够、社会公信力不足等问题。因此，必须首先从组织结构、运作机制等方面对行业协会自身进行改革，使其真正成立独立的、专业的、权威的自律监管机构。在此基础上，构建以行业自律为主、政府监管为辅的多元监管体系。在行业自律效果有限与社会组织辅助力量微弱的社会背景下，政府除了发动群众自发参与监督外，有必要在工作任务压力的推动下，积极推进综合执法体制改革，以激发行政监管体制的潜力。③

---

① 中共中央办公厅、国务院办公厅在2016年发布的《关于进一步深化文化市场综合执法改革的意见》中指出，"2004年以来，按照党中央、国务院决策部署，文化市场综合执法改革由试点逐步向全国推开，各直辖市和市、县两级基本完成文化（文物）、新闻出版广电（版权）等文化市场领域有关行政执法力量的整合，组建文化市场综合执法机构，提升了执法效能，规范了市场秩序"；并提出如下工作任务："（一）明确综合执法适用范围。（二）加强综合执法队伍建设。（三）健全综合执法制度机制。（四）推进综合执法信息化建设。（五）完善文化市场信用体系。（六）建立健全综合执法运行机制。"

② 喻文光：《文化市场监管模式研究——以德国为考察中心》，《环球法律评论》2013年第3期；韩大元：《文化市场监管法治化研究（笔谈）》，《浙江社会科学》2013年第8期；莫于川：《我国文化市场监管的法治化路向》，《浙江社会科学》2013年第8期；程雪阳：《荷兰文化市场监管的经验及其启示》，《浙江社会科学》2013年第8期；郑海平：《美国文化市场监管的经验及其启示》，《浙江社会科学》2013年第8期；孟凡壮：《文化市场监管的基本原则》，《浙江社会科学》2013年第8期；刘继萍：《文化市场监管立法的突出问题与对策》，《哈尔滨工业大学学报》（社会科学版）2014年第2期；王旭：《文化市场综合行政执法机制研究》，《哈尔滨工业大学学报》（社会科学版）2014年第2期；王丹：《我国文化市场监管体制的问题及对策建议》，《齐齐哈尔大学学报》（哲学社会科学版）2015年第3期。

③ 刘辉：《论Z省文化综合执法组织体制的完善》，北大法律信息网，法学在线栏目，2017-05-08，（法宝引证码：CLI.A.099661）。刘辉：《关于文化市场监管的研究综述》，北大法律信息网，法学在线栏目，2017-05-05，（法宝引证码：CLI.A.099676）。刘辉：《关于Z省文化执法工作经验的调研报告》，北大法律信息网，法学在线栏目，2017-05-05，（法宝引证码：CLI.A.099678）。刘辉：《关于文化产业促进法的研究综述》，北大法律信息网，法学在线栏目，2017-05-05，（法宝引证码：CLI.A.099680）。刘辉：《关于文化立法若干基础问题的研究述评》，北大法律信息网，法学在线栏目，2017-05-05，（法宝引证码：CLI.A.099681）。刘辉：《关于我国文化立法问题的研究述评》，北大法律信息网，法学在线栏目，2017-05-05，（法宝引证码：CLI.A.099682）。

一 界定文化执法的主要内容

讨论文化执法的内容需要认识到政府工作任务的重心从维护秩序向保障自由的转变。举例而言，过去的思路是以单位制的模式管鸡蛋，现在是要为成长为活泼生命的个体提供活动的平台。因此，对知识产权的保护、支持物质与非物质文化遗产的继承与开发使用，应当被确定为文化市场监管与扶持工作的要点。

文化执法的内容包括对演艺活动与场所的规范、对文学影视作品的版权保护、对文物古迹与非物质文化遗产的维护等内容。在管制型政府的运作模式下，"扫黄打非"运动的推进是文化执法的特色内容，体现出国家机关坚决维护社会意识形态的政治立场。随着市场经济的发展，文化执法的主要内容转换为对文化产品生产与交易秩序的维护。"文化市场应当被界定为'文化产品和要素的交换流通以及有偿文化娱乐服务等文化经营平台及场所的总称'。根据文化产品和服务的种类不同，文化市场可分为图书报刊市场、音像制品市场、电影市场、演出市场、娱乐市场、网络文化市场、艺术品市场、文物市场、文化产权交易市场等类型。"[1] 对歌舞娱乐场所、电子游戏行业的监管，对演出市场、艺术考级的监管，对网络游戏、公共视听载体的监管，对出版印刷、广播影视行业的监管，对版权与文物的保护，都是目前文化执法需要顾及的对象[2]，但按照行业自律、

---

[1] 莫于川：《我国文化市场监管的法治化路向》，《浙江社会科学》2013年第8期。

[2] 例如，中共浙江省委办公厅、浙江省人民政府办公厅在关于《中共中央办公厅、国务院办公厅印发关于〈进一步深化文化市场综合执法改革的意见〉》的实施意见中提出，文化市场综合执法机构的职能主要包括：依法查处娱乐场所、互联网上网服务营业场所的违法行为，查处演出、艺术品经营及进出口、文物经营等活动中的违法行为；查处文化艺术经营、展览展播活动中的违法行为；查处除制作、播出、传输等机构外的企业、个人和社会组织从事广播、电影、电视活动中的违法行为，查处电影放映单位的违法行为，查处安装和设置卫星电视广播地面接收设施、传送境外卫星电视节目中的违法行为，查处放映未取得《电影片公映许可证》的电影片和走私放映盗版影片等违法活动；查处图书、音像制品、电子出版物等方面的违法出版活动和印刷、复制、出版物发行中的违法经营活动，查处非法出版单位和个人的违法出版活动；查处著作权侵权行为；查处网络文化、网络视听、网络出版等方面的违法经营活动；配合查处生产、销售、使用"伪基站"设备的违法行为；承担"扫黄打非"有关工作任务；依法履行法律法规规章及地方政府赋予的其他职责。

社会公众参与的分工模式来思考，可以发现版权保护与文物保护是文化执法的重点内容。

案例1：郑州"5·27"销售盗版图书案

2014年5月27日，根据多家出版单位的举报，郑州市公安局在郑州市二七区的五个仓库内，查获盗版人民卫生出版社、中国建筑工业出版社等多家出版单位图书5.6万册，码洋案值321万元，抓获犯罪嫌疑人马某某。

案例2：青岛某公司擅自修缮全国重点文物保护单位案

2013年1月9日，青岛市文化市场行政执法局在巡查中发现，青岛某公司未经文物行政部门批准擅自对全国重点文物保护单位——海滨旅游馆旧址进行修缮作业，且已经对文物本体造成破坏。该公司擅自修缮行为违反了《文物保护法》第二十一条第二款的规定。青岛市文化市场行政执法局依据《文物保护法》第六十六条第一款的规定，依法向该公司下达了《责令整改通知书》，并给予罚款5万元的行政处罚。

除了版权保护、文物保护外，文化执法还会涉及侵占无线电频谱资源、擅自从事经营性互联网文化活动、禁止向未成年人提供特定文化消费服务等内容，但市场竞争者之间的相互监督与司法救济渠道的畅通，能够使特定行业行政许可、反不正当竞争、知识产权保护等相关法律制度为行业自律、社会自治提供有力支持，因此文化执法的重点内容应当是对有形与无形文化财产及相关权益的保护。

二　梳理文化执法的有效方式

对文化产品的分级监管，对文化经营者的分类监管，能够将有限的执法力量集中到政府必须发挥作用的领域。对行业协会的扶持，对集团诉讼、公益诉讼等司法救济渠道的畅通，是促进治理方式现代化的有力举措，能够有效规范公众参与的方式。

就我国文化执法中的重点内容"扫黄打非"活动而言，单纯依靠政府部门的联动清理，并不能改变处罚力度与处罚概率受到现实执法能力制约的局限。因此，调动行业自律、社会自治的力量，采用分级管理等制度促进文化产业内部的优胜劣汰，才能明确文化执法的行动界限，实现文化执法成本降低、收益提高的目标。"很多国家早已运用各行业的自我监管，让其发挥重要的作用，在很大程度上缓解和减轻了地方政府对文化市场监管的压力和包袱。例如美国就在其影视行业的分级等文化监管上，高效利用其影视行业自我监管的方式，遵循市场竞争优胜劣汰的原则进行筛选，择选出适用于美国影视文化发展的优秀文化作品。"[1] 从守法者、违法者与执法者三类主体的行动成本与收益分析角度来看，调动守法者参与治理、主动维权的积极性，限制违法者的能力与机会，督促执法者积极履行职责、把握执法重点，才能更有效地实现对文化生产与交易秩序的监管目标。

案例3：新昌县拓展社会监督网络工作法

新昌县文化市场行政执法大队全面延伸社会监督网络，成立由乡镇文化站工作人员、教师等组成的义务监督员队伍，发放文化市场监督证60余张；实施"浙江省文化市场管理系统""视频监控""净网先锋""实名登记""移动执法设备"等技术监管；定期与公安、市监、消防等部门和乡镇（街道）开展联合执法，形成县、镇、村三级联动监管网络，增强执法实效。

案例4：杭州市萧山区网吧分级监管办法

在全区网吧分级报告会上，杭州市萧山区文化市场行政执法大队对首批17家A级网吧进行表彰，通过《萧山日报》、萧山文化网等媒体和"萧山文体"微信公众号向社会公示，并协调电信等网络供应商落实对A级网吧的扶持政策。首次评级被定位C级的17家网吧已被纳入实时动态视音频监控，实现了对网吧出入口、收银台等点位24小时的实时监控。对不同等级的网吧实行分类监管，施以一定的舆论压力，不仅使经营者深化认识、提振了经营信心，更是塑造了"经营有思路，管理有章程，企业有活力，行业有影响"的市场新风尚，有利于引领网吧超越

---

[1] 梁颖：《提升地方政府文化市场监管能力的路径》，《管理观察》2015年第16期。

"脏、乱、差"的低层级经营状态。

服务型政府对法律的执行方式，不同于"管理就是禁止"的管制型执法思路，应当在保障自由与维护秩序之间找到恰当的平衡方案。"国家应该对介入文化事务保持高度的克制和内敛，只有在涉及核心价值观、基本原则和重大公共利益时才进行直接的政府监管。否则，应该在明确监管目标的情况下，选择最适合达到该目标的方式来实施监管。就规制模式的选择顺序而言，首先应充分发挥行业的自我规制功能，然后积极运用代表规制改革方向的受规制的自我规制或共同规制模式。"① 文化市场举报热线电话"12318"能够为监管部门提供丰富的线索，降低查找文化类违法活动的难度。利用计算机网络的监控技术，也能够从技术方面降低监管部门人力投入的成本。在行业协会内部，优质企业可以通过提升行业标准的方式，引导文化经营企业步入良性竞争的轨道。"行业协会是市场运作到一定程度的必然产物，具有专业性强、覆盖范围广等特点。行政部门应协助各行业建立健全各自的协会，引导其完善自律监管的规范体系，订立完善的行业标准与行业惯例，强化行业自律，使其成为文化市场行政监管的补充与延伸。"② 在行业自律效果有限与社会组织辅助力量微弱的社会背景下，政府除了发动群众自发参与监督外，有必要在工作任务压力的推动下，积极推进综合执法体制改革，以激发行政监管部门的潜力。

三 改进文化综合执法体制的思路

综合执法包含行政检查权、强制权与处罚权的集中，体现为互通信息、专项整治、应急处置等内容，与行业自律、联合执法密切相关，也受制于行政决策权、审批权与监管权的分工机制改革进程。

综合执法体制改革的前提条件是，政府向社会组织分权与地方政府

---

① 喻文光：《文化市场监管模式研究——以德国为考察中心》，《环球法律评论》2013 年第 3 期。
② 刘继萍：《文化市场监管立法的突出问题与对策》，《哈尔滨工业大学学报》（社会科学版）2014 年第 2 期。

范围内的纵向分权。综合执法机构的整合是一个循序渐进的过程。因此，先完成文化领域的部门间综合执法体制构建任务，再推动基层行政综合执法机构的进一步整合，是实现地方政府大部制改革总体目标的必经步骤。"综合执法体制需要重点建设的制度领域为联合调查制度、联合处罚制度、联席办公会议制度、公务协助制度、重大案件督办制度、政策研究制度。综合执法模式的边界为公众参与和行业自律。"[①] 实现执法职能的重心下移，加强文化执法部门与公安、工商、综合行政执法部门的协调联动，通过对行政流程再造的方式提高执法效率，是确保基层文化执法有效性的基本要求。

案例5：宁海县的"中队+"执法模式

2014年10月，宁波市宁海县文化市场行政执法大队在梅林街道试点设置全县首个乡镇执法中队，开启以中队驻地为中心、辐射周边"四镇两街道"的"中队+"执法模式，构筑了农村文化市场监管"三张网"。"中队+乡镇"的执法巡查网由中队按照"2+2"方式配备人员，即由"2名执法大队人员+2名乡镇干部"组成，其中专业队员相对固定，乡镇干部由所在区域机动选派。中队对所辖区域施行"一周一日"巡回办公制度，采取"双随机"方式对文化市场进行抽查，实现"全覆盖"巡查、"零距离"管理。"中队+部门"的互助协作网由中队依托区域内各乡镇街道既有的文化市场管理工作领导小组平台，定期召开各成员单位联络员会议，通报市场管理情况，协调解决执法难题，极大调动和发挥了乡镇街道各部门的职能优势，将中队执法监管任务有机融入乡镇、街道部门工作，实现有力互用、有难互助。"中队+村组"的群防群治网由中队发挥自身机动性强、灵活性好的条件，在乡镇街道积极建设、培育、完善村组文体管理员和文化市场义务监督员两支队伍，有效延展农村文化市场监管手臂，做到农村市场"村村有人管"，实现农村地区文化市场违法行为的快速查处。

---

① 王旭：《文化市场综合行政执法机制研究》，《哈尔滨工业大学学报》（社会科学版）2014年第2期。

案例6：义乌市部门联合执法合作机制

义乌市文化市场行政执法大队强化与市场监管、公安、海关、交通等相关职能部门之间的沟通协作，建立起反应快速的部门联合执法立体化工作机制，完善了文化市场执法工作信息通报和反馈机制。一是与市场监管局协作，在充分参考"市场信用摊位"建设工作信息和经验的基础上，专门制定文化市场从业人员"诚信档案"，记录守法与违法失信情况。文化与市场监管部门经常性相互通报"诚信档案"和有关处罚信息，奖优罚劣。另外，对日常查获或发现存在隐患的问题场所、网吧，文化、公安、市场监管、消防等部门通过发函互通信息，确保及时查处。二是联合市监、公安、电信等相关职能部门开展不定期的联合执法行动，加大对黑网吧的取缔力度，通过"夏季文化市场集中整治行动""校园周边环境整治联合行动""未成年人社会文化环境专项整治"等行动，维护商业发展与社会文化秩序。三是建立在镇街物资交流会期间取缔非法演出的应急机制，在交流会举办前及时发函至相关乡镇，要求加强对非法演出的管理，发现有"大篷"等非法演出时，坚决予以取缔；必要时，争取公安部门的支持，形成严厉打击的态势。

对执法处罚权的整合可以与对事前审批许可权、事后监管权之间适度分离的安排并行不悖。① 在分权的安排方面，国外的做法暂时无法移植到中国的体制环境，但可以发挥作为他山之石的参照作用。"从美国、英国等国家的文化市场的行政执法实际情况来看，相关行政管理部门负

---

① "文化行政综合执法开展可依据的针对文化领域的相关法律法规主要有：文化市场方面四部行政法规，即《娱乐场所管理条例》《营业性演出管理条例》《互联网上网服务营业场所管理条例》《无照经营查处取缔办法》；广播、电影、电视方面四部行政法规，即《广播电视管理条例》《电影管理条例》《卫星电视广播地面接收设施管理规定》《广播电视设施保护条例》；新闻出版方面一部法律、七部行政法规，即《中华人民共和国著作权法》《著作权法实施条例》《著作权集体管理条例》《出版管理条例》《印刷业管理条例》《音像制品管理条例》《计算机软件保护条例》《信息网络传播权保护条例》；文物保护方面一部法律、一部行政法规，即《中华人民共和国文物保护法》《中华人民共和国文物保护法实施条例》。除此之外，还有一些部门规章（如：《娱乐场所管理办法》《文化市场综合行政执法管理办法》《互联网文化管理暂行规定》《文物行政处罚程序暂行规定》）和地方性立法（如《江苏省书报刊市场管理条例》）等。"参见刘继萍《文化市场监管立法的突出问题与对策》，《哈尔滨工业大学学报》（社会科学版）2014年第2期。

责对文化市场的发展进行宏观调控，而执法处罚权则大多交由其他的机构和部门。在进行文化市场行政执法改革时，应该对这种模式的经验进行借鉴，使行政执法部门与管理审批部门相分离。"[1] 若采用省级部门集中行使政策制定权、下放行政执法权限，以及行政执法部门与审批部门相分离的思路，可以借鉴上海模式[2]，在副省级城市、省辖市设立作为人民政府直属行政执法机构的文化市场行政执法大队，主管各市辖区内的文化综合执法工作，集中行使文化领域行政处罚权。在加强县级市和县的文化市场综合执法机构队伍建设方面，应当考虑到行政部门向行业自律组织分权的发展趋势，完善按法定程序委托乡镇政府或社会组织行使部分文化市场执法权的规定，解决在行政复议、执法责任归属等问题上存在的激励或约束机制不健全的问题，使受委托的行政组织能够充分

---

[1] 张莹莹：《从化市文化市场综合行政执法模式构建研究》，硕士学位论文，西南交通大学，2014年。

[2] 《上海市文化领域相对集中行政处罚权办法》（2010年修正）第二条（适用范围）本市文化领域相对集中行政处罚权以及与行政处罚权相关的行政强制权和行政检查权（以下统称行政处罚权）的行使，适用本办法。第三条（实施和配合部门）上海市文化市场行政执法总队（以下简称市文化执法总队）是市人民政府直属的行政执法机构，主管全市文化领域综合执法工作，集中行使文化领域行政处罚权。区县文化综合执法机构是区县人民政府直属的行政执法机构，按照本办法规定的权限在辖区内集中行使文化领域行政处罚权，并接受市文化执法总队的业务指导和监督。各级文广影视、新闻出版、版权、文物、体育、旅游、公安、工商等行政管理部门应当配合市文化执法总队和区县文化综合执法机构（以下统称"市和区县文化综合执法机构"）做好文化领域相对集中行政处罚权工作。第四条（相对集中行政处罚权）市和区县文化综合执法机构集中行使下列行政处罚权：（一）依据法律、法规和规章规定，原由市和区县文化广播影视行政管理部门行使的行政处罚权；（二）依据法律、法规和规章规定，原由市新闻出版、市版权行政管理部门和区县负责出版管理的行政部门行使的行政处罚权；（三）依据法律、法规和规章规定，原由市和区县文物行政管理部门行使的行政处罚权；（四）依据法律、法规和规章规定，原由市和区县体育行政管理部门行使的行政处罚权；（五）依据法律、法规和规章规定，原由市和区县旅游行政管理部门行使的行政处罚权；（六）市人民政府规定的其他方面的行政处罚权。第五条（市和区县文化综合执法机构的权限分工）市文化执法总队负责查处在全市有较大影响的违法行为，以及法律、法规、规章规定应当由市级行政执法机关负责查处的违法行为。区县文化综合执法机构负责查处在本辖区内发生的违法行为。两个或者两个以上的区县文化综合执法机构在查处违法行为时对职权发生争议的，由市文化执法总队确定。对应当由区县文化综合执法机构查处的违法行为，区县文化综合执法机构未予查处的，市文化执法总队可以责令其查处，也可以直接查处。第六条（其他执法机关的权限限制）本市文化领域相对集中行政处罚权后，有关的市和区县行政机关以及法律、法规授权的组织不再行使已由市和区县文化综合执法机构集中行使的行政处罚权；仍然行使的，作出的行政处罚决定无效。

发挥公权力受托人的作用。

余论　在乡镇尝试设立派出机构

文化市场监管的目的是保障文化活动的自由与活力持续扩展。因此，文化执法体制改革的过程中，需要注意确定有限但有为的政府、有效且有序的市场之间发挥作用的动态边界。"从自上而下的管理到强调公众参与的转变，从政府单方面监管到加强行业自我监管的转变，从简单的限制性监管到强化政府对于文化市场的服务与保障功能的转变；最后，监管权力的行使要符合比例原则的要求，寻求文化市场监管与保护公民文化权利之间的合理界限。"[①] 虽然在行政组织法的制度建设方面存在滞后的问题，但在创设乡镇综合执法机构的过程中，仍需要尽量在现行组织体制和法律规定提供的运作空间内进行试点。"根据1995年修订的《中华人民共和国地方各级人民代表大会和地方各级人民政府组织法》，从现行体制运行的实际状况来看，我国基层的行政执法权基本上是以县一级政府为主体，乡镇政府没有足够的行政决策、执法权。"[②] 对于部分地区进行委托执法试点的做法，需要考虑到法律授权依据不足的客观限制。

除了委托执法模式之外，设立派出机构的做法更值得关注，即借鉴总队—支队—大队—中队的建制思路设立派出机构的模式，在地级市成立综合执法支队，在市区成立综合执法大队，在部分规模较大的乡镇设立综合执法大队的派出机构。"市级综合执法机构主要职能应为监督指导、政策研究和重大活动协调；县（区）级综合执法机构是执法的主力。为了充分发挥不同层级的综合执法机构的不同作用，以及贯彻责权一致的原则，市、县（区）两级的综合执法机构都应该具有执法主体资

[①] 韩大元：《文化市场监管法治化研究（笔谈）》，《浙江社会科学》2013年第8期。
[②] 王新林、李洁：《安徽省扩权强镇的背景、困境及对策》，《安徽理工大学学报》（社会科学版）2011年第1期。

格。"①在派出机构模式下，可以借鉴实践中的合理经验，采用综合执法小组的模式提高乡镇综合执法队伍的分工明确性和机动灵活性。

在比较行政委托模式与设置派出机构模式的可行性时，需要考虑法律责任归属、诉讼主体资格、财权与事权相匹配、执法力量下沉等因素。由于县级政府与乡镇政府之间的财权与事权相匹配的调整，涉及范围广泛，不易迅速取得改革成效，所以尊重乡镇政府财权有限的现实境况，采用县级综合执法机构在乡镇、街道设置派出机构的模式，更容易达到执法力量下沉与避免机构膨胀的双重目标。

---

① 钟芳：《相对集中行政处罚权向乡镇的拓展》，《江南大学学报》（人文社会科学版）2009年第2期。

规范性文件附带审查制度问题研究

——基于新《行政诉讼法》实施以来浙江省裁判文书的分析

姚 瑶[*]

(浙大城市学院)

摘要 规范性文件附带审查制度是新《行政诉讼法》修改后的亮点之一,把抽象行政行为纳入了司法审查范围。规范性文件的附带审查不同于司法审判,在制度层面,没有具体可依据的审查规则。由此,在新《行政诉讼法》实施过程中,人民法院对规范性文件附带审查所适用的审查要件、审查程序、审查标准、审查强度、审查方式、裁判逻辑等诸多问题需通过实践和理论探索进一步明确和规范,以便为规范性文件附带审查制度的有效实施提供依据。浙江省一直以来是诉讼审查机制探索先锋,从新《行政诉讼法》实施以后,浙江省行政案件涉及规范性文件审查的样本数量激增。本文以50例裁判文书为样本,对规范性文件附带审查制度的实施情况进行考察,发现在司法审查过程中存在着操作困扰。在申请提请阶段,由于原告的提请方式差异以及对附带性的理解差异,导致法院在不同案例中对审查启动条件作出不同回应;由于被告的论证缺乏导致规范性文件识别和审查的困境;

---

[*] 姚瑶,博士,浙大城市学院法学院讲师。

没有审查程序的规范态势，而无法明确法庭审查程序；因审查标准和强度不明而造成审查缺失；审查结果的处理方式有限等问题。因此，需要对规范性文件附带审查的理论和范式进行反思和探索。

关键词 规范性文件；附带审查；附带审查标准；裁判逻辑

一 规范性文件附带审查制度研究综述

《中华人民共和国行政诉讼法》于2014年11月1日修改颁布，并于2015年5月1日起施行。新《行政诉讼法》第五十三条和第六十四条增设规范性文件附带审查制度[1]，正式明确法院对规范性文件附带审查的司法审查权力。至此，法院司法审查权的范围突破了具体行政行为的限定，将一部分抽象行政行为纳入司法审查的范围。随后，2015年4月22日公布的《最高人民法院关于适用〈中华人民共和国行政诉讼法〉若干问题的解释》对规范性文件附带审查制度做了具体解释[2]。此两条可分解为三个具体要求：一是限定附带审查的请求时限，二是要求裁判理由中阐明规范性文件的违法性，三是明确了处理建议的抄送机关[3]。然而，自新法施行以来，这项权力的实际运行状况和效果并不理想。由于新法和司法解释的留白，在实践中，应当主动审查还是被动审查规范

---

[1] 《中华人民共和国行政诉讼法》（2014年修正）第五十三条规定：公民、法人或者其他组织认为行政行为所依据的国务院部门和地方人民政府及其部门制定的规范性文件不合法，在对行政行为提起诉讼时，可以一并请求对该规范性文件进行审查。第六十四条规定：人民法院在审理行政案件中，经审查认为本法第五十三条规定的规范性文件不合法的，不作为认定行政行为合法的依据，并向制定机关提出处理建议。

[2] 《最高人民法院关于适用〈中华人民共和国行政诉讼法〉若干问题的解释》第二十条：公民、法人或者其他组织请求人民法院一并审查行政诉讼法第五十三条规定的规范性文件，应当在第一审开庭审理前提出；有正当理由的，也可以在法庭调查中提出。第二十一条：规范性文件不合法的，人民法院不作为认定行政行为合法的依据，并在裁判理由中予以阐明。作出生效裁判的人民法院应当向规范性文件的制定机关提出处理建议，并可以抄送制定机关的同级人民政府或者上一级行政机关。

[3] 刘圆圆：《规范性文件附带审查制度设计》，《法制博览》2016年第6期。

性文件、规范性文件的识别、规范性文件审查的附带属性、规范性文件的审查方式和审查程序、规范性文件的审查标准和强度等问题,不同法院作出了不同回应和采取了不同的做法。理论界和实务界对该项制度的探索进入了新的阶段。

现有的理论成果大多从应然层面集中探讨法院应当如何审查、如何适用行政规范性文件,并提出制度设计的构想。在《行政诉讼法》修改以前,关于规范性文件审查的研究,主要集中于抽象行政行为在行政诉讼中的审查定位争议、规范性文件特征与界定。修法以后,则集中于审查条件、审查范围、审查管辖权属之争、审查标准及审查程序的探索上。对于审查条件,大部分学者提出规范性文件审查的申请条件需具备四个要件:附带性、请求主体适格、请求时限符合法律规定、请求理由为规范性文件不合法[1]。其中请求主体是否限于行政行为相对人是争议的热点。有学者认为立案登记时需审查规范性文件审查提请人与行政诉讼起诉人是否为同一人[2],即提请审查的主体不包括第三人[3];也有学者认为检察机关可以作为直接提请规范性文件审查的原告[4];也有学者建议检察机关以公益诉讼的原告方式提请附带审查[5]。审查范围为有限审查毋庸置疑,但有学者从实践中的审判操作层面认为审查范围应当限于诉讼请求。但实际上,大部分原告没有能力阐明具体是哪部分条款存在违法性,而需要法官根据被诉行政行为的依据范围来判断和裁决。对于审查管辖权有两种观点,第一种观点是基于规范性文件审查的附带性,则被诉行政行为管辖法院即有权审查;第二种观点是应当根据规范性文件制定主体的级别分层管辖。审查标准、审查强度和审查程序是较为热门的研究点。同时,对法院行使该项司法审查权的实证考察成果也逐渐增多。有学者通过对 2000

---

[1] 王红卫、廖希飞:《行政诉讼中规范性文件附带审查制度研究》,《行政法学研究》2015 年第 6 期。
[2] 程琥:《新〈行政诉讼法〉中规范性文件附带审查制度研究》,《法律适用》2015 年第 7 期。
[3] 陈磊:《规范性文件附带审查之实务问题探析》,《山东审判》2015 年第 4 期。
[4] 石东洋、刘新秀:《论我国行政规范性文件司法审查制度的构建》,《重庆城市管理职业学院学报》2016 年第 4 期。
[5] 张文:《规范性文件司法审查的完善》,《河北企业》2017 年第 1 期。

年司法解释创设该项制度到 2015 年新《行政诉讼法施行》期间《最高人民法院公报》公布的 14 个涉及行政规范性文件司法审查案例的考察,发现行政规范性文件司法审查权存在严重的实效性问题。[1] 考察中发现 14 个案例中涉及对 20 个规范性文件的审查,其中 6 个规范性文件(占比约 30%)被明确审查。审查后适用的 2 个,审查后排除适用的 4 个。另外的文件则是单独适用或辅助适用。[2] 最高院的适用情况堪忧,地方法院更甚。王庆延法官对上海地区法院相关案例进行研究,统计结果显示研究样本中 83% 的案例在面临规范性文件审查时,"未经审查、直接适用",或是"回避审查、不作评判"。[3] 以上研究通过判例研读指出规范性文件审查在实践中存在诸多问题。有学者以北京知识产权法院在 2015 年 12 月 8 日作出的规范性文件附带审查的首例判决[4]为样本,对其展开的研究,指出首例判决将审查对象限定于规范性文件特定部分,提出合法性构成要件为主体、权限、内容和程序四项,但只审查其中构成争议的要件[5],期以个案对法律条文的具体诠释,作为今后同类案件裁判的范本和参考。也有学者通过对我国行政审判 103 则样本的分析[6],提出:针对规范性文件的不同规则,设定从强尊重——一般尊重——弱尊重三种不同梯度的审查强度。

---

[1] 余军、张文:《行政规范性文件司法审查权的实效性考察》,《法学研究》2016 年第 2 期。
[2] 余军、张文:《行政规范性文件司法审查权的实效性考察》,《法学研究》2016 年第 2 期。余军教授在《行政规范性文件司法审查权的实效性考察》一文中将法院对规范性文件司法审查权的运作情形分为四种:1. 审查后适用;2. 审查后排除适用;3. 单独适用,指人民法院在没有对行政规范性文件进行合法性审查、也未引用其他上位法规范依据之前提下,直接、单独地将相关行政规范性文件作为裁判被诉行政行为合法的依据予以适用;4. 辅助适用,指人民法院根据法律、法规的相关规定,在完全能够得出裁判结论的情况下,为了增强裁判理由的说服力,在没有对行政规范性文件之"合法有效性"进行审查的情况下,将其作为法律、法规或者规章的辅助性依据在裁判理由中予以引用。
[3] 王庆延:《隐形的"法律"——行政诉讼中其他规范性文件的异化与矫正》,《现代法学》2011 年第 2 期。
[4] 〔2015〕京知行初字第 177 号行政判决书。
[5] 朱芒:《规范性文件的合法性要件——首例附带性司法审查判决书评析》,《法学》2016 年第 11 期。
[6] 高宏亮:《回归与再造:规范性文件司法审查强度研究——以 105 则行政诉讼案例为分析样本》,《法客帝国》,http://www.360doc.com/content/15/1005/17/21921317_503437982.shtml。

根据规范性文件的功能，设定了组织性规则、解释规则、裁量规则、补充规则四类不同规则，不同规则适用不同的司法审查强度。将规范性文件的附带审查程序设置为五个步骤，从性质识别与查明到规范性文件的选择适用形成较为规范的审查路径。可见，理论界和实务界均在实证考察的范畴内对规范性文件附带审查制度进行更深入的探讨和规则建构。而审查标准、审查强度、审查程序的争议仍有待实践的验证和理论的进一步剖析探索。

与此同时，从实践中判例的检索来看，规范性文件附带审查的案例也逐渐增多，对应的法院裁判文书也呈现出纷繁的语言形态。笔者于2016年6月在裁判文书网以"行政案件""浙江省""规范性文件"为检索条件，对当时仅有的435个案件全部进行了查阅，期以收集涉及规范性文件附带审查的审判实例作为研究样本，通过样本的分析、总结和归纳，得出法院通过实践构建的审判模式和裁判逻辑。经统计得出，当事人提出"一并审查规范性文件"的案例有17件。而在这17个样本中法院对规范性文件进行实质审查的仅有3个样本。说明2015年5月1日施行之后的半年内，规范性文件审查的启动率仍然很低。但截至论文完稿的2017年3月22日22：00，在裁判文书网以"行政案件""浙江省""规范性文件"为检索条件，已经有5348个案件。已经能够选择出丰富的样本进行分析。

"法的生命在于实施"，一项制度的成功与否，取决于施行实效。对法院关于该司法审查权的实证考察，将有助于今后法院在司法实践中对这项权力运行机制的理解与运用。目前，对于规范性文件附带审查制度，立法层面没有明确的操作规定可以遵循，亟待司法实践和理论研究的填补完善。本文集中考察规范性文件附带审查的典型案例和实效考察的相关理论成果，以裁判文书网上的部分案例样本为研究对象，试图对行政规范性文件司法审查权的实际运行状态进行梳理和分析，总结自新《行政诉讼法》施行以来规范性文件附带审查制度的运作规则、合法性论证逻辑，审视判例中出现的裁判缺位、审查规避、论证缺失等问题，进而尝试在中国法院系统的权力运行状态和法治政府建设背景下，对其中问题进行阐释并提出解决路径。

二 规范性文件附带审查实案评析

在对 2017 年的 14 个案件进行分析后,笔者选定了三部分样本:一是以"行政案件""浙江省""2017 年""规范性文件"为检索条件选出 14 个样本;二是以"行政案件""浙江省""中级法院""二审""2016 年""规范性文件"为检索条件,择取前 100 个案例为样本;三是以"行政案件""浙江省""再审""2015 年""规范性文件"为检索条件选出 10 个样本。就以上 124 个样本以及 2016 年 6 月查阅的 435 个样本,共 559 个样本为基础进行查询分析,最终筛选出 50 个研究样本。[①] 从样本的选取过程可以得出两个结论:一是在新《行政诉讼法》施行的前期,该项制度的实践样本极少。而在接下来的一年中有了非常可观的数量增长,可见权利人对该条款的应用率上升且法院的正式回应率大幅提升(见图 1)。二是涉及规范性文件审查的样本仅 50 件,占以"规范性文件"为检索条件的样本的 8.9%(见图 3),那么规范性文件实际审查的样本占所有行政诉讼案例的比例将更低(见图 2)。说明规范性文件的审查制度应用仍未成为常态。相对于实践中"红头文件"的广泛应用,极低的规范性文件合法性审查率对应极高的规范性文件适用率,说明规范性文件的合法、合理适用问题并没有因为行政诉讼规范性文件附带性审查制度的施行而得以改善,即规范性文件的司法审查强度

[①] 要对具体行政行为所依据的规范性文件进行审查,则"规范性文件"关键词应当出现在诉请或裁判理由中。因此以"规范性文件"为关键词可以囊括大部分涉及规范性文件审查案件(不排除有部分案例,原告对某规范性文件提出附带审查时直接以该文件名为呈现形式而不出现"规范性文件"字样,法院若在审查中不对规范性文件进行定性分析,则"规范性文件"的字样也不会出现在裁判理由中,因此该部分案例会遗漏在查询范围外)而"规范性文件"字样出现的情形分为四种:一是在事实查明部分作为证据要求出现,表述为如"需提交法律、法规、规范性文件为依据"又如"某单位没有提供作出行政行为所依据的规范性文件";二是规范性文件直接作为原、被告的依据而出现,表述为"依据规范性文件……该行政行为为合法";三是在尾部"本案适用的法律、法规和规范性文件如下:……";四是本文所考察的样本,即涉及规范性文件审查的案例。此为样本筛选过程。

不足以解决规范性文件滥用的现状。

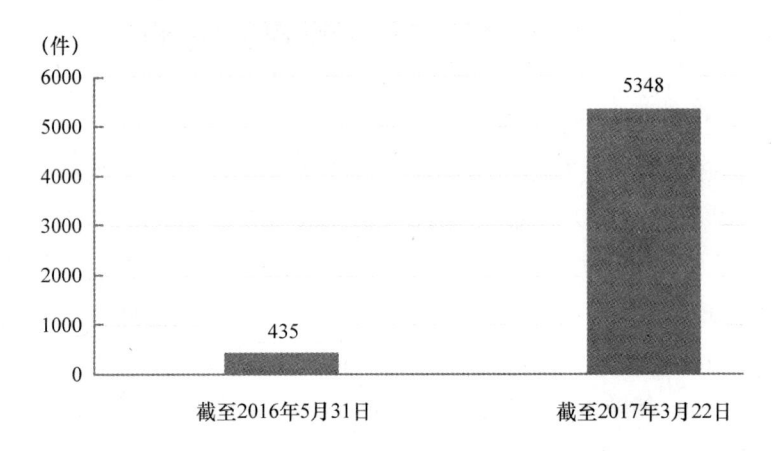

图1　包含"规范性文件"关键词的行政案件数量——以浙江省为例

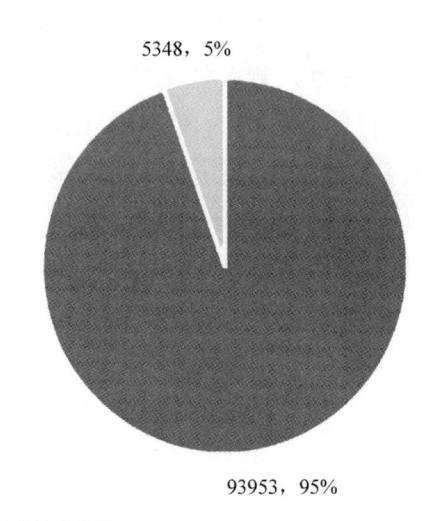

■ 浙江省行政案件
■ 浙江省行政案件包含"规范性文件"关键词的案件

图2　包含"规范性文件"关键词的行政案件占所有行政
案件比例——以浙江省为例

50，8%

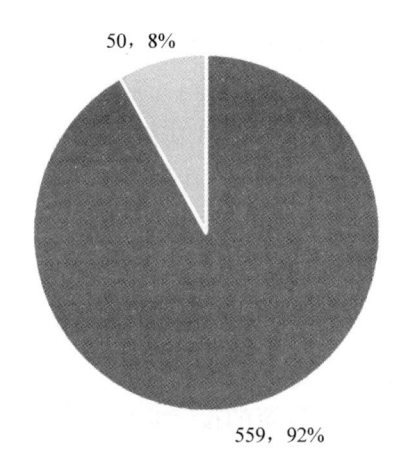

559，92%

■ 样本基础　　■ 涉及规范性文件审查案件

图3　涉及规范性文件审查案件占样本比例

(一) 申请审查的理由和方式

1. 直接表述为要求对某规范性文件进行审查

有学者认为，规范性文件审查的提请理由必须为行政行为所依据的规范性文件不合法。[①] 然而在实践中，判别标准并不统一。在 50 个样本中，原告在起诉或上诉请求中直接提出对指定规范性文件进行合法性及合理性审查的案件有 43 件。即表述形式为"上诉人要求对淳安县人民政府作出的规范性文件依法进行审查"[②]、要求"一并审查《杭州市征用集体所有土地房屋拆迁争议裁决办法》《杭州市征用集体所有土地房屋拆迁补偿办法》《杭州市区集体土地房屋拆迁搬家补贴费非住宅搬迁补贴费、住宅临时过渡费等三项费用标准》的合法性"[③]。也有确认违法的提请，如"认定慈党办〔2013〕71 号文件第二条第（三）项'无违反计划生育政策'的规定违法"[④]。在这 43 个案例中，法院均给出了

---

① 程琥：《新〈行政诉讼法〉中规范性文件附带审查制度研究》，《法律适用》2015 年第 7 期。
② 〔2016〕浙 01 行终 813 号《张志军、沈富美二审行政裁定书》。
③ 〔2016〕浙 01 行终 634 号《高成林、杭州市国土资源局城乡建设行政管理：房屋拆迁管理（拆迁）二审行政判决书》。
④ 〔2015〕甬慈行初字第 54 号《吕柏然与慈溪市教育局一审行政判决书》。

回应。或进行审查,或释明不予审查的理由。因此,即使没有提出"合法性"审查要求的案例,法院均进行了审查。

2. 在起诉理由或上诉理由中质疑某规范性文件的合法性

除43件直接提请的案件以外,其余7个样本中,原告或上诉人在诉请陈述的过程中对规范性文件的合法性提出质疑。但没有直接提出审查申请。

(1)在《时间、台州学院教育行政管理(教育)二审行政判决书》一案中[1],上诉人认为"学生是否有过作弊行为并不是《中华人民共和国学位条例暂行实施办法》规定的授予学位的条件,国家法规也未明确授权高校自行规定相关条件。考试作弊不发学位证违背《中华人民共和国学位条例暂行实施办法》《普通高等学校管理规定》的规定。被上诉人将考试作弊不发学位证纳入授予学位的条件,其超越了法律法规的规定。"以抽象行政行为主体超越职权制定规范性文件为由,对《台州学院学位授予办法》的合法性提出质疑。上诉人依据上位法认为学校的行为超越职权,间接认为学校作出该行为所依据的《台州学院学位授予办法》违法。二审法院先对《台州学院学位授予办法》的合法性予以认定,继而认定行政行为不违法。

(2)在《卢德坚与杭州市上城区人力资源和社会保障局行政给付、行政确认再审复查与审判监督行政裁定书》一案中[2],上诉人认为国家并没有任何法律规定"除名职工的视同缴费年限不计算",也没有赋予谁具有"取消事实存在的工龄"的审批权,以抽象行政行为主体超越职权制定规范性文件为由,对行政行为所依据的三个规范性文件提出了质疑。再审法院对三个规范性文件的效力问题进行说明,针对上诉人提出异议的部分认定内容上与上位法并不冲突。

(3)在《陈育红与绍兴市国土资源局行政登记再审复查与审判监

---

[1] 〔2017〕浙10行终15号《时间、台州学院教育行政管理(教育)二审行政判决书》。
[2] 〔2015〕浙行申字第299号《卢德坚与杭州市上城区人力资源和社会保障局行政给付、行政确认再审复查与审判监督行政裁定书》。

督行政裁定书》一案中①，原告认为《土地登记办法》系部门规章，《浙江省土地登记实施细则》系地方部门的规范性文件，二者有抵触时，应适用《土地登记办法》。对规范性文件违反上位法而对合法性提出质疑。再审法院对于文件的合法性没有进行审查，而是认为两个文件适用于不同阶段，不存在申请人所述的抵触情形。

（4）在《刘宝南与青田县国土资源局行政征收二审行政判决书》一案中②，上诉人对原审判决适用的规范性文件提出质疑，认为《青田县集体所有土地上房屋征收与补偿管理办法（试行）》规定了被上诉人具有类似法院审判职能能够居中裁决的权力，但该办法充其量只是地方政府内部文件，地方政府在无任何法律授权的情况下，不具有创设行政行为的权力，该办法不应当作为法律依据。在一审庭审过程中质疑法律依据的合法性，并在上诉意见中提出抗议，认为"原审判决在上诉人对其行政决定依据的法律合法性提出异议的情况下却只字不提被上诉人作出行政决定的法律依据是否合法"。然而二审法院没有正面回应，仍未对该文件进行合法审查，而是直接适用，认为据此作出的行政行为，"并不违反法律法规的规定"。

（5）在《柯登超与三门县公安局二审行政判决书》一案中③，一审阶段，原告未对规范性文件提出审查的情况下，原审法院主动对所依据的规范性文件进行合法性审查并得出可以适用的结论。原告上诉时对三政发〔2007〕65号、三政发〔2012〕32号两份文件中关于申请时间的规定提出合理性和合法性质疑，认为规定不合理地剥夺了权利人的合法权利，且因新法而失效。二审法院只简单回应两份规范性文件并不违反上位法的相关规定。

（6）在《宗玲芳与义乌市福田街道宗宅村民委员会不履行法定职责二审行政判决书》一案中④，上诉意见中指出原审法院在法律依据的

---

① 〔2015〕浙行申字第254号《陈育红与绍兴市国土资源局行政登记再审复查与审判监督行政裁定书》。
② 〔2016〕浙11行终134号《刘宝南与青田县国土资源局行政征收二审行政判决书》。
③ 〔2016〕浙10行终53号《柯登超与三门县公安局二审行政判决书》。
④ 〔2015〕浙金行终字第237号《宗玲芳与义乌市福田街道宗宅村民委员会不履行法定职责二审行政判决书》。

引用渊源上不规范、引用顺序上不规范、引用单位上不规范，原审法院直接引用义乌市政府的规范性文件缺乏相应的法律依据，原审法院在适用法律没有引用具体条、款、项、目明显违法。二审法院没有回应，仍旧以原审法院裁判依据的规范性文件为依据进行了审判。

（7）在《张宗香与玉环县人力资源和社会保障局二审行政判决书》一案中[①]，原告在胜诉的情况下，针对一审法院依据规范性文件不合法、不合理，提出上诉，认为规范性文件违反上位法规定，并对法院裁判论理的过程提出异议。二审法院没有就该规范性文件合法进行讨论，认为规范性文件所述内容与上位法的相关规定没有必然的逻辑冲突，维持原判。

3. 单独提请

《李世龙与宁波市江北区农林水利局二审行政裁定书》一案[②]比较典型地突出了规范性文件审查附带性的属性。江北区农村改革领导小组办公室于2003年5月出台北区农改〔2003〕1号《关于土地征用安置补助费发放工作的指导意见（试行）》（以下简称《意见》），原告李世龙于2015年11月13日向法院提起行政诉讼，要求对上述文件的合法性进行审查。原审法院认为对规范性文件合法性的审查要求只能在针对行政行为提起诉讼时附带提出，而不能直接对规范性文件提起诉讼。裁定驳回原告李世龙的起诉。李世龙上诉，在上诉意见中首先对规范性文件的甄别提出异议，指出原审裁定没有针对规范性文件和非规范性文件的区别作出具有说服力的解释，把政府作出的文件都称为规范性文件是不妥的。其次就附带性提出异议，认为他提交了信访答复书作为对具体行政行为的起诉，而要求附带审查《意见》的合法性。二审法院没有解释为何《意见》可以认定为规范性文件，仅解释了为何不符合附带属性。二审维持原裁定。

综上，在原告、上诉人、申请人直接提出规范性文件审查申请时，

---

① 〔2016〕浙10行终210号《张宗香与玉环县人力资源和社会保障局二审行政判决书》。
② 〔2016〕浙02行终101号《李世龙与宁波市江北区农林水利局二审行政裁定书》。

法院均会予以正面的回应，或进行审查，或释明不予审查的理由。而在质疑的情形中，因为没有明确的提请，法院会根据裁判的需要，进行主动审查或不经审查而直接适用规范性文件。有学者认为，规范性文件附带审查作为一项诉讼请求，应当在起诉状中明确提出，否则不予审查。[①]但笔者认为，规范性文件附带审查制度的产生，其实质是为了有效解决行政纠纷，实现对行政立法的司法监督，不应当全然被动消极。如果作为一项诉讼请求，法院的告知书中不会明确提示"可对规范性文件的合法性提出附带审查的申请"。作为行政相对人也缺乏法律知识，并不能够主动提请。从判例中可见，行政行为相对人往往在论证理由中提出质疑，当行政机关就规范性文件的合法性做解释时，行政相对人才会意识到行政行为的作出是有依据的，而这个依据的相关规定似乎侵犯了自己的权益，从而引发对文件的审查诉请，但这时往往已经超过了提出附带审查的时限。如果将附带申请的启动条件框定在严格的时限和提请方式中，行政行为相对人很可能错过审查的提请时限，也就有可能失去对规范性文件合法性的审查机会。

（二）申请审查的时限

50个样本中有4个案例，因为提请规范性文件审查的时间不在限定范围内而导致法院不予审查。根据司法解释，审查申请应当在庭审前提出。这4个案例中，其中1个案例因为上诉人在二审中才提出而超出期限，不予审查。其他3个案例因为上诉人理应在庭审前提出申请，没有正当理由延迟提出，所以即使在法庭调查阶段提出申请也不符合申请条件，故不予审查。正如在第一种情形时所分析的情况，实践中，行政相对人在提起诉讼时局限于针对行政行为，而没有意识到行政行为作出的依据是否合法。直到行政机关在应诉时，将规范性文件以证据提出时，行政相对人才会在质证环节对规范性文件的合法性提出质疑，在一审无法提出诉讼请求的情况下，行政相对人往往会通过上诉来增加这一诉讼请求。这种情况是普遍的。而在法院审查理由中可见，法院的裁判逻辑

---

① 陈磊：《规范性文件附带审查之实务问题探析》，《山东审判》2015年第4期。

是，只要规范性文件客观存在，行政机关证明行政相对人在一审前就应当知道规范性文件的内容，而没有在一审前提出审查申请，则不具备延迟申请的理由。法院的裁判逻辑，与行政行为相对人的意识觉醒过程是不相匹配的。因此，也无法从根本上解除行政行为相对人对行政行为合法性的质疑。

(三) 申请审查的范围

从 50 个样本来看，直接提出审查申请的是 43 件。分析起诉和上诉理由中，考察公民对规范性文件的识别和提请审查方式，对应地考察法院是否针对申请要求确定审查范围。在 43 个案件中，有 18 个案件中的起诉或上诉、再审申请意见中，只是要求对规范性文件进行合法性审查。其他 15 个案件的原告或上诉人在提出附带审查申请时，说明了认为规范性文件不合法的理由。13 个案例明确指出规范性文件违反上位法或超越权限而不合法，但是这 13 个案例是 13 个不同原告针对同一类行政行为提起诉讼，针对同一份规范性文件提出审查要求，因此只能归纳为同一种现象。只有 2 例案件申请人针对性地提出了审查范围。在这 2 例中其中 1 例是直接单独就规范性文件不合法提起行政诉讼，不符合起诉条件。仅剩的这一例是《张德明与杭州市余杭区财政局、杭州市余杭区人民政府行政给付二审行政裁定书》[①] 一案。此案在一审时，张德明提出对《中共杭州市余杭区委杭州市余杭区人民政府关于加强我区村级集体经济组织留用地管理的实施意见（试行）》（区委〔2010〕40 号）文件进行合法性审查，但原审法院在判决书中阐述理由为该文件系杭州市余杭区委发布的文件，不属于《中华人民共和国行政诉讼法》第五十三条规定的规范性文件审查范围。却没有解释为何不符合审查标准。据此张德明将"不属于审查范围"等同于法院认为该文件不是规范性文件所以不予审查。因此，在上诉意见中张德明对该文件进行了定性，即根据《浙江省行政规范性文件

---

① 〔2016〕浙 01 行终 64 号《张德明与杭州市余杭区财政局、杭州市余杭区人民政府行政给付二审行政裁定书》。

管理办法》第三条之规定,《中共杭州市余杭区委杭州市余杭区人民政府关于加强我区村级集体经济组织留用地管理的实施意见(试行)》文件是行政机关依照法定权限和规定程序制定的,涉及不特定的公民、法人或者其他组织的权利义务,在一定时期内反复适用的行政规范性文件。既然指出如果原审法院不审查该文件是因为该文件不属于规范性文件,那么依据该文件作出的行政行为也是违法的。针对上诉申请,二审法院直接忽略对该文件性质和合法性的鉴别,而以《最高人民法院关于审理涉及农村集体土地行政案件若干问题的规定》的规定这一司法解释作为行政行为的依据,作出了判决。在此案中,在当事人提出诉请的前提下,应当审查而未审查,也没有单独或辅助适用该规范性文件。这是对于审查权行使的规避。虽然解决了实体纠纷,但没有完成裁判,公民仍旧对提请审查的规范性文件质疑合法性,不利于政府政策的权威和实施。综上,申请人没有法律专业的背景,当行政行为违法时,当然会对所依据的规范性文件产生质疑。法院应当如何鉴别申请人是否提出规范性文件审查的诉请、如何确定审查范围、如何回应申请人并作出合法、合理的解释,申请人在解决行政纠纷问题的同时,了解规范性文件的立法目的和内容,以便规范将来或周围公民的行为,也是行政诉讼的功能之一。目前实践中,法院不将论证过程载于判决书中,导致申请人只能看到结果,而不知道法官的裁判逻辑,则不能信服规范性文件的合法性,也不能信服裁判的公正、合法、合理性。

(四) 被诉行政机关对规范性文件的论证与答辩

与行政机关相比,法院的功能在于审判而非行政,因此,法院在行政诉讼过程中对行政权应当予以必要的尊重。而尊重的基础在于行政机关对具体行政行为的合法性和合理性的证明上。对规范性文件的审查同样应当基于规范性文件制定机关的理由和说明。但在考察过程中发现了行政机关自相矛盾的答辩意见,直接反映出行政机关对于规范性文件的甄别存在重大问题,且几乎没有行政机关对规范性文件的合法性作出具体论证。法院的审查也没有在行政机关的论证基础上进行。

在50个样本中，有13个案例的原告均申请一并附带审查《关于深入推进生猪养殖污染整治和规范管理工作的通知》（江政办发〔2014〕29号）规范性文件的合法性问题。原告认为，该文件违背了国务院《畜禽规模养殖污染防治条例》的补偿精神，制定的补助标准不合法、不合理，且违法将本属于环保部门的行政职权授予各乡镇（街道）。13个案例涉及不同的被诉行政机关，分别为江山市碗窑乡人民政府、江山市石门镇人民政府、江山市贺村镇人民政府、江山市清湖镇人民政府、江山市大桥镇人民政府。原审法院均认为规范性文件与条例不冲突，但没有论证过程。原告不服提起上诉，再次要求附带审查江政办发〔2014〕29号的合法性。其中清湖镇人民政府在上诉答辩中提出该文件非规范性文件。其他政府的答辩意见为法院已经审查。二审衢州中院对清湖镇人民政府的答辩不予支持，但也仅写明清湖镇人民政府对于江山市人民政府江政办发〔2014〕29号《关于深入推进生猪养殖污染整治和规范管理工作的通知》文件的定性是不合法的，从而说明该文件是规范性文件。而对规范性文件合法性审查则有两种回应，一种是"本院审理中未发现江山市人民政府江政办发〔2014〕29号《关于深入推进生猪养殖污染整治和规范管理工作的通知》违反现行法律法规规定，故对其合法性予以确认"。没有任何论证过程。另一种答复则是对同类案件生效判决予以参照，在本案中不予审查。

由此发现，规范性文件作为行政机关作出行政行为的主要依据，行政机关却不能甄别规范性文件的性质。引发两个问题的思考：一是规范性文件的适用在实践中存在的问题；二是在行政案件中附带审查规范性文件合法性环节，是否应该由行政机关或制定机关对规范性文件的合法性进行说明。而上述案件中出现的裁判意见出现的不予审查的情形也同样引发思考，即法院是否可以因为同一规范性文件的合法性在同类案件中被确认而不予审查。

（五）法院的裁判要旨和结论

1. 一审法院的相关判例

由于样本选取的大多为二审案件，因此一审法院的裁判要旨只能从

"原审法院认为"部分进行窥探。在 50 个样本中，有 32 个案件一审中对规范性文件作出审查意见。其中 13 个案件不予审查的理由是提请审查的规范性文件不是具体行政行为的依据；1 个案件认为不属于审查范围不予审查，没有论理过程；2 个案件认为不符合审查条件不予审查，没有论理过程；13 个案件认为不存在与上位法的冲突确认合法，没有论理过程；仅 3 个案件的判决书呈现了裁判逻辑：

（1）《柯登超与三门县公安局二审行政判决书》[①]

三门县人民政府下发三政发〔2007〕65 号及三政发〔2012〕32 号文件规定为解决三门县大中专院校毕业生回原籍农村落户的历史遗留问题，符合文件规定条件的对象应在 2013 年 7 月 31 日前提出"非转农"申请，回原籍农村落户，逾期不申请的，不予办理。原告逾期办理，认为没有法律规定不能"非转农"，因此"非转农"的申请是公民的权利。因此两份规定期限的文件违法。原审法院认为从原来不能办理"非转农"户籍迁移到现在规定时间内经申请可以办理，该期限的设置并未实质性增加申请人的义务，也没有减损申请人的合法权利。

如前所述的首例规范性文件审判标准中，权限是为规范性文件的合法要件之一。此案中，法院运用了规范性文件的行政属性，对于规范性文件是否符合权限要件，以是否减损权利或增设义务为标准，来判断规范性文件的合法性。

（2）《赵军、杭州市文化广电新闻出版局文化行政管理（文化）二审行政判决书》[②]

首先对审查对象定性，认定〔2015〕10 号《通知》系市文广新局制定的规范性文件，赵军在诉讼中有权提出对其中条款一并审查。

其次认定赵军在起诉时提出对〔2015〕10 号《通知》的合法性进行审查，符合提请时限的要求。

再次确定审查范围。原告认为其中第四条第（二）款"重点推荐

[①] 〔2016〕浙 10 行终 53 号《柯登超与三门县公安局二审行政判决书》。
[②] 〔2016〕浙 01 行终 731 号《赵军、杭州市文化广电新闻出版局文化行政管理（文化）二审行政判决书》。

那些技艺突出、公认程度高、有较大影响力、传承工作突出的代表性传承人,每个项目推荐不超过 2 名"的"工作要求"规定是违法的。因此,法院仅针对该部分进行鉴别。而实际上,市文广新局在实际评审活动中未限定推荐名额,赵军等五人都得到申报推荐,且出庭做证的三名专家均证实申报名额对评审没有影响,故第四条第(二)款并非市文广新局未予认定赵军等五人为非遗代表性传承人的适用依据。所以被要求审查的部分不是行政行为的依据,故原审法院对此不予审查。赵军在查证辩论阶段另提出其中第一条第(二)款第 4 项"具有良好的职业道德,能够积极开展传承活动,培养后继人才,取得较大成果"的"申报条件"规定是违法的。经审查,该规定与《省非遗条例》第十八条相一致,而《省非遗条例》第十八条并未与《非遗法》第二十九条相抵触。故原审法院对赵军提出〔2015〕10 号《通知》部分条款违法的诉讼主张不予支持。

法院的裁判逻辑为先对审查对象定性,其次针对审查申请的部分划定审查范围,进行逐一审查。审查的方式为判断是否为行政行为的依据、内容上是否与上位法相抵触。

(3)《方才女与淳安县公安局行政处罚二审行政判决书》[①]

当事人提出对淳安县公安局在行政程序中适用的浙江省公安厅《浙江省居住出租房屋消防安全要求》(以下简称《消防安全要求》)、《关于解决消防监督执法工作若干问题的批复》(以下简称《消防执法问题批复》)和杭州市公安局《关于居住出租房屋消防安全整治中若干问题的法律适用意见(试行)》(以下简称《消防安全法律适用意见》)三份规范性文件,提出一并审查其合法性的要求。该三份规范性文件分别由浙江省公安厅和杭州市公安局发布,其中,《消防安全要求》的内容主要是规范出租房屋的消防安全要求。其制定依据是 2010 年 9 月 1 日起施行的《浙江省消防条例》第十七条"用于出租的居住房屋,应当符合消防安全要求。消防安全的具体要求由省公安机关会同有关部门制定,报省人民政府批准后施行"的规定。《消防执法问题批复》是浙江省公

---

① 〔2015〕浙杭行终字第 254 号《方才女与淳安县公安局行政处罚二审行政判决书》。

安厅对温州市公安局所报请示作出的批复,其中第五条规定"居住的出租房屋同时设置10个以上(含)出租床位用于出租,且租赁期限在3个月以内的,或者集中设置出租床位出租的,该居住出租房屋可以视为《治安管理处罚法》第三十九条规定的'其他供社会公众活动的场所',该房屋出租人(含转租人)可以视为第三十九条规定的'供社会公众活动的场所的经营管理人员'"。从内容看,该批复是对《治安管理处罚法》第三十九条"其他供社会公众活动的场所的经营管理人员"的规定而作出的应用解释,符合公安部《消防监督检查规定》(公安部令〔2012〕120号)第三条第三款"公安派出所日常消防监督检查的单位范围由省级公安机关消防机构、公安派出所工作主管部门共同研究拟定,报省级公安机关确定"的规定。公安机关的应用解释有地方性法规和规章依据,属合法的规范性文件。

法院将规范性文件定性为法规和规章的应用解释,也就是主体符合法规、规章的授权,权限限于不得增设义务或减损权利。当规范性文件符合上述规定时,就是合法的。

2. 二审法院的相关判例

(1)不予审查的情形

①不具备附带属性

《郑江平与江山市碗窑乡人民政府行政确认、行政强制二审行政裁定书》[1] 和《周金龙与江山市大桥镇人民政府行政确认二审行政裁定书》[2] 两个案例,法院因为上诉人未能证明行政行为存在,其一并审查规范性文件的请求没有基础,不符合附带属性,因此不作审理。

②不是具体行政行为的依据

《泮金永与仙居县人力资源和社会保障局不履行法定职责二审行政判决书》[3] 等案件因为提请审查的规范性文件不是行政行为作出的依据

---

[1] 〔2015〕浙衢行终字第62号《郑江平与江山市碗窑乡人民政府行政确认、行政强制二审行政裁定书》。
[2] 〔2016〕浙08行终52号《周金龙与江山市大桥镇人民政府行政确认二审行政裁定书》。
[3] 〔2016〕浙10行终254号《泮金永与仙居县人力资源和社会保障局不履行法定职责二审行政判决书》。

而不予审查。

③因同类案件已经审查而不再重复审查

《王水森与江山市清湖镇人民政府行政确认二审行政判决书》① 等案件因为同类案件中已经对同一规范性文件的合法性予以确认，故不审查。对此类案件，法院是否有权引用同类案件的审查结果，而在本案中拒绝审查规范性文件。应当区分不同的情况，如果针对的是同一条款的审查，且事由也完全一致，可以参照同类案件的裁判结果，但是不能得出不予审查的结论，而应当在本案中再次确认规范性文件的合法性。

④未在规定时限内提出审查申请

《潘洪斌与杭州市公安局交通警察支队拱墅大队行政强制二审行政判决书》② 等案件因申请人未在规定时限内提出申请，直接适用司法解释，不予审查。

（2）审查后适用的情形

大部分案例中，二审法院简单陈述同意原审法院审查意见或直接给出规范性文件合法的结论。进行论证的仍然较少。

①《方才女与淳安县公安局行政处罚二审行政判决书》③

此二审判决的裁判程序和裁判理由部分是 50 个样本中相对规范的。

首先确定本案所审查的规范性文件范围是浙江省公安厅制定的《消防安全要求》第七条、第十四条，《消防执法问题批复》第五条；杭州市公安局制定的《消防安全法律适用意见》第八条。

随后向浙江省公安厅发出通知，要求其对制定的上述两规范性文件相应条款的合法性作出说明。

再对审查范围内的审查对象逐一审查合法性。判断依据有：根据上位法授权而拥有权限；与上位法内容进行比对，不存在相抵触的情形。

---

① 〔2016〕浙 08 行终 69 号《王水森与江山市清湖镇人民政府行政确认二审行政判决书》。
② 〔2016〕浙 01 行终 45 号《潘洪斌与杭州市公安局交通警察支队拱墅大队行政强制二审行政判决书》。
③ 〔2015〕浙杭行终字第 254 号《方才女与淳安县公安局行政处罚二审行政判决书》。

由此得出规范性文件合法的结论。

②《卢德坚与杭州市上城区人力资源和社会保障局行政给付、行政确认再审复查与审判监督行政裁定书》[1] 和《陈育红与绍兴市国土资源局行政登记再审复查与审判监督行政裁定书》[2] 均论证规范性文件和上位法的相关条款适用时内容上没有冲突，故而合法有效。

③《邵金有、吴彩云等与淳安县国土资源局行政裁决二审行政裁定书》[3] 有制定依据，没有减损权利，故合法。

三　规范性文件附带审查制度的现实困境

（一）审查申请的认定难题

立法明确了可以提起附带审查，却没有规定如何提起。虽然明确了提请的时限，却没有实际考虑行政相对人对规范性文件的敏感度。以致法院往往用时限条款拒绝对规范性文件附带审查的申请。实践中有人提交了附带审查申请书、有人在起诉状中写明要求一并审查、也有人通过质疑的表述评价规范性文件的合法性。在审查程序和标准尚不明确的现状下，法院似乎采取了规避的态度，能不审查就不审查，"不告不理"原则成为尚方宝剑。法院如何识别"申请"也是实践中出现的问题。首先，法官对规范性文件审查应当持积极态度还是消极态度？如何衡量司法审查权的行使和对行政自由裁量的尊重；其次应当如何理解审查的要件；再次如何通过"申请"判别审查范围；最后选择怎样的标准和强度进行审查。

（二）司法审查范围的有限性

法院只审查行政行为依据的规范性文件，且限于相关联的具体部

---

[1] 〔2015〕浙行申字第 299 号《卢德坚与杭州市上城区人力资源和社会保障局行政给付、行政确认再审复查与审判监督行政裁定书》。
[2] 〔2015〕浙行申字第 254 号《陈育红与绍兴市国土资源局行政登记再审复查与审判监督行政裁定书》。
[3] 〔2016〕浙 01 行终 218 号《邵金有、吴彩云等与淳安县国土资源局行政裁决二审行政裁定书》。

分，而不是规范性文件整体。因此，对于"依据"一词的理解，决定了法院对规范性文件和行政行为之间关系的判断。实践中可能出现的情形有：（1）申请人没有就规范性文件的部分内容针对性地提出异议，往往只是简单提出申请，这就要求法院依赖行政机关提交的证据和答辩理由，来判断行政行为所依据的是规范性文件的哪部分内容，从而对司法审查的范围进行限定。（2）实务界提出的若原告认为规范性文件与被诉行政行为相关而要求审查，但实际上行政机关没有适用该条款的情形[1]，法院该如何应对？样本中"朱学金诉仙居县人力资源和社会保障局"[2]一案就是这种情形。法院在裁判文书中对不具有关联性作出说明。还有一些情形，如申请人对规范性文件整体提出审查申请，法院如何回应等问题还有待考察。

（三）规范性文件的识别困境

从原告的视角，凡在事实中涉及的除法律、法规和规章以外的所有文件均是规范性文件。而行政机关视角，对规范性文件的识别困境在于如何区分行政诉讼予以审查的规范性文件和内部行政文件。从法院审判视角，规范性文件的识别直接决定了审查的启动与否，不仅要把握行政诉讼语境下"规范性文件"的内涵解析，也要听取制定主体对文件合法性的解释，兼顾合理性说明。现有制度没有特定模式要求法官如何鉴别规范性文件。在规范性文件的理解上，主要还是根据主体权限和实际产生的权利义务关系进行初步判决，首先区别具体行政行为和抽象行政行为，然后鉴别抽象行政行为是否是可以附带审查的规范性文件。对规范性文件的识别有赖于行政机关的答辩和说理以及法官的裁判能力。

（四）审查标准限于合法性审查

实践中，还没有形成体系的、有规律可循的审查程序、审查要件和

---

[1] 张璇：《行政诉讼规范性文件附带审查难在何处》，《上海法治报》2016年3月8日。
[2] 〔2016〕浙10行终268号《朱学金与仙居县人力资源和社会保障局不履行法定职责二审行政判决书》。

论证逻辑。法院的审查标准，基本遵循了合法性审查。从实践来看，判决主文的表述一般为"对认为……部分条款违法的诉讼请求不予支持"[①]"属合法的规范性文件"[②]等，可见其审查标准采取了合法性审查：（1）有无超出法律授权范围，即制定权限的判别；（2）是否与上位法相抵触，即内容合法性审查；（3）有无增加义务或减损权利[③]，根据《立法法》规定，规章和地方政府规章都无权增加义务或减损权利，效力更为低下的规范性文件也不得增加义务或减损权利，否则必然违法[④]。在所选样本中，没有通过合理性原则进行判决的实例。但是，合理性原则是行政法的基本原则，也是行政机关作出具体行政行为的基本原则之一，规范性文件制定本身属于抽象行政行为，必然涉及合理性原则的标准，在审查过程中，也应当就合理性进行审查。

（五）裁判理由中的论证缺失

通过判决文书的分析，可以明显地看出裁判要旨中缺乏对规范性文件合法性审查的论证过程。往往就一句确认合法结案，或因为不在审查范围而不予审查。即使是不予审查，也应当说明不符合审查条件的理由，以免申请人误解法院的裁判逻辑，在上诉时无针对性地提出上诉意见。如《张德明与杭州市余杭区财政局、杭州市余杭区人民政府行政给付二审行政裁定书》[⑤]一案中，因为原审机关的论证缺失，导致申请人在上诉意见中对文件是否属于规范性文件进行了论证。申请人若提出对规范性文件进行附带审查，一定是认为案件事实中涉及的行政机关发布的文件超越权限增设了义务或减损了权利。申请人没有能力识别规范性文件，法院若只给出审查结果，如"该文件不符合附带审查条件"，申

[①] 〔2016〕浙01行终731号《赵军、杭州市文化广电新闻出版局文化行政管理（文化）二审行政判决书》。
[②] 〔2015〕浙杭行终字第254号《方才女与淳安县公安局行政处罚二审行政判决书》。
[③] 〔2016〕浙10行终53号《柯登超与三门县公安局二审行政判决书》。
[④] 何倩柔：《行政诉讼中规范性文件附带审查制度研究》，硕士学位论文，浙江工商大学，2015年。
[⑤] 〔2016〕浙01行终64号《张德明与杭州市余杭区财政局、杭州市余杭区人民政府行政给付二审行政裁定书》。

请人无法信服。这也是样本里大部分案件中，上诉人在上诉理由中无法接受原审法院对规范性文件附带审查的认定结果。法官应当对规范性文件进行审查适用，且需在裁判文书中释明裁判理由，才能真正意义上解决行政纠纷。在实践案例中，法官在裁判文书中对裁判理由不予阐明，消极地应对当事人提出的审查诉请，有悖司法审查权赋予法院的司法监督责任。

（六）司法审查权的裁判方式有限

在本文研究的样本中，没有对规范性文件排除适用的案例。实践中必然会出现规范性文件经审查后违法而排除适用的情形。法院不能因为规范性文件违法，而"判决"其不合法，只能进行"评述"。法院审查后，（1）不予适用为行政行为的依据；（2）可能因此撤销行政行为；（3）作出审查结论；（4）提出处理建议[①]。就处理建议的提出，其司法建议应当包含的内容，司法建议的法律效力，以及受理机关对司法建议应当采取的回应，目前还没有既定的规则。司法审查权的有限性制约了司法监督，司法建议和后续回应规则的建立可以在保证司法权有限行使的前提下，发挥司法监督的实效，因此审查后的制度设计也是规范性文件附带审查制度的必要组成部分。

四 规范性文件附带审查制度的发展与完善

（一）推进规范性文件附带审查制度建设和完善的重要意义

规范性文件附带审查作为《行政诉讼法》新设立的抽象行政行为审查这一新制度，完善和健全是制度实施的必要，也是法院司法裁判实践过程中的需求所在。规范性文件附带审查制度虽然业已确立，但还需要具体的规则和程序。制度的建设和完善必将推进制度的落实。

规范性文件附带审查制度也是"法治国家、法治政府、法治社会"三位一体建设的必然要求。《法治政府建设实施纲要（2015—2020年）》

[①] 陈磊：《规范性文件附带审查之实务问题探析》，《山东审判》2015年第4期。

即提出加强规范性文件监督管理①,作为完善依法行政制度体系的重要举措。法院附带审查也是规范性文件监督管理的重要组成。且附带审查的提请是公民的直接申请,该制度的有效实施将提高政府行政公信力和司法公信力。

(二) 健全规范性文件附带审查的制度与机制

1. 强化被诉行政机关对被附带审查文件的举证义务和论证义务

举证责任和举证义务外延并不相同。举证证明力较弱的时候才出现举证责任。行政行为举证不能必然导致行政机关的败诉。但规范性文件举证不能时,如仅有规范性文件为依据,则被告败诉,如果有其他规范性文件或上位法能够支持行政行为的合法、合理,则被告不必然败诉。应当强化被诉行政机关的举证义务和论证义务。行政机关不仅应当积极将规范性文件作为证据提交法庭,还应当承担说理义务,说明依据规范性文件的合法性和必要性。当规范性文件被提请附带审查时,行政机关应当主动会同规范性文件制定机关就规范性文件的合法性和合理性进行举证和论证。在举证义务中应当提交上位法依据,并明确依据范围和授权范围,以及制定程序中的公示材料。在论证义务中,应当承担充分说理义务,不仅是说明规范性文件的合法性,还要说服法官和行政相对人对规范性文件合理性的认可。而法院论证方式首先审查规范冲突,而后作出合理性判断。

2. 会商决策机制

司法解释、行政决策权、规范性文件创制和实施过程中,国务院、

---

① 《法治政府建设实施纲要(2015—2020年)》:完善规范性文件制定程序,落实合法性审查、集体讨论决定等制度,实行制定机关对规范性文件统一登记、统一编号、统一印发制度。规范性文件不得设定行政许可、行政处罚、行政强制等事项,不得减损公民、法人和其他组织合法权益或增加其义务。涉及公民、法人和其他组织权利义务的规范性文件,应当按照法定要求和程序予以公布,未经公布的不得作为行政管理依据。加强备案审查制度和能力建设,把所有规范性文件纳入备案审查范围,健全公民、法人和其他组织对规范性文件的建议审查制度,加大备案审查力度,做到有件必备、有错必纠。与此相衔接,规范性文件附带审查制度的建设和完善也是法治政府建设的重要一环。在规范性文件清理过程中,应当有效使用法院附带审查后制作的司法建议书,废除或修改经过审查不合法或明显不合理的文件。公布作为必经程序,可纳入审查标准中,即未经公布不得作为行政管理的依据。与备案审查制度进行有效的衔接。

法院和制定机关形成联动会商机制。在规范性文件的创制阶段，从源头保障规范性文件的合法性和有效性。规范性文件之所以应用广泛，是因为其制定的初衷是根据特定区域环境和条件，制定符合区域内落实法律法规、规章政策的行政标准，其制定程序、修改程序较法律更为简单。因此，创制的行政机关对创制目的、制定程序更为了解，而法院则是着重从规范性文件的合法性进行评估。

（三）规范性文件附带审查的程序规范

1. 形成论证和裁判逻辑的特有公式

从实证判例中，总结出的一般审查公式为：

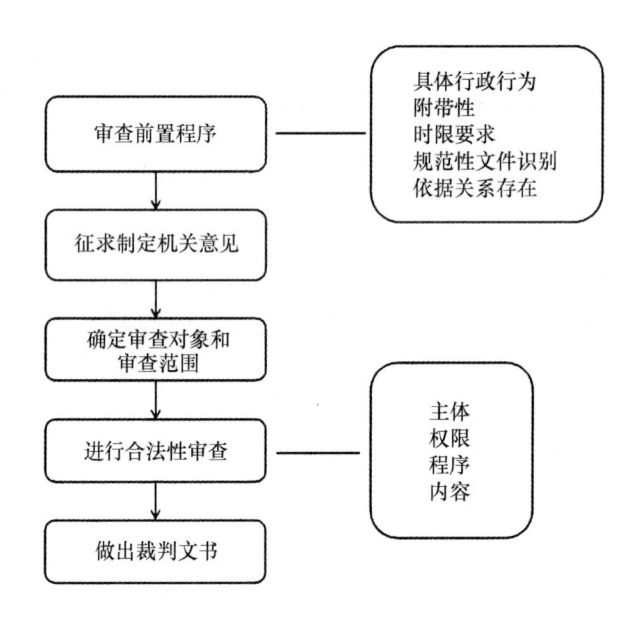

```
┌─────────────────┐      ┌─────────────────┐
│   审查前置程序   │─────▶│  具体行政行为    │
└─────────────────┘      │     附带性       │
         │                │    时限要求      │
         ▼                │  规范性文件识别  │
┌─────────────────┐      │  依据关系存在    │
│ 征求制定机关意见 │      └─────────────────┘
└─────────────────┘
         │
         ▼
┌─────────────────┐
│  确定审查对象和  │
│     审查范围     │      ┌─────────────────┐
└─────────────────┘      │     主体         │
         │                │     权限         │
         ▼                │     程序         │
┌─────────────────┐      │     内容         │
│  进行合法性审查  │─────▶└─────────────────┘
└─────────────────┘
         │
         ▼
┌─────────────────┐
│   做出裁判文书   │
└─────────────────┘
```

2. 设置为专门的庭审环节

应当作为庭审的专门环节。尽管规范性文件附带审查依附而不能独立于行政案件的审查，应当在行政案件审理程序中进行，但行政案件当事人为了支持或反对行政行为的合法性，可以在庭审中对规范性文件的有效性和合法性发表法律意见。在被告与规范性文件制定机关不一致的情况下，是否要将制定机关作为一方当事人而纳入诉讼程序呢？首先，将制定机关列为第三人，将涉及级别管辖之争，且会占据较大的司法资源，也不利于行政机关日常工作的开展，还会拖长诉讼时间，不能有效解决行政纠纷争议。但是制定机关的意见是判断规范性文件合法性的重要依据，能够弥补法院行政实务经验缺失的短板，应当重视在审查中纳入制定机关的答辩意见。因此可以采取书面征求意见的方式。并在庭审环节，增设专门环节，区别于质证环节，对规范性文件的审查进行双方论证。

3. 引入专家论证

另外，在审查过程中，引入专家论证，使论证过程充分、合法、合理。有效审查规范性文件的合法性和合理性。专家作为第三方，可以客观公正地作出判断，且有效节省了法院的审查成本。根据《法治政府建设实施纲要（2015—2020年)》及《中共中央关于全面推进依法治国若干重大问题的决定》的相关要求，"健全依法决策机制。把公众参与、专家论证、风险评估、合法性审查、集体讨论决定确定为重大行政决策法定程序"。各领域的专家智库建设，可以为专门领域的科学立法、科学决策提供智力保障。规范性文件的附带审查，完全可以由第三方专家进行论证，充分利用智库资源，有效提高司法资源的利用率，且能保证公平性和公正性。

4. 加强文书制作规范

首先是裁判主文的规范内容。对规范性文件审查的结果应当是在基于法律论证的基础上作出的裁判。因此裁判论证过程应当作为主文的一部分内容完整呈现。保证相对人的行政诉权。规范性文件的审查作为主文的一部分。一是要有充分理由说明符合审查或不符合审查要件。不仅回应行政相对人的诉请要求，也对行政机关的应诉范围和论证范围予以明示。二是就审查过程，应当根据审查范围，对行政机关的答辩和应诉作出评价，就规范性文件的合法性和合理性以法院的审查标准进行论证裁判。

其次是司法建议文书的制作要求。应当将审查过程与司法建议相结合。应当探索出司法建议的范本。司法建议中，不仅仅要阐明规范性文件违法的客观事实，也应当将审查的过程、依据和结论进行完整的阐述。使备案审查和行政机关纠错机制能够在已有的资源基础上对规范性文件进行清理，无须重复法院已经完成的审查工作，直接进一步深入全面审查，从而作出违法确认、撤销、修改。

结　语

随着司法改革的持续推进和制度建构的日趋完善，依法行政的理念也将深入人心。公民对于政府的期待和对政府权威的信服，有赖于行政机关能够合法行政、合理行政。作为主持公道的法院，公民更是寄托了匡扶社稷的期望。从立法上赋予法院"名正言顺"的规范性文件司法审查权，是"法治国家、法治政府、法治社会"三位一体建设的重要推手，也是推进依法行政制度体系构建的重要一步。无论是排除违法规范性文件的适用，还是对规范性文件的合法性予以确认，都是对公民的"交代"，是公民权益保障的具体体现，也间接修复了政府形象。

规范性文件的司法审查权，从没有审查到以司法解释和纪要的形式赋予相应权力，再到如今的立法确立，法律在进步，但法院是否在进步呢？规范性文件审查适用的实效考察结果令人忧虑，凸显出立法缺失和法官裁判能力的欠缺。而今才填补了立法漏洞，施行至今的这项制度却没有发挥其最大效能。在实践中，行政机关对于规范性文件的适用过于依赖。在规范性文件立法后评估缺失的现状下，规范性文件的适用应当审慎。不能完全依赖规范性文件的具体规定，而应当结合上位法的相关内容进行评估适用。当规范性文件合法性遭到质疑时，不是否认文件的法律地位以逃避审查，而是应当积极地提交证据并对合法性进行阐明，这样才有助于行政纠纷的有效解决。在全面推进依法治国的改革进程中，"完善规范性文件、重大决策合法性审查机制"是中央全面深化改革总体方案中明确提出的目标，因此创设人民法院对规范性文件的合法性审查机制是为必然。这一制度变迁面临两方面压力，既要适应于全面深化改革的要求，又要建立有节制的审查体制。[1] 对裁判实例的对比分

---

[1] 万旭：《问题与挑战：论人民法院对规范性文件的附带审查》，《成都理工大学学报》（社会科学版）2014年第4期。

析，可以总结出法官在实践经验中归纳出的裁判逻辑和可操作规则。本文通过有限样本的考察，针对规范性文件审查中的既有问题进行分析，提出规范性文件审查申请要件、审查标准、审查强度、审查程序和方法等制度构建，对规范性文件附带审查制度的应然状态作出预判。鉴于法院仍在探索阶段，理论争鸣愈演激烈，趋于完善的司法审查制度可以有效推进司法改革的进程，推动法治中国的建设。

促进文化产业发展的地方立法问题研究

——以浙江省为例

王 剑[*]

（浙江工业大学文化与法制研究中心）

摘要 文化产业促进立法是助推文化产业蓬勃发展的重要手法和必要途径。浙江省是文化经济大省，具有良好的法制环境，其在文化产业促进立法方面存在着迫切的立法需求和成熟的立法时机。同时，在《文化产业促进法》这一基本法尚未出台的情况下，部分省市的地方立法已积极"先试先行"，由政策化向制度化、法律化转变。由此，在认真检视和提取既有法律文本中的积极成分和规律性的内容，合理评析和把握各地方法律文本在规范设计及其应用中的实效与缺憾下，《浙江省文化产业促进条例》的出台则在立法目的上应更加多元化，在法律原则上需以文化法的法律原则为基点再结合产业特色加以设计，在法律制度上应更迎合时代需求、保障公民文化权利、强化政府职责义务和完善问责机制。

关键词 地方立法；浙江文化产业；《浙江省文化产业促进条例》

---

[*] 王剑，男，浙江工业大学文化与法制研究中心青年副研究员，湖州市烟草专卖局（公司）纪检监察员，本文成稿于2018年7月，本文所依据的法律法规均为2018年6月前出台或修改的版本。

导　语

　　进入 21 世纪以来，随着信息科技的蓬勃发展，各种思想文化的交融交锋，文化越来越成为衡量一国综合国力强弱的重要标志，文化对政治、经济与社会的影响也愈加深刻。而文化产业作为基于文化创造力而发展起来的新兴经济，也将有力地推动国民经济的持续发展，承担起维护国家文化安全的艰巨任务。西方学者通过大量的实证研究证明：文化产业是城市功能再造、经济复兴的新途径，其对于经济社会的发展和城市、国家竞争力的提升具有重要的引领和带动作用。[①] 近年来，我国文化产业的发展呈现出持续上扬的态势，文化产业增加值不断上升，[②] 其中 2003 年至 2004 年，文化产业的增加值占 GDP 的比重出现了一个陡增的过程，其背后深层次的原因主要是政策法律环境的优化。在 2003 年至 2004 年，党的十六届三中全会第一次明确提出要"健全文化市场体系，推进文化体制改革形成一批大型文化企业集团，建立富有活力的文化产品生产经营体制"。并且在这两年间，我国又出台或实施了 40 余部涉及文化产业发展的行政法规和规范性文件。可见，文化产业的发展离不开法律的引导和保障。"十三五规划"时期，文化部发布《文化部"十三五"时期文化产业发展规划》，在该规划中明确提出要在"十三五"期末实现"文化产业成为国民经济支柱性产业"的战略目标。同时，我国目前正处于在全球文化产业发展中产业最为活跃，业态最为丰富，政府最为重视的时期。[③] 因此，为了实现这一更高目标并把握发展契机，我国在法律上对文化产业的促进予以反思、审视、调整和完善，

[①] 李海娟：《国际金融危机与中国文化产业的发展机遇》，《毛泽东邓小平理论研究》2009 年第 8 期。
[②] 国家统计局公布显示，近十五年来（2001 年至 2016 年），我国文化产业增加值占 GDP 的比重分别为，2001 年 0.37%，2002 年 0.41%，2003 年 0.42%，2004 年 2.15%，2005 年 2.3%，2006 年 2.45%，2007 年 2.6%，2008 年 2.43%，2009 年 2.5%，2010 年 2.78%，2011 年 3.28%，2012 年 3.48%，2013 年 3.63%，2014 年 3.76%，2015 年 3.97%，2016 年 4.14%。若该比重超过 5%，则可成为国民经济支柱性产业。
[③] 该观点是国家行政学院社会和文化教研部主任祁述裕教授于 2018 年 1 月 19 日 "2017 中国文化产业系列指数发布会"上对现阶段我国文化产业的发展环境所做的归纳与总结。

则显得尤为迫切和必要。

一 我国文化产业促进立法的法制现状和模式选择

（一）我国文化产业法制现状的分析与评价

根据中国人大网和文化部网站数据显示，截至2018年1月，我国涉及文化产业领域的法律、法规、规章和规范性文件数量总计达400多部，其中法律18部，法规27部，规章45部，规范性文件310多部。[①]通过对现有法规和规范性文件进行分析，并结合已有研究，为更好地通过立法的形式来促进文化产业的发展，笔者认为需要对目前我国文化产业法制现状中所呈现出的三方面问题予以完善。

第一，文化产业的法律位阶不高，法律效力较低，应形成"以法律为主导、以政策为补充"的立法结构。在当前涉及文化产业的法律体制中，部门规章和政策性文件起主导作用，所占比重接近90%，这些部门规章和政策性文件的法律位阶普遍较低。而由全国人大常务委员会制定并经全国人大审议通过的法律以及国务院制定的行政法规的数量则较少，且这些法律位阶较高的法律法规只占文化产业立法总量的8%左右。固然政府主导、政策推动在一定程度上可以对文化产业发展中所遇到的问题的解决起到实际的效果，但是随着文化产业的高速发展，利用该种非法律的传统推动方式来解决问题的效率将会越来越低。近年来，我国文化产业发展的法制现状便是如此，[②]例如国产动漫发展缓慢；电视节目雷同案例层出不穷；网络直播低俗媚俗、价值导向存在偏差；文化创意类特色小镇的产业体系概念化、庸俗化、同质化等。分析出现该类现象的主要原因在于，其一，政策相较于法律而言，具有不稳定性，易受到政治、经济等环境因素的影响，从而使其面临着较高的政策性风险和市场风险，例如会导致产业经营者因害怕政策频繁变动而慎于投资。其

[①] 参见中国人大网，http://law.npc.gov.cn:8081/FLFG；文化部网站，http://zwgk.mcprc.gov.cn/?classInfoId=21。

[②] 贾旭东：《文化产业促进法立法的必要性和可行性》，《福建论坛》（人文社会科学版）2015年第12期。

二，政策相较于法律而言，实际执行的效力有限，因为政策本身不具有强制性，从而使其会因政策执行者的政策水平、对政策的理解力以及对政策的执行力的不同而呈现出不同的法律效果。其三，政策相较于法律而言，制定主体更为多元，并且结合文化产业自身的特点——所涉及的领域多而复杂，使得近年来不断涌现出"文化+"的新型产业模式，如"文化+体育""文化+旅游""文化+科技"和"文化+金融"等，这将导致不同的主管部门所出台的政策难以相互协调，相互重复、冲突等。因此，为了避免政策主导文化产业发展而带来的种种弊端，我国目前应加快并加强在文化产业领域内的立法，并将实施效果较好的政策落地化、法律化，最终形成"以法律为主导、以政策为补充"的立法结构，这样既能使政策措施强制施行，进而提升解决文化产业发展中所遇到的问题的效率并营造公平竞争的法制环境，而且还能有效防止各部门间各自为政，进而能形成合力，更具体、更全面、更有效地化解文化产业壮大过程中出现的深层次矛盾。

第二，当前文化产业领域立法"重管理、轻促进"，这使得文化创造力受限，因此立法则应明确"政府低度管理、高度辅助"的促进型立法目的。结合文化部网站公布的数据，据不完全统计，在48部法律、法规和规章中[1]，仅在文本的名称中冠以"管理"两字的法律文件数量就高达33部，所占比重接近70%。基此，单从名称中，我们就可以得出：长期以来，我国文化产业的管理体制仍然具有计划体制的迹象，旧有的意识形态依旧给我们的思维留下了厚重的痕迹和观念的束缚，"管理权力高度集中，管理方式多为行政命令"是其主要表现形式。若再深究其文本内容，我们还可以进一步得出，在该些法律条文中，在内容上主要是侧重于强化文化市场管理和规范市场经营性行为；在执行方式上则主要是通过"管理、限制、处罚"等方式进行的。同时，综观所有条文，其在引导和促进文化产业发展的条文上则较为缺乏，例如作为促进

---

[1] 参见文化部网站，http://zwgk.mcprc.gov.cn/?classInfoId=21。在该网站中公布的涉及文化产业的法律、法规和规章的数量共达56部，但有8部并不涉及对文化产业的管理和促进而是关于废止和修改部分部门规章的相关决定以及对全国先进文化工作集体、个人以及文化企业的表彰，因此予以剔除，剩余48部。

主体的政府部门的职责规定，文化市场主体的权利保障以及文化生产与消费之间基本经济关系的明确等均很少提及。基此，这些在一定程度上导致了行政思维与行政方式大行其道，挫伤了文化市场主体的积极性，增加了文化市场主体在文化领域方面面临着进入上的障碍甚至禁区，并最终限制了文化创造力。① 因此，我国当前的立法目的应从根本上加以转变。笔者认为，"政府低度管理、高度辅助"的促进型立法目的应引导并贯穿于现行的文化产业立法之中，主要原因有：其一是文化产业自身发展的特点。文化产业是一个外部性极强的新兴产业，并且在文化产业发展的过程中市场起着决定性作用，因此为了发挥正确导向下文化产业所具有的正外部性特点，我们应该建立有效的激励机制，这其中既包括要建立有利于文化产业发展的市场激励机制，也包括要建立有效的政府激励机制。② 其二是文化产业自身发展的客观需要。为了实现"文化产业成为国民经济支柱性产业"这一高度战略目标，并鉴于政府与文化产业利益相关者在这一目标下实质是一种"共同生产"的产业发展模态。③ 为此，我国应该激励和调动全部相关主体促进文化产业发展的积极性，并充分发挥促进作用，从而使之形成合力。其三，国外优秀经验值得借鉴。在亚洲地区，早在1999年，韩国就颁布了世界上最早的《文化内容产业促进法》，而日本也在2001年时出台了《文化艺术振兴基本法》并匹配了具体的实施方针；在欧美地区，美国、法国也较早制定并颁布了关于促进文化产业发展的相关法律。并且在该些国家中，文化产业均已成为该国国民经济的支柱性产业。因此，综上所述，明确"政府低度管理、高度辅助"的促进型立法目的，是当前我国文化产业发展的必然选择。

第三，文化产业立法滞后、内容局限、质量不高，从而使得文化产

---

① 蔡武进：《我国文化产业法体系建设的进路》，《福建论坛》（人文社会科学版）2014年第10期。
② 许明月：《巴渝法学论丛》（2012年卷），法律出版社2012年版，第2页。
③ 值得注意的是，该种文化产业领域的"共同生产"之内在协同关系，和政府面向社会提供公共服务是一样的，都是政府与公民一起完成的，但其区别于公共服务的是，在公共服务的提供上，政府是居于主导地位的，而在文化产业的发展之上，政府则处于辅助地位。参见[美]约翰·克莱顿·托马斯《公共决策中的公民参与》，孙柏英等译，中国人民大学出版社2012年版，第100页。

业领域产生"无法可依""立法冲突"等混乱局面,因此我国应尽快制定统一的上位立法并完善相关领域的核心制度。首先,文化产业当前立法适时性不足,立法涵盖面不够广泛。通过对现行的法律法规进行分析,目前我国的法律在对文化产业的规定上只局限于对知识产权的保护、对文物的保护、对非物质文化遗产的保护以及对电影产业的促进这四个方面,如《商标法》《文物保护法》《非物质文化遗产法》和《电影产业促进法》等。而针对其他的文化产业领域的管理则主要依靠行政法规和规章予以调整,如《网络游戏管理暂行办法》《营业性演出管理条例实施细则》等。同时,在"税收优惠、资金支持、人才培养和对外交流"等核心制度和涌现的新兴产业(如网络电影、网络直播、移动游戏等新兴数字产业)上,却仅依靠政策来予以支持、引导和促进。这从而导致文化产业领域出现"无法可依""执行力弱""操作性不强"等问题。其次,由于缺乏统一的上位法,从而导致立法机关的立法权限不明,相继出现了法规和规章之间重复、冲突的现象,文化市场主体因而无所适从。例如文化部出台了《互联网文化管理暂行规定》,国家新闻出版署又制定了《互联网管理暂行规定》,而国家广电总局也颁布了《互联网等信息网络传播视听节目管理办法》。[①] 对此,结合以上问题,我国应加快制定上位立法,完善"顶层设计",并有效地推动各立法机关、行政部门和政府之间协同立法,从而提升立法的质量和效率。同时我国在立法的过程中,还需将散落于各个政策之中实施效果较好的制度和针对新兴产业领域所采取的有力政策性措施予以制度化、法律化、法治化,正所谓"法治化是对制度化的进一步深化、体系化,旨在达到良法善治"[②],从而有效地填补文化产业法律上的空白,满足该领域依法行政的客观需要。

综上,为了更好地推动文化产业的发展,我国文化产业立法应遵循如下立法理念,即通过"政府低度管理、高度辅助"的促进型立法目的来引领立法价值走向,并采取"以法律驱动为主,以政策驱动为辅"制

[①] 张书勤:《从中美出版物进口案论我国文化产业法规完善》,《中国出版》2011年第23期。
[②] 王文兵:《论人民民主的制度化、法律化、法治化》,《北京联合大学学报》(人文社会科学版)2016年第2期。

定统一上位法的方式来提高法律效力和减少规范冲突，同时适时完善相关核心制度来使其具体化。

（二）我国文化产业促进立法的模式选择

文化产业促进性法规的"立法模式"，是指立法机关在从事促进文化产业发展的立法活动时所采取的某种立法形式。该种"立法模式"不仅是一国将文化产业的立法理论上升为法律规范并作用于法治实践的重要枢纽，而且在一定程度上还决定着当前文化产业促进立法的价值走向、立法内容的把握和立法技术的选择。因此，在当前我国文化产业促进立法领域几近空白的前提下，诸多学者对其采用何种"立法模式"有着不同的观点，笔者通过梳理，可将其概括为以下三类：其一是采取"直接出台基本法——《文化产业促进法》"的立法模式[1]；其二是运用"基本法和具体法相结合"的立法模式[2]；其三是通过"地方立法先试先行，后续推进基本法出台"的立法模式[3]。

笔者通过分析以上观点得出：出台统一的上位立法——《文化产业促进法》已在学界达成普遍共识，因为这一基本法的出台能够使其在促进文化产业发展的立法领域占据主导地位，从而便于统筹规划文化产业发展目标、路径和方法，形成公平、有序的竞争环境，避免政府部门间的利益分割。但对于"是否需要制定相对应的具体法"以及"是否应渐进式立法，即地方立法先试先行，后续再推进基本法的出台"目前仍存在着较大的争议。对此，笔者认为以上观点实则并不冲突，而是分散在各个阶段的立法模式不同而已。因此，我国文化产业促进立法的模式选择则应是在现阶段先采取"地方立法先试先行，后续推进基本法出台"的立法模式，之后再在《文化产业促进法》的基础上进行重点领域具体立法，从而最终形成"基本法与具体法相结合"的文化产业法律体系。其中在现阶段选择"地方立法先试先行，后续推进基本法出台"的立法模式主要原因有以下三点：其一是我国的国情。通过对我国《文化产业

---

[1] 蔡武进：《我国文化产业法体系建设的进路》，《福建论坛》（人文社会科学版）2014年第10期。
[2] 杨炼：《文化产业立法的国际借鉴及启示》，《重庆社会科学》2012年第5期。
[3] 唐明良：《论文化立法的基本原则与基本规律》，《观察与思考》2012年第6期。

促进法》立法事记的观察，该法的立法历程具有"时快时慢""时有时无"的特点，其中发展最快的时间点是在2015年，《文化产业促进法》被"换挡提速"至立法工作计划的第一档，即提请审议阶段。但较为遗憾的是，至此之后，其进程逐渐放缓，甚至在全国人大2017年立法工作计划中彻底消失。究其原因，诸多学者认为其主要是由我国国情所致[①]，即我国各地区经济社会文化的发展水平极不均衡，文化资源的开发与利用能力差距较大，并且我国疆域辽阔，民族传统文化多元，很多时候文化产业相比其他产业更易受地缘因素的影响，无法复制转移，只能在文化之地供给。其二是地方立法的意义显著。例如同属于文化领域的《公共文化服务保障法》这一国家层面立法文本的出台，也是采取"地方立法先试先行，后续推进基本法出台"的立法模式的。该种立法模式不仅为地方文化的高速发展提供了立法保障，而且还为国家统一立法提供了广泛基础、经验积累和示范效应。其三是部分省市的地方立法实践已取得了积极成效。截至目前，我国出台的涉及促进文化产业发展的地方法规或者草案共4部，其中分别是深圳市、太原市、西安市以及辽宁省，该法的出台极大地促进了地方文化产业的发展。与此同时，部分省市，如浙江省也已在文化产业促进立法领域积极布局，例如在《浙江省文化发展"十三五"规划》中明确指出要推动制定《浙江省文化产业促进条例》，杭州市委市政府还专门制定了《关于加快发展杭州文化产业的若干意见》等。

综上，通过对国家层面文化产业法制现状的分析，以及对文化产业促进领域模式选择的探究，笔者认为，在现阶段我国《文化产业促进法》这一基本法尚未出台之前先采取"地方立法先试先行"是必要的、迫切的。但与此同时，值得注意的是，地方立法也必须以国家层面文化产业促进立法的最新研究成果和立法理念为借鉴和导向，从而使其能够在未来更好地与我国《文化产业促进法》的内容相衔接。

[①] 于语和、苏小婷：《文化产业立法视角下多元的法律保护》，《邵阳学院学报》（社会科学版）2017年第5期；李寅瑞、黄信瑜：《我国文化创意产业立法保障：问题与对策》，《湖北经济学院学报》（人文社会科学版）2017年第3期；张莉娜：《文化产业地方立法路径探析——从地方立法特色谈起》，《山西大同大学学报》（社会科学版）2017年第6期。

二　浙江省文化产业促进立法的可行性与必要性分析

地方立法是我国社会主义法律体系的重要组成部分，地方立法的质量决定着中国法治社会的发展。因此，置身《文化产业促进条例》这一地方立法之中，为提升其质量，满足实践需求，并基于"法权关系"的本质——法权关系是一种反映经济关系的意志关系，即市场经济决定立法的市场导向[①]，笔者认为，在制定法律之前则必须厘清地方立法的"可行性"和"必要性"问题。首先，针对可行性而言，有学者认为，在"文化产业发展相对发达的省市"率先进行地方立法是一个现实可行的选择。该学者用"文化产业发展是否相对发达"来作为衡量可否进行地方立法的标准。对此，笔者较为赞同，所谓经济基础决定上层建筑，但是笔者认为，这只能作为其中的一个衡量标准，在此基础之上还应该考虑第二个标准，即该省市"涉及文化产业的制度基础是否牢固，法制环境是否良好"的问题。因为根据立法的规律和法律本身的特点，立法应该遵循"立法条件不成熟的领域不立法"这一原则，这其中就包含了对当前法制水平的考量。其次，针对必要性而言，笔者认为应从以下两个方面进行分析：其一是文化产业的蓬勃发展是否需要通过立法的形式加以保障；其二是针对已有的政策或者规章，是否是因为其本身存在问题而需要通过立法的方式加以纠正，抑或是否因为实施效果较好而需要通过立法的形式予以固化。

浙江省既是我国民营经济的强省，又是文化发展的大省，究其改革开放以来的发展成果，其是在资金、税收等均没有获得中央的特别扶持下，在地形、自然资源等经济发展所需的基础性条件相对不占优势的环境中完成的，是一个全国典型的"自主发展"范例。因而，"干在实处，走在前列，勇立潮头"——是近年来习近平总书记对浙江精神的新要求。与此同时，浙江省历年来也是地方自主立法成分中最为活跃的因子

---

① 《马克思恩格斯全集》（第23卷），人民出版社1974年版，第112页。

之一[1]，其是继上海、广东、甘肃后第四个出台《地方立法条例》的省份，而且在2015年《立法法》修订后率先修改并发布。因此，在国家层面的《文化产业促进法》尚未制定之时，浙江省凭借着扎实的经济基础、浓厚的人文底蕴、丰富的地方立法实践经验，率先在全国开展促进文化产业发展的地方立法不失为一种可能。但结合浙江省文化产业发展的现状以及促进文化产业发展的法制水平，其是否具备有利的立法时机，是否存在迫切的立法需求，是当前值得首要关注的前提性问题。因此，笔者将基于以下两个方面进行分析：其一是从当前"浙江省文化产业发展的现状"出发来探究地方立法的可行性与必要性。其二是从现行的"浙江省文化产业法制环境"出发来研讨地方立法的可行性与必要性。

（一）浙江省"文化产业发展"中地方立法的可行性与必要性

第一，可行性分析：浙江省的文化产业发展具备主要优势，满足浙江省地方立法可行性的第一个条件，即符合其中"文化产业的发展是否相对发达"的标准。经过改革开放40年，尤其是近10年来的发展，浙江的文化产业已从单纯的数量型增长开始转向特色化、专业化发展。首先，从文化产业发展的总体水平来看，通过对2011年至2017年由中国人民大学与文化部文化产业司共同发布的"中国省市文化产业系列指数"[2]数据进行分析，得出目前浙江省文化产业的发展水平已遥遥领先于全国，例如从2011—2017年浙江省文化发展指数"综合指数"在全

---

[1] 据全国人大法工委的统计，从2015年3月《立法法》修改到2016年12月，新增具有地方立法权的268个设区的市中已有174个制定了地方性法规。以浙江省为例，新增具有地方立法权的9个设区的市已全部行使过立法权力。参见郭佳法《地方立法这两年：设区的市行使地方立法权全面推进》，《中国人大》2017年第1期。

[2] "中国省市文化产业系列指数"是在中国人民大学、文化部文化产业司联合主办的第四届"文化创意产业与品牌城市"国际论坛上向社会公开发布的中国省市文化产业发展指数，该指数由综合指数和三个分指数构成，其中分指数分别包括生产力指数、影响力指数、驱动力指数。近几年还研究并颁布了"中国文化消费指数"。综合指数是中国文化产业发展晴雨表，为文化产业管理决策提供参考依据。生产力指数是反映生产要素的投入情况，主要包括文化产业的自身资源（文化资源、文化资本、人力资源）；影响力指数是指文化产业的影响力，包括经济影响和社会影响；驱动力指数是指文化产业的外部环境，包括市场环境、公共环境和创新环境。消费指数是对该省消费环境、消费意愿、消费能力、消费水平以及消费满意度的综合考察所得结果。截至2018年，已形成7份指数报告（每年公布一次）。

国的排名来分析（见图1），浙江省一直稳居全国前五。从"中国文化消费指数"上看，浙江省2017年文化消费指数列全国第三。其次，具体至浙江省内发展进行进一步研究，目前浙江省文化产业的发展具备以下主要优势：其一，浙江优势文化产业加快形成，特色文化不断丰富，新兴数字文化市场逐渐壮大。在优势文化产业方面，广播影视、新闻出版、动漫游戏、文化演艺和文化产品的制造等领域竞争力增长明显。如影视产业近年来出现井喷式发展，影片数量在"十二五"期间占全国影片市场份额的60%以上，并且精品影视作品也大量涌现；立足特色文化方面，我省共有10项世界文化遗产，包括西湖文化景观和9项世界非物质文化遗产项目，居全国之首；在新兴数字文化市场行业领域，浙江也屡有突破，例如网络直播平台的数量在全国位列第三。[①] 其二，集聚效应日益凸显，开始从"企业集聚"转向"功能集聚和业态集聚"。中心城市文化产业发展的集聚辐射功能最为明显，杭州、宁波以及金华3市文化产业增加值总和占全省的2/3，其中杭州就占据1/3以上。同时，项目集聚和业态集聚形态开始涌现，如文化创意类特色小镇区别于一般产业园区，其是具有明确的产业定位、丰富的文化内涵、旅游资源和一定社区功能的发展空间平台。其三，要素支撑不断增强。文化产业与资本市场对接持续深入，浙江的上市文化企业约占全国的1/3，另有80多家"新三板"挂牌企业；东方星空等一批文化企业设立文化投资基金；杭州等6省设立文创银行；而且杭州率先设立文创金融服务中心，进行贷款支持。其四，文化贸易大幅提升。如2016年，浙江文化服务进出口总额居全国第2位；"文化+互联网"服务贸易蓬勃兴起，线上交易文化产品和服务占比接近40%。[②] 综上，"融合发展、特色发展、集聚发展、数字发展和共享发展"这五大发展，[③] 将是当前以及未来很长一段时间内，我国文化产业发展方式转型的目标所在。笔者通过对现浙江省文化产业的发展之主要优势的分析，得出浙江省目前文化产业的转型升级已显现

---

① 参见中国音数协游戏工委（GPC）网站，http://www.cgigc.com.cn/；伽马数据（GNC）网站，http://www.gamelook.com.cn/tag/。
② 吴蓓：《浙江蓝皮书：2018年浙江发展报告（文化卷）》，浙江人民出版社2018年版，第115页。
③ 祁述裕：《经济新常态下文化产业发展思路》，《智慧中国》2017年第Z1期。

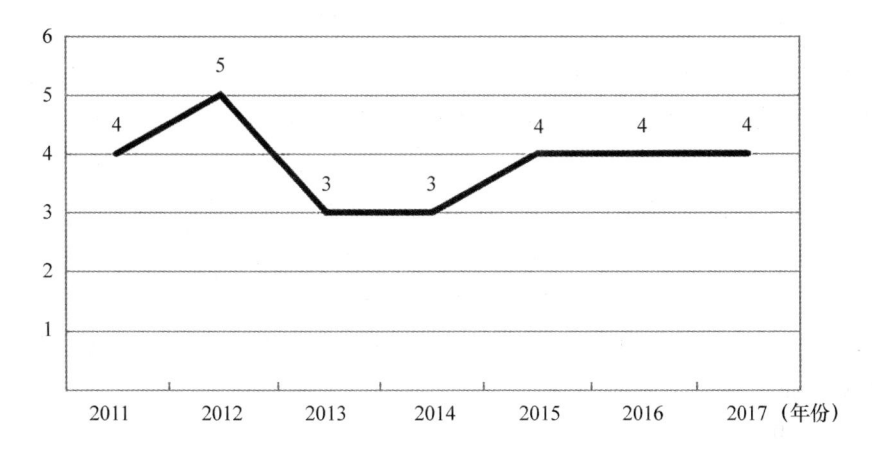

图1　2011—2017年浙江省文化产业发展指数之"综合指数"全国排名趋势

雏形并被逐渐加强的结论。因此，有利的立法时机已经成熟，浙江省制定促进文化产业发展的地方立法满足可行性条件之一。

第二，必要性分析：文化产业的转型升级需要法律为其营造有序的市场环境，与此同时，文化产业发展过程中出现的"关键性问题"也急需法律发挥作用。因此，文化产业的地方立法是促进浙江省文化产业持续发展、健康发展的必要途径之一，是浙江省文化产业发展的客观需要，即满足必要性的第一个条件。市场经济的本质是法治经济，为此，如前文所述，浙江省文化产业发展中的主要优势已为浙江省的地方立法提供了可行性的立法资源，但其主要优势的逐渐壮大也必须通过立法的形式予以根本的促进、保障。同时，文化产业发展过程中暴露的关键性问题急需用立法的形式加以调整、解决和促进，这也是浙江省必须进行文化产业地方立法的原因之一。其中具体问题如下：其一，高新技术产业增长滞缓，创新不足。10多年来浙江的经济总体上并没有改变"低、小、散、弱"的局面，具有"高端不高不多，低端多而不能提升，资源环境消耗巨大"的特点。与北京、上海、江苏、广东相比，浙江R&D支出占GDP的比重较低，高新技术产业增速放缓，传统制造业和服务业仍占70%左右。[①] 文化创意特色小镇的产业体系出现"概念化、庸俗

---

① 吴蓓：《浙江蓝皮书：2018年浙江发展报告（文化卷）》，浙江人民出版社2018年版，第124页。

化、同质化"现象。其二，基础性要素的保障受到制约。这主要体现在"中国文化发展指数之生产力指数增长幅度放缓（见图2）"。浙江省目前未形成健全的文化资本、文化产权和文化人才市场。如文化企业融资难，文化项目投资不足，投资面狭窄，创意人才和复合型人才严重缺乏。[1] 其三，缺乏各类平台支撑，如公共服务平台、产业融合和企业合作平台、对外交流平台等。其四，集聚辐射区域面积较小，地区间文化产业发展不均衡。如根据2014年统计的数据显示，杭州、宁波和温州文化产业增加值总量基本是全省文化产业增加值的总量，而其他地区的文创产业增加值占比较小。[2]

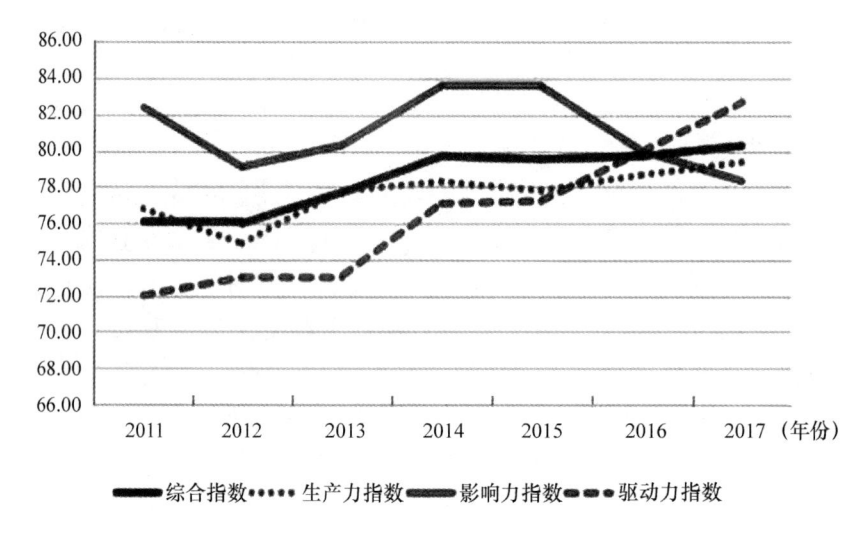

图2 2011—2017年浙江省文化产业发展指数

因此，综上，笔者通过对"浙江省文化产业发展"中地方立法的可行性和必要性进行考量和分析，并结合浙江省文化产业发展的现状得出：目前浙江省文化产业的发展具备主要优势，属于文化产业相对发达的省市之一，满足《文化产业促进法》之地方立法可行性的其中一个条件。同

---

[1] 吴蓓：《浙江蓝皮书：2018年浙江发展报告（文化卷）》，浙江人民出版社2018年版，第116页。
[2] 范小春：《文化创意产业新趋向——以浙江省为例》，上海三联书店2017年版，第49页。

时立足于市场经济与法学理论，也可以得出当前浙江省文化产业的主要优势需要通过立法的形式加以巩固，同时更重要的是在文化产业发展过程中所暴露出来的问题，也急需通过立法的方式加以调整、解决和促进，因而进行地方立法是文化产业自身发展的客观需要，具有必要性。

(二) 浙江省"文化产业法制环境"下地方立法的可行性与必要性

第一，可行性分析：日益优化的制度环境，不断丰富的立法经验，使得浙江省满足地方立法可行性的第二个条件，即符合其中"制度基础是否牢固，立法环境是否良好"的标准。首先，日益优化的制度环境主要表现在"促进"上：近年来浙江省委、省政府高度重视文化产业的发展，通过颁布大量的规章和政策性文件来促进文化产业的繁荣发展，其中政策性文件占据主导地位。其中，起关键性促进作用的政策性文件有《浙江省文化产业发展"十三五"规划》《关于加快把文化产业打造成万亿级产业的意见》《浙江省文化出口重点企业和重点项目认定管理办法》《浙江省重点文化产业园区认定和管理办法》以及《浙江省深化文化体制改革实施办法》等。起规范性管理的作用的法规、规章有《浙江省文化市场管理条例》《浙江省文化市场综合行政执法管理办法》等。基于文化产业立法应遵循"促进型"的立法目的，为此笔者针对政策文件进行了分析和归纳，得出目前我省已为文化产业的发展形成了一系列的多元化、全方位、有针对性的制度体系，主要可概括为以下三个方面：文化产业发展体系、现代文化市场体系、文化要素支撑体系。[①] 其次，不断丰富的立法经验主要体现在：浙江省是地方立法中最为活跃的因子之一，截至2018年1月30日，浙江省的地方性法规数量达952部，位列全国第6（见图3）。同时浙江又通过颁布专门的《浙江省地方立法

---

① 三大方面促进制度的具体体现：一是在文化产业发展体系方面，通过锁定和创新核心领域并大力促进新兴业态的开发；优化产业区域布局。二是在现代文化市场体系方面，通过鼓励民间资本进入文化政策领域，引导社会资本进行投资；推进重点国有企业公司股份制改革和推进文化事业单位内部机制改革等方式推进。三是在文化要素支撑体系方面，通过搭建一系列支撑平台，如创新创业平台、公共服务平台、产业融合和企业合作平台以及对外交流平台；同时对人才、金融、科技、知识产权和土地等要素予以积极的支撑。参见《浙江省文化产业发展"十三五"规划》。

条例》，对立法的准备，法规的起草、审议与公布以及法规的评估等阶段均做了详细的规定，而且对公众参与立法也进行了积极落实，体现出了浙江省地方立法具有浓郁的民主氛围。综上，大量的促进型政策文件为推动文化产业发展的地方立法奠定了良好的制度基础，并且符合当前文化产业立法之"政府低度管理、高度辅助"的促进型立法目的。与此同时，成熟的立法技术，民主的立法氛围，丰富的立法经验，也为文化产业的高质量、高效率立法提供了必要保障。因此，当前浙江省涉及文化产业发展的法制条件符合地方立法的可行性。

第二，必要性分析：从有关文化产业的制度发展趋势而言，现阶段"政策法律化"越来越成为一国促进文化产业持续、健康发展的必然途径；从涉及文化产业的政策、规章和法规角度而言，有力的促进型制度虽已然形成，但是最为核心和关键的内容尚未涉及或强化。因此，为实现文化产业促进制度由政策化向法律化、法治化的转变，并完善、落实其相关核心内容，这是当前浙江省文化产业地方立法的第二大必要性所在。首先，针对政策法律化而言，如前文所述，为更好地促进我国文化产业的蓬勃发展，应改变其现阶段以政策为主导的法制现状，采取"法律为主，政策为辅"的新立法结构。并且通过对世界文化产业发展较快的国家进行立法结构分析，无论是以美国为代表的民间主导和产业政策

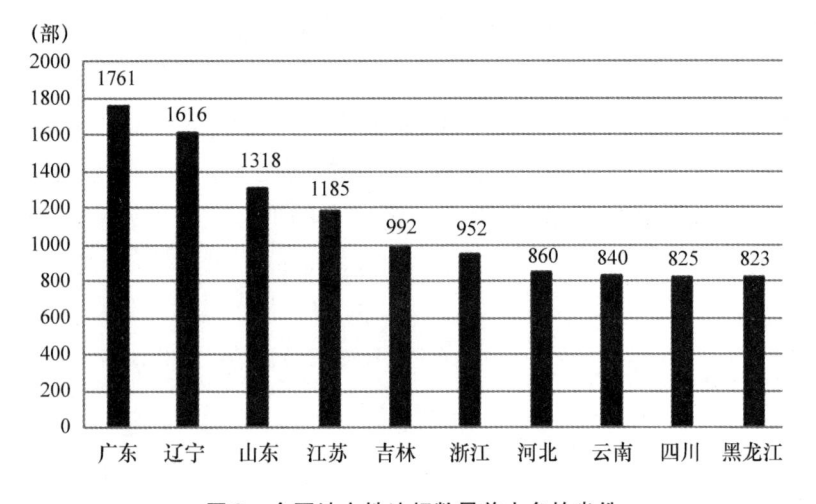

图3 全国地方性法规数量前十名的省份

省份	数量（部）
广东	1761
辽宁	1616
山东	1318
江苏	1185
吉林	992
浙江	952
河北	860
云南	840
四川	825
黑龙江	823

中心型推进模式，还是以法国为代表的政府主导和文化政策中心型，抑或是以韩国为代表的政府主导和产业政策中心型，其普遍做法均是促进政策法律化。[1] 其次，从涉及文化产业发展的政策、法规和规章的自身内容出发，对文化产业范围的界定、对文化市场主体权利的保障、对政府行政部门所必须采取促进措施的具体规定和法律责任的落实以及维护国家利益和文化安全等方面均存在法规规章上的空白，而且该些内容必须通过立法的形式加以固化才能发挥效果；与此同时，随着文化产业多元融合的发展，如"文化+体育""文化+旅游""文化+互联网"和"文化+金融"的出现，使得原本由《浙江省文化市场管理条例》和《浙江省文化市场综合行政执法管理办法》所规定的管理主体过于局限，已不再适应现阶段文化产业发展的特点。基此可见，浙江省促进文化产业发展的地方立法是健全浙江省文化产业法律制度的客观需要，具有填补浙江省文化产业法律上的空白和强化文化产业法律的促进功能等作用；同时，浙江省促进文化产业发展的地方立法也是文化产业领域法治建设的客观需要，使得政府文化产业发展的促进行为"有法可依""有法必依"，文化市场主体也据此"有法保障"。

综上，笔者通过对浙江文化产业法制环境下地方立法的可行性和必要性进行了考量和分析得出：日益优化的制度环境，不断丰富的立法经验，使得浙江省满足地方立法可行性之所需条件，即符合其中"制度基础是否牢固，立法环境是否良好"的标准；与此同时，从健全浙江省文化产业法律制度和完善文化产业领域法治建设的客观需要出发，浙江省对此领域开展地方立法具有十分迫切的立法需求。

三 四省市[2]文化产业促进立法的比较与评价

伴随着近年来人民群众精神需求的多元化发展，文化产业对经济的贡献力度不断增强，并越来越成为一国国民经济发展的支柱性产业。为

---

[1] 于新循、杨丽：《我国〈文化产业促进法〉的立法选择与总体构想》，《四川师范大学学报》（社会科学版）2014年第3期。
[2] 四省市为深圳市、太原市、西安市和辽宁省。

此，各地地方政府也逐渐认识到了文化产业的重要性，例如部分省市则通过颁布专门性的促进文化产业发展的地方条例或者发布地方文化产业促进条例的草案来对文化产业的发展予以扶持和引导。因此，基于学界对此尚缺乏依托既有的促进文化产业发展的规范性文本所进行的实际测度，并且各地立法机关陆续颁布的颇具创新性、应用性的法律文本及其变革、充实的实践样本，也正是不可忽视的立法资源和研究素材，通过研究该些规范性文本则方可知悉我国地方文化产业的促进程度发展到何种阶段、促进方式的实效、活力如何等。故，笔者以四省市的促进条例或草案为研究对象，从而来实证化地考察、解析文化产业的促进在地方立法实践中的发展现状，并从中总结出文化产业促进立法在未来的必然发展趋势和应予以完善的路径方向，进而为浙江省文化产业促进立法提供经验和教训。

（一）四省市文化产业促进立法的演进

步入立法"后体系时代"，为应对建立健全法治体系的发展需要，地方应通过法制化来实现对政策化的进一步深化、体系化，来达到对法律法规体系予以完善、对民众权益予以保障、对各类职权主体及其活动过程予以监督制约等目的。为此，立足于促进文化产业发展的法制领域，在国家层面立法缺乏的前提下，地方立法已积极作为，并呈现出了内容不断精细化、质量不断上层化的特点。基此，为了更好地为浙江省文化产业促进立法提供经验和方向指引，笔者对以上四省市的地方立法文本进行了对比，在对相互间的个性与共性（见表1和表2）进行分析、归纳和总结的基础之上，可知我国文化产业立法已经显现出了从政策化向法律化、法治化不断迈进的必然发展趋势，具体体现在以下几个方面。[①]

[①] 四省市的地方文化产业促进文本，既包括已经颁布的文化产业促进条例，又包括还未出台但是已经在征求意见的促进条例草案。具体分别是：2009年1月1日施行的《深圳市文化产业促进条例》；2009年5月1日施行的《太原市促进文化产业发展条例》；2012年6月12日发布的《西安市文化产业促进条例（草案）》（征求意见稿）；2016年7月21日发布的《辽宁省文化产业促进条例（草案）》（征求意见稿）。

表1　　　　　　　　　　四省市地方立法文本之共性归纳

共性要素	内容
立法目的	促进文化产业发展；深化文化体制改革（不含深圳、太原）
文化产业范围	为社会公众提供文化、娱乐产品和服务的活动以及与这些活动有关联的活动集合（不含太原）
法律原则	①政府引导、市场运作、统筹规划、协调发展；②鼓励自主创新；③扶持特色和优势文化产业；④强化知识产权保护；⑤社会效益和经济效益相统一；⑥注重对外交流（不含深圳、西安）
核心制度	①产业指导制度：应当制定发展规划并纳入地区规划中；应制定文化产业指导目录并重点扶持 ②资金支持制度：A. 财政拨款：设立文化产业发展专项基金并加强审核和监督措施。B. 金融支持：支持建立风险投资和担保公司并为企业提供服务；支持文化企业通过发行债券、股票等方式筹集资金（不含太原、西安）；支持文化企业以无形资产（如知识产权）进行质押贷款融资（不含深圳、太原）；鼓励和支持非公有资本进入国家许可的文化产业领域（不含深圳） ③人才队伍培养制度：应当建立人才培养和引进机制并纳入工作规划；鼓励和支持高校、科研机构、文化企业等建立产业教学、科研和培训基地；国内外联合培养文化产业人才（不含深圳）；鼓励技艺大师传人收徒授业，取得资质人员享受人才待遇（不含太原）；应当对文化产业在职人员进行培训和继续教育（不含深圳） ④文化产业市场管理制度：应当积极推进文化体制改革（不含深圳）；积极发展行业协会制度、配套完善文化市场中的各类中介法律服务制度；应当建立科学、合理的评价与激励机制 ⑤知识产权保护制度：应当加强知识产权保护的宣传，提供与知识产权相关的服务，完善知识产权行政执法与司法保护机制 ⑥促进对外贸易制度：应当为文化企业出口业务提供指导和支持（不含西安、辽宁） ⑦服务保障制度：应建立健全信息、技术、人才、土地、交易服务等平台（深圳太原仅含技术平台）
文化产业主管部门	省或市政府；文化行政部门负责指导和监管，其他有关部门负责相关工作（不含深圳）
其他	推动文化产业集群建设；推进高新技术企业发展；加强文化消费市场培育

表2　　　　　　　　　　四省市地方立法文本之个性归纳（表2）

省市 要素	深圳 （2009年）	太原 （2009年）	西安 （2012年）	辽宁 （2016年）
立法目的	—	满足公众文化需求，推动特色文化名城建设	—	满足公众精神文化需求，加快文化强省建设
文化产业范围	—	概括式+列举式：概念强调运作流程和经营性；点明具体与文化产业关联的活动类型；列举文化产业具体类型	—	—
法律原则	—	维护文化安全	—	—
核心制度	资金支持制度：另行制定资金管理办法。促进对外贸易制度：明确鼓励和支持的出口业务范围；打造对外交易平台，如文博会；应当组织文化产业项目去国外演出和评比等	产业指导制度：设专家咨询委员会。对政策和项目研究资金支持制度：重点支持中小企业；编制文化企业享受优惠政策目录。促进对外贸易制度：应当支持拓宽对外渠道，培育外向型企业和中介机构；鼓励和支持文化企业对外开展交流和商业演出等	—	产业指导制度：应当开展文化企业法律服务。资金支持制度：战略性投资；指出采取贴息、补助和奖励具体方式支持；鼓励和支持政策性金融机构对重点企业和项目信贷支持；允许知识产权出资。人才队伍培养制度：对各级各类文化产业人才，不区分单位所有制性质，在评优、表彰和职称评定享受同等待遇；实施股权、期权激励制度。市场管理制度：具体明确文化体制改革内容，即国有经营性文化事业单位转企改制。知识产权保护制度：具体指明具体措施，即完善快速维权和维权援助，缩短维权审查和侵权处理机制
文化产业主管部门	—	市县政府建立协调制度	市县政府建立文化产业发展联席制度，协调解决问题	设立领导机构，建立发展改革行政部门负责日常协调工作；具体指明有关部门，如工业和信息化、财政等9大部门负责相关工作

续表

省市 要素	深圳 （2009年）	太原 （2009年）	西安 （2012年）	辽宁 （2016年）
政府职责范围	规定8项政府职责	—	规定6项政府职责	—
其他	—	保障公民享受、参与和创造文化产品和服务的权益	—	鼓励文化与科技融合；提出文化消费市场培育具体措施；鼓励融资性担保机构开展信用评级和信用评价办法；发展行政部门建立举报制度

第一，文化产业促进法规的立法目的呈现出"二元化"的发展趋势。立法目的能够为立法者提供方向指引，从而使得各立法主体，如立法内容的起草者、立法条文的审议者以及立法草案的表决者等，能够基于同一立法目的，共同形成合力完成立法工作；同时立法目的还具有为代表不同利益的立法者提供解决各类分歧的依据和形成一致意见的准则的作用。更重要的是，立法目的也是衡量立法质量高低的标准，若立法想获得肯定性的评价则必须符合立法目的，并且准确、客观地将其表达。[①] 因此，立足于促进文化产业发展的立法之中，进一步深化文化产业促进法的功能定位、价值理念等关乎立法目的的内容是立法者进行立法时首要探讨的问题。该部法是产业侧重，是产业政策法？还是文化侧重，是文化产业化但最终是产业文化化，生活审美化？工业属人化的文化法？或者是"将文化产业政策法律化"，还同时将其作为"文化发展法"？笔者通过对四省市法律文本的比对和分析，得出目前文化产业促进法规的立法目的已从单一的"将促进型文化产业政策法律化"之外，兼顾了对文化的保护与弘扬，例如在表2"立法目的"要素中，太原的"满足公众文化需求，推动特色文化名城建设"以及辽宁的"满足公众精神文化需求，加快文化强省建设"等立法目的。具体的细化规定则体

---

① 黎建飞：《论立法目的》，《中国社会科学院研究生院学报》1992年第1期。

· 199 ·

现在，如辽宁省法律文本草案中第三十九条所规定的"鼓励技艺大师传人收徒授业"以及西安法律文本草案中第十五条所规定的"鼓励保护和传承非物质文化遗产"等。因为从根本意义上说，对政府制定和执行产业政策的行为进行法律上的控制是法治国家的必然要求。① 与此同时，文化产业也是文化事业的一部分，② 促进我国文化的大发展大繁荣，满足公众的精神文化需求，也是文化法的立法定位之一。在镜鉴中国台湾地区文化创意产业发展法的立法目的，同样也是将"促进型的文化产业政策法律化"与"促进文化繁荣发展"进行有机结合，从而实现了中国台湾地区文化产业的快速发展与文化氛围的越加浓厚。因此，"二元化"的立法目的值得借鉴。

第二，文化产业的范围和主管部门越来越具体、明确，关于各相关职权主体以及各区域间的冲突协调机制越来越完善。随着科技的不断发展，产业分工的不断细化，产业融合成为经济发展中的广泛现象。具体至文化产业的融合而言，其融合的深度和广度亦不断加大，如"文化+体育""文化+金融""文化+科技"等，这也使得对文化产业的范围界定、对政府部门职责的规定以及对职权主体间协调机制的建立健全提出了更高的要求。因此，在文化产业促进立法的过程中，对上述三类问题予以厘清是其关键所在。其一，文化产业的范围越来越具体，这有利于提高该法的可操作性和明确性。结合深圳和太原的法律文本，可以得出文化产业的内涵和外延越来越具体、明确。例如在表1和表2的"文化产业范围"要素中，深圳在文化产业的外延方面仅规定是"与文化产品和服务相关的活动"，而太原关于文化产业的外延则进一步规定是"文化用品、设备以及相关文化产品的生产和销售等行业"。与此同时，太原对文化产业内涵的界定还不再仅规定为"文化、娱乐产品和服务活动"，而是采取"概括式+列举式"的双重规定方式，这其中就具体罗列出了如影视、出版、发行、印刷复制、广告、演艺、娱乐、文化会展、数字内容和动漫10类文化产业项目。其二，针对主管部门的规定

---

① 王先林：《产业政策法初论》，《中国法学》2003年第3期。
② 陈红玉：《中国文化产业创新政策研究》，北京理工大学出版社2012年版，第49页。

而言，通过对法律文本分析（见表1和表2的"文化产业主管部门"要素总结），其已从单一的"省市政府领导"扩展到了"三主体协同驱动——省市政府领导、文化行政部门指导和监督、其他有关部门负责所涉及的相关工作"，其中在辽宁的法律文本草案中，还进一步列举了具体的有关部门，如工业和信息化、财政、国土资源等九大部门，该省采用这种明确职权主体的方式，能有效地减少部门间相互推诿或者争权夺利现象的出现。其三，各相关职权主体以及各区域间的冲突协调机制越来越完善，方式方法越来越创新，这将有效地减少文化产业发展过程中的阻力并保障文化产业市场主体的利益。例如，从单一笼统的"协调制度（太原市）"具体到"联席会议制度（西安市）"再明确到"设立常设机构——发展改革行政部门（辽宁省）"。辽宁省通过设立发展改革行政部门来作为协调机关的目的是与该草案中所规定的九大行政管理部门进行衔接，因为当九大部门间出现职责或者职权交叉的时候，则可以有明确的上级部门来进行统筹协调。与此同时，在上级部门统筹协调的过程中也必须按照各自部门明确的职责或职权范围来作为参考依据。这样一来，两者间便形成了相互监督的有利局面，从而能够更好地减少在促进文化产业发展过程中所出现的行政性阻力。因此，综上，随着文化产业融合趋势的加强，对文化产业范围的不断明确、对行政主管部门要求的不断提高，对冲突协调机制的不断健全，是未来文化产业促进立法的重点所在，值得我们高度关注并学习借鉴。

第三，文化产业的全方位整合推动机制正初步形成，并呈现出了"系统性、积极性和基础性"的特点。法的构成要素是由法律概念、法律原则和法律规则组成的，其中法律原则和法律规则占主导地位，并为人们提供行为理由。立足于四省市促进文化产业发展的地方立法，在政府产业指导、资金取得、人才培育、知识产权保护、对外交流以及公共服务设施建设等方面，其均是通过设定法律原则与法律规则的方式来予以全方位整合、推动的，并且现已初步形成了体制机制。基此，笔者通过对该全方位整合推动机制进行进一步分析，得出该机制具有系统性、积极性和基础性的特点。

其一，实体法律规范与程序法律规范的有效结合，使之呈现出"系统性"的特点。实体法律规范与程序法律规范是作为统一法律体系的共同组成部分,两者既相互独立又相辅相成,因此将两者有机结合,具有系统性的特点。结合促进文化产业发展的地方立法,在深圳市的法律文本中第二十一条第2款规定"文化产业发展专项资金管理办法由市政府另行制定",这就体现出了文化产业实体立法与程序立法的有机结合,提高了法的明确性和可操作性,具有立法"系统性"的特点。

其二,政府采取高度辅助的行政措施,这其中尤其是运用了诸多"新型行政行为",如行政指导、行政给付和行政奖励等,这使之体现出了政府"积极性"的特点。首先,在行政指导方面:行政指导分为两类,一类是规则性指导,即对违反公益的行为予以警示和训导;一类是助成性指导,即以帮助和促进相对人自身利益或事业发展等的公共政策目标为指向和目的,为相对人提供建议、信息帮助和技术支持等的行政指导。通过分析,目前四省市的行政指导类型大体都为助成性指导,例如在表1"核心制度"要素第①项"产业指导制度"中所总结的,四省市条文均规定"政府必须制定发展规划并将其纳入国民经济与社会发展的规划中"。"国民经济与社会发展规划"是对未来五年经济与社会总体发展目标的规划,在该类规划中会对该地区各重点领域的宏观形势、指导思想、主要预期目标和手段等内容予以明确叙述。因此,政府将"文化产业发展规划"纳入其中,则会使得在未来五年内该地区文化产业发展的基础更加扎实、目标更加明确、措施更加具体。其次,在行政给付方面:行政资助是一种常态化的产业支持措施和行政给付方式,四省市均已设立文化产业发展专项资金(参见表1"核心制度"要素中第②项"资金支持制度"的总结),并且辽宁省除此之外还在其文本草案第十五条第1款中对行政资助方式予以明确规定,其中具体方式为"贴息、补助和奖励"等。政府设立文化产业发展专项资金的目的是以此为引导来促进社会参与、助推市场运作,从而使得该项资金发挥良好的社会效益和经济效益,真正起到"四两拨千斤"的作用。同时,在此基础之上,辽宁省还进一步规定了具体资助类型,这是辽宁省政府对自我职责的明确,体现出了其积极促进文化产业发展的决心。最后,在行政奖励方面:政府建立了科学、合理的评价与激励机制,如深圳在法律文本

第十五条中就规定"政府要对每年在创意成果转化、出口数量方面表现较好的文化企业予以适当的奖励；对突出贡献的个人进行适当表彰"。如前文所述，文化产业是一个外部性极强的新兴产业，是需要行政主管部门采取一系列的有力措施来刺激其发展的。而"适当的奖励、表彰"正是有力的刺激举措。因此立法者将其纳入法律文本的规定之中，则有利于督促政府部门积极履行相关职能，助推文化产业的发展。

其三，地方立法积极创设产业指导制度、资金支持制度、人才队伍培养制度、文化产业市场管理制度、知识产权保护制度、促进对外贸易制度以及服务保障制度等，筑巢引凤，具有"基础性"的特点。实践证明，在政府与市场协调互补的调整与配置功能上，政府着眼点应该在基础的产业发展生态与市场环境的营造上。[①] 而在任何产业的发展过程当中，政府指导、资金、人才队伍、市场、公共服务保障以及对外交流机制均是最为必要，更是最为基础的要素。因此，这针对文化产业的发展而言也不例外。当然，文化产业除此之外，知识产权的保护也较为重要。通过对四省市法律文本的分析比较，该些基础性要素正在逐步到位，这尤其体现在四省市各自的法律文本特色之中（参见表2"核心制度"要素总结）。例如其一，在产业指导制度方面，太原专门设立了专家咨询委员会，而辽宁则重点关注中小企业的法律文化服务。这些规定将使得文化产业的发展更好地把握法律与政策导向。其二，在资金支持制度方面，辽宁通过法律明确规定"允许知识产权出资"，该项规定是对文化产业领域出资方式的突破，这将有利于打破文化产业的融资瓶颈，实现知识产权与金融的深度融合。其三，在促进对外贸易制度方面，深圳积极拓宽对外渠道，打造对外交易平台，如把举办文博会的相关安排写入法律文本之中。这将有利地督促政府部门定期举办对外交流活动，促进文化产业走向世界。其四，在知识产权保护制度方面，辽宁助推完善快速维权和维权援助机制。以王老吉与加多宝红罐凉茶包装装潢纠纷案为例，该案件于2012年7月6日立案，历经5年多时间才获得最高人民法院的终审判决。就笔者而言，这个判决的现实意义几乎为

[①] 郭万超：《如何看待文化产业发展中的政府作用》，《中国文化报》2013年4月27日。

零,甚至为负,加多宝使用红罐的权利其所包含的正义性显然已因为时间的原因而大打折扣。因此,通过这个判决我们可以得出,在文化产业领域建立知识产权案件快速审理与判决的机制是非常必要的,这将极大地维护当事人的合法权益。与此同时,还应配套建立维权援助机制,这能够在侵权事件显现矛头之时就及时采取措施,从而防止当事人陷入漫长的维权诉讼之中。综上可见,四省市的法律文本均对各项核心制度予以了明确规定,形成了在文化产业营造上的公私协力、物质支持与精神支持、培重开新等经验,以达到厚植文化产业发展之法制基础环境,赋予文化产业相应生活化依托和美学化来源之目的。

(二) 四省市文化产业促进立法的不足

近年来,随着依法治国理念的不断推进,四省市将文化产业的政策落地化、法律化,并在此基础上对文化产业的促进措施予以不断的完善,这是积极的、显著的进步。但与此同时,通过对当前文化产业的发展态势,促进方式的实效、活力以及前景进行分析,在检讨四省市促进文化产业发展的法律文本之下,笔者认为,该法律文本还是过于粗疏、滞后[1],主要体现在以下几个方面。

第一,全方位整合推动机制缺乏可操作性和全面性。首先,在缺乏可操作性方面:法的可操作性如何,是检验法治程度是否成熟的重要参考标准之一,其不仅影响着政府具体职责义务的设置,而且也决定着公民权利能否得到有效的落实。目前立法的可操作性不强,尤其在地方立法方面,这普遍表现在以下三个方面:其一是法律规定中宏观性、原则性的条文太多,而细化、量化的内容过少;其二是倡导性、宣示性的条文太多,其主要标志是过多使用"鼓励""支持"等用语来对政策进行倡导;其三是很多地方性法规模仿、重复上位立法或者其他省市的立

---

[1] 对深圳、太原促进文化产业发展的法律文本就实效、活力以及前景进行了总结性的评析,指出当前两省市法律文本的抽象、滞后等问题。参见周刚志、周应杰《"文化产业促进法"基本问题探析》,《江苏行政学院学报》2017年第1期;杨积堂《文化产业发展的立法现状与法制构建》,《北京联合大学学报》(人文社会科学版)2012年第2期。

法，从而缺乏地方特色。① 基此，笔者将四省市文化产业促进立法文本与上述三类标准进行对照，得出四省市立法缺乏可操作性。其一，条文过于宏观，没有细化到容易操作的程度或者缺乏条文外另行规定的详细配套措施。例如在表1"核心制度"要素中第②项"资金支持制度"方面，四省市均只规定要"设立文化产业发展专项基金并加强审核和监督措施"，但是具体如何审核、如何监督，在四省市中，只有深圳市对此出台了相应的资金专项管理办法（参见表2"核心制度"要素）。又例如在"推动文化产业集群建设以及文化体制改革方面"方面，也仅是在条文中简单罗列，没有具体细化。其二，倡导性、宣示性的条文占据大部分内容，且缺乏如何鼓励或支持的具体措施和方式手段。根据统计结果显示，深圳市法律文本共26条（不含附则），其中"鼓励""支持"性条文占42.3%；太原市法律文本共46条（不含附则），占43.4%；西安市法律文本草案共36条（不含附则），占39%；辽宁省法律文本草案共50条（不含附则），占58%。其三，在四省市的法律文本中，多处条文存在雷同现象，缺乏地方特色。例如在"法律原则"方面，四省市的法律原则几乎完全一样；又例如在各项核心制度方面，相互间也存在着照搬照抄的现象。以西安法律草案文本为例，西安古称"长安"，是我国四大古都之首，具有丰富的历史文化资源和厚重的人文底蕴，因此其文化产业促进条例的设计则应以历史文化为辐射点来推动文化产业的发展，但是综观其法律文本草案，其仅在第十五条中提及了对非物质文化遗产的保护，但是具体如何保护非物质文化遗产却并未展开。除此之外的剩余文本内容则与其他三省市的内容大体相近。可见，在未来文化产业促进立法的过程中，法律文本缺乏地方立法特色的问题值得重视。

其次，在缺乏全面性方面：全方位整合推动机制仅初步形成，在原则指引、制度建设方面，还需随着新问题的不断涌现而不断完善，从而使其能够更好地迎合时代的需求。其一，在原则指引方面，对国家文化安全的维护和价值观的倡导在法律原则中应有所体现。立足于目前四省市的法律文本，仅太原在第四条的法律原则中提及了对国家文化安全的

---

① 周静文：《浅析地方立法的"可操作性"特征》，《法制与社会发展》2014年第6期。

保护，但遗憾的是，这也仅是简单的宣示，其在分则部分中并没有对此展开具体规定。另外，在核心价值观的引领方面，四省市的法律文本对此均未提及。近年来，在全球化浪潮的冲击下，某些西方大国借助文化全球化的东风，对弱小民族和国家进行文化渗透，采取文化霸权。因此，通过文化立法的形式来维护社会主义文化主权是当前国际形势下的必然之选。并且，值得注意的是，核心价值观的引领也是新形势下保证文化健康、持续发展的关键之举。例如近期网络直播的违法违规行为、儿童"邪典动画"的现象层出不穷，这将导致未成年人的价值导向出现偏差并严重影响文化的健康发展，因此有必要在文化产业促进立法的过程中对此加以调整，让该类问题无处遁形。其二，在制度建设方面，虽然在目前四省市的法律文本中，已经形成了较为全面的推动机制，如产业指导制度、资金支持制度、人才队伍培养制度等，但通过对该些制度的进一步分析，并结合当前文化产业的发展现状，笔者认为该推动机制还存在诸多不足，主要表现在以下几个方面：一是缺乏对文化产业内容的重视，忽略了"创意"在文化产业发展中的重要作用。正所谓"提高内容的创造能力和活用能力是当前内容产业发展的源头活水和关键环节"，无论是日韩还是中国台湾，在其法律文本中均对文化产业的内容以及创意再造进行了具体规定。例如，有学者指出，日本的《内容产业促进法》实质上就是促进内容创造、保护和活用的一部法律。[①] 与此同时，台湾为了强化文化产业"创意"因素，则直接以创意为核心，将文化产业定义为"文化创意产业"。因此，重视文化产业内容中的"创意强化"，是文化产业促进立法的重点所在。但立足于当前四省市的法律文本，都仅是在法律原则中简单地提及要"鼓励自主创新"，但对于如何强化自主创新能力，分则中则没有任何具体的规定，因此这需要在未来的地方立法中予以改良。二是其他"核心法律制度"缺位以及已有的核心制度内容不够具体。以"中小企业促进制度"为例，根据各国文化产业发展经验得出：中小企业在文化产业发展过程中更具创新活力，是

[①] 廖建军、蔡斌：《文化产业政策比较研究——基于〈文化产业振兴规划〉和〈内容产业促进法〉之比较》，《出版科学》2010年第3期。

文化产业蓬勃发展的主力军。[①] 但立足于我国中小企业在文化产业发展过程中的现状，我国中小企业在产业发展内部受到了较多的歧视性限制。例如，虽然在四省市（不含深圳）法律文本中，均鼓励和支持非公有资本进入国家许可的文化产业领域。但是由于中小企业自身从业资历、技术水平以及资金实力等方面的限制，使其很难享受到该方面的扶持；又例如国家在政策方面大力促进较大规模文化产业集团的形成，但这在一定程度上也会导致文化产业垄断市场的形成。这由此将使得较大规模的文化产业集团通过赚取超额利润来损害中小企业的利益，并阻碍其发展和创新。基此，我国虽已出台《中小企业促进法》，但是该法毕竟是国家层面的立法，且适用于所有领域的中小企业。因此，为了提高促进文化产业发展之地方立法的针对性和可操作性，更好地维护中小企业的权益，在未来地方文化产业促进立法的过程中，则需对《中小企业促进法》的内容予以更细化的规定，有必要时还可在空白领域实施创制性立法。

第二，在体例结构上，缺少对文化企业（个人）权利的保障和各职权主体法律责任的具体规定。笔者通过对四省市促进文化产业发展的法律文本进行分析得出：四省市在体例设计上主要集中在总则、引导扶持、人才培养与对外交流、市场培育以及服务保障等方面，且主要是通过设定政府各部门的义务、职责来促进文化产业的发展，但对文化企业（个人）权利的保障，针对各职权主体不作为或者违反义务行为予以规制的法律责任却均未涉及。首先，在文化权利保障方面：政府实施文化促进的正当性基础在于依法落实公民的文化权利。[②] 通过立法的形式对文化企业（个人）权利予以明确规定，不仅有利于为国家机关在文化产业领域中的活动提供行为准则，而且有利于保障公民或集体免于遭受国家权力滥用之侵害，使得其可以据此通过行政诉讼等方式来依法维护自己的合法权益。但在现阶段，我国公民的文化权利没有受到足够的重视以及有效彰显，且在其被侵害时也难以获得救济。有学者通过分析发

---

① 齐强军：《论我国文化产业促进立法模式、原则与基本制度》，《学术论坛》2015年第4期。
② 宋慧献：《保障并落实公民文化权利：文化促进法初探》，《河南大学学报》（社会科学版）2018年第2期。

现，出现该些问题的主要原因在于当前文化权利保障机制的薄弱，宪法层面上的文化权利没有在具体的法律中细化与落实。[1] 因此，在未来的立法中，无论是国家层面立法还是地方立法，均需要对文化权利的保障予以积极的设定。其次，在各职权主体法律责任的设置方面：法律责任是指由特定法律事实所引起的对损害予以补偿、强制履行或者接受惩罚的特殊义务。[2] 因而，对此进行明确的规定，不仅符合依法治国的要求，具有规范和约束政府行为的作用，而且也是公民文化权利得以实现的必要途径。但也有学者指出[3]，在促进文化产业发展的法规中，不宜设置法律责任。究其原因，其主要认为，促进性法规应以"授权性规范"为主导，而"禁止性规范"应占少数或者没有。因此，立足于文化产业的立法领域，立法者则应该将重点置于优惠或促进措施之上，从而体现出该法以激励为主导的立法取向。对此，笔者认为该种观点并不成熟，其混同了授权性规范与禁止性规范的所针对的对象。授权性规范应针对的对象是被促进主体，而禁止性规范所应针对的对象是各负有促进义务的职权主体。因此，对两者均进行设置，既不互相冲突，也不影响激励效果的实现。相反，通过禁止性规范的设置还能够更加行之有效地去督促义务主体履行法定义务（职责），还能间接增强促进力度。基此，在未来的地方立法中，法律责任必须体现其中。与此同时，值得注意的是，在对法律责任的规定中，还需规定针对侵权行为等所应采取的相应救济手段。因为救济手段是连接侵权者与被侵权者之间的桥梁，即被侵权者可以通过多元救济手段来要求侵权者承担法律责任，从而实现其合法权益的维护。自古罗马时期以来，便有"无救济即无权利，有权利必有救济"的法律观念，更有学者专门对"权利救济"进行研究并得出结论，即一个"便利、高效、经济和完备的救济手段和机制"，是以宪法为基准的法治社会得以最终实现的最有效途径。[4] 据此，笔者认为，另将救

---

[1] 傅才武、蔡武进：《文化权利论》，《中国文化产业评论》2015年第1期。
[2] 张文显：《法理学》（第三版），高等教育出版社2007年版，第168页。
[3] 程雁雷、宋宏：《文化体制改革情境下的文化产业立法构想》，《学术界》2012年第2期；周柳妤：《我国地方文化产业立法探究》，硕士学位论文，广东外语外贸大学，2016年。
[4] 陈焱光：《公民权利救济论》，博士学位论文，武汉大学，2005年。

济手段通过立法的形式予以规定并与法律责任的设定相互衔接，也是当前文化产业促进立法中需要格外重视的问题。

综上所述，四省市的法律文本是地方促进文化产业发展在立法领域鲜活的法律素材，笔者通过对该些法律文本个性与共性内容进行分析，得出了目前四省市法律文本中所蕴含的优秀立法经验以及仍存在的不足，在提炼、吸收、借鉴与总结之后则能为《浙江省文化产业促进条例》的出台提供扎实的实践基础和优化路径，从而使其能够在法律内容的完善上、在具体条文的进一步细化上以及在体例结构的改进上予以更加科学化、合理化的设计。

四 《浙江省文化产业促进条例》的体例与内容设计

如何科学合理地设计该部法规的体例与内容，是本文的核心所在。综观前文，笔者主要通过"三个维度"来为其提供方向指引、立法精准定位和实践基础。其一是通过对国家层面文化产业促进立法的研究进程进行分析，从立法结构、立法目的以及核心法律制度方面为浙江地方文化产业促进立法提供宏观层面的立法指引，使其能更好地把握国家层面立法的理念。其二是扎根浙江省地方特色土壤，就浙江省文化产业发展现状和法制环境两大方面进行必要性和可行性分析，明确当前浙江省文化产业立法的优势和问题所在，从而使其能够更好地明确地方立法的精准定位，提高立法的针对性。其三是通过对四省市已有法律文本进行比较与评价，就立法演进和立法不足，为浙江地方文化产业促进立法提供微观层面的立法指导，使其能够在已有的实践基础之上更加完善、具化。同时，值得注意的是，由于《浙江省文化产业促进条例》是对国家层面立法的"先试先行"，因而在对体例以及内容的设计上会更多地侧重于创制性立法，因此必须在明确其可操作的范围后再对此加以设计。

综上，在对该法的体例与内容的设计上，其一是需要对文化产业领域的地方省级法规创制权限予以分析，从而明确地方立法机关可调整、控制和规范的事项的权力范围以及在创制时所需遵循的创制要求；其二是在确定的范围和要求下，于"三维度"的研究基础之上，再对文本部分予以具体设计。

（一）地方省级法规创制权限与创制要求

地方立法的创制性问题实际上是对地方立法的自主性程度和强度的反映，这与中央与地方立法权限的划分有着直接的关联。[①] 基于我国文化产业立法领域"重政策，轻立法""重管理，轻促进"的特点以及缺乏"上位立法"的现状下，这将使得地方文化产业促进立法的内容会更多地侧重于创制性立法。因此，具体至浙江文化产业促进立法，其可在何范围进行地方立法将很大程度上取决于地方省级法规的创制权限。通过对《立法法》相关规定和文化产业促进立法特殊性的分析，笔者认为，《浙江省文化产业促进条例》的创制权限范围应介于"中央专属立法权"与"地方专属立法权"之间。首先，在中央专属立法权方面：《立法法》第八条对"中央专属立法权权限范围"做了详细的规定，这对地方立法权而言是一条排除性条款。在该条款中，结合文化产业发展的特点，地方立法尤其需要对该条第6款"税种的设立、税率的确定和税收征收管理等税收基本制度"的规定予以准确解读。其次，在地方专属立法权方面：《立法法》第七十三条第2款规定，地方性法规可根据地方事务需要进行创制性立法。虽目前我国《立法法》尚未对地方事务的内涵进行具体规定，但学界主流观点[②]认为，地方事务具有专属性，即属于仅由地方解决，无须中央统一立法的地方事务，如在一定区域内颁布禁止燃放烟花爆竹、禁止捕鱼等规定。显然，促进文化产业发展是关乎我国国民经济能否蓬勃发展的关键之举，因而不符合地方事务"专属性"的特点，不宜在此方面进行

---

① 韩旭：《立法的创制性：审视中央与地方关系的另一视角——以浙江省为例》，《新视野》2015年第3期。
② 参见曹康泰《中华人民共和国立法法释义》，中国法制出版社2000年版；乔晓阳《立法法讲话》，中国民主法制出版社2000年版，第239页；孙波《论地方专属立法权》，《当代法学》2008年第2期。

创制性立法。

同时，在"创制性立法要求"方面，在当前立法实践中，地方人大在进行创制性立法时往往犯难甚至退缩，并表现出以下几个方面的问题：其一是地方立法能动性低，往往照搬或者重复其他地方立法，这从而使得该部立法缺乏地方特色；其二是立法利益诉求不平衡：由于目前80%的地方法规草案都是由立法机关委托政府职能部门起草，因而这使其地方立法呈现出了"部门立法""关门立法"的特点；其三是过度创新，越权立法，引发了上下法规、规章之间相互抵触的现象。[①] 因此，针对以上问题，为更加科学、合理地创制《浙江省文化产业促进条例》，立法者则应当遵循以下几个方面的创制性立法要求：其一是地方人大应提升地方立法能力，融入浙江特色，深入调研，改变以往"照抄、重复"其他地方立法的观念；其二坚持人大主导立法，落实浙江省公众参与立法制度，从而实现其由制度化向法律化、法治化的转变；其三坚持"不抵触原则"，基于实施性立法与创制性立法性质的不同[②]，因此这里的"不抵触原则"应更多地体现在不得与宪法、相关法律和行政法规的精神实质、基本原则相冲突、相违背。

（二）《浙江省文化产业促进条例》的具体设计

《浙江省文化产业促进条例》应由体例与内容两部分组成，其中体例即是该部法规中所形成的结构框架，如总则、分则等，而内容则是各框架下所囊括的具体条文。两者具有相互对应的关系，即不同框架下所对应的具体内容不同。通过对该法创制权限的明确以及创制要求的遵循，并立足"三维度"的研究基础，且内化国外优秀的立法经验，笔者

[①] 黄文婷、黄晓敏：《论〈立法法〉修改后地方人大创制性立法的问题与对策》，《韩山师范学院学报》2017年第5期。

[②] 目前在立法实务界和学术界，通常将地方立法划分为两大类：创制性立法和实施性立法。一般来说，地方立法，无论是创制性的还是实施性的，都是对中央立法的贯彻和落实。所不同的是，有些地方立法表现为对某一具体中央立法的贯彻和执行，可视为该中央立法在本地的实施细则，这样的地方立法就是所谓的实施性立法。而另有一些地方立法，是根据宪法、法律或者行政法规的某些规定，甚至是根据宪法和法律的某些原则和精神，针对本地的某种具体情况和实际问题而制定的，这样的地方立法为创制性立法。

认为《浙江省文化产业促进条例》可由三部分组成，分别是总则、分则和附则，其中本章笔者将从总则部分的立法目的、调整对象以及立法原则，分则部分的各核心制度的细化、企业（个人）权益保障以及法律责任与救济途径的"重点部分"展开论述。

1. 总则部分

法的总则部分对法具有统领作用，是整部法的纲领和事关法的全局的综合，它的内容一般包含立法目的、立法根据、法律原则、法的效力和法的适用五大方面。[1] 本节笔者主要从立法目的、调整范围以及法律原则展开论述。

（1）立法目的

立法目的是立法机关在决定是否立法时必须厘清的前提性问题。有学者认为，对立法目的如何规定的探讨可从四个层面分析，分别是根本目的、主要目的、直接目的和最终目的。其中根本目的是保护公民文化权利，满足文化需求；主要目的是贯彻文化发展战略；直接目的是促进文化产业发展；最终目的是提升文化软实力。[2] 对此，笔者认为，该种划分方式不仅能够体现出立法目的的层次性，即"由内而外""由近及远"的特点，而且也深层次地阐明了促进型立法目的的实质内涵，但其中将"贯彻文化发展战略"作为主要目的，笔者并不赞同，因为"文化发展战略"具有政策导向，具有不确定性，因此不宜写入起统领性作用的立法目的之中。据此，笔者认为可从三个层面来对立法目的予以分析：根本目的、直接目的和最终目的。首先，根本目的应界定为"保护公民文化权利，满足公民文化需求"，因为"以人为本"是社会主义法治的出发点和本质要求，符合宪法精神。其次，直接目的：结合当前地方文化产业立法目的"二元化"的发展趋势，即"促进文化产业发展"和"推动文化繁荣"两个方面并驾齐驱，因而其直接目的应界定为促进文化产业发展和推动文化大发展大繁荣两个方面。最后，在最终目的方面，由于提升国际竞争力是任何一个产业发展的最终归宿，文化产业也

---

[1] 周旺生：《论法的总则部分构造》，《政治与法律》1995 年第 3 期。
[2] 于语和、苏小婷：《我国文化产业促进法立法刍议》，《甘肃理论学刊》2015 年第 6 期。

不例外，因此该最终目的应为提升文化软实力，让我国文化走向世界，对此，也许会有学者提出浙江省文化产业的发展是否需具备如此高度？为此，笔者认为，浙江省是沿海对外开放的大省，相较于内陆而言更具优势，因而可将其作为浙江文化产业促进立法的最终目的。综上，总结得出《浙江省文化产业促进条例》的立法目的为：通过促进文化产业发展，推动特色文化名省建设，从而满足公众文化需求，最终实现文化软实力的提升。

（2）调整范围

"文化产业"是目前我国法律文本中通用的标准用法，但与此同时还有几个竞争性的概念并存，如英国的"创意产业"、美国的"版权产业"、日本的"内容产业"以及我国台湾的"文化创意产业"等，国外研究认为，这几个概念都是关于文化作为一个产业的不同用语而已，其主要区别在于产业的性质不同。有学者在研究以上各文化产业特色内涵的基础之上提出：我国"文化产业"的名称应变更为"文化创意产业"，且其内涵也应是"通过具有创意的手段，对有知识产权的产品或传统文化加以开发和利用，为社会公众提供具有文化意义的产品和服务的产业，包括媒体类、艺术类、设计类以及其他具有文化创意特征的产业。"[①] 对此，笔者认为运用概念来强调"创意"，并最终落脚至文化意义上，这尤其值得浙江省借鉴。因为现今虽浙江省产业园区集聚效应不断加强，"梦想小镇"领跑全国，但是文化产业体系也因缺乏创意而呈现出"概念化、庸俗化、同质化"现象，因而急需通过立法的形式来强化"创意"。但是，若直接采用"文化创意产业"的名称和此类范围，笔者认为时机还不成熟。首先，在名称方面，虽然现在我国有些省市采用的是"文化创意产业"的表述，但在中央一级的层面仍使用的是"文化产业"概念，因此为保持与中央的协调统一，采用"文化产业"的表述较为妥帖。其次，在范围方面，笔者认为该类范围过于局限，把对经济发展起较大促进作用的其他相关文化产业（如文化设备和用品的

---

① 郭玉军、司文：《文化产业促进法视角下文化产业界定比较研究》，《武汉大学学报》（哲学社会科学版）2015年第6期。

制造）排除在外，这不仅与相关中央文件及地方立法文本相冲突，而且不符合现阶段国情。其一，在中央文件以及地方立法文本方面，结合2003年文化部《关于支持和促进文化产业发展的若干意见》、国家统计局对"文化产业"的规定以及四省市的地方立法文本规定，均是将相关的文化产业纳入文化产业的范畴之中。其二，这不符合当前国情，限制了文化产业的进一步发展。因为当前我国正处于文化产业发展的初步阶段，为了更好地提升文化软实力，我国文化产业的发展应该在尽可能多的领域共同发力。并且结合浙江省文化产业发展现状，目前浙江省文化产业仍以与文化相关的制造业、旅游业等为主导，高新技术产业、数字产业还处在发展阶段。因此，就浙江省而言，立法则应该将与文化相关的产业纳入其中。但值得注意的是，由于文化产业覆盖面广，与科技、教育、旅游等相关产业之间的交叉性越来越强，因而在尽可能拓宽文化产业范围的同时，也需对此有所限制，不应如已有地方立法文本中所规定的"与文化相关产业"的表述一样，这其中既没有列举也没有任何限制，终将会造成文化产业无所不包的乱象，以及出现部分企业打着文化产业的旗号骗取各种优惠等问题。因此，综上，笔者认为，在对《浙江省文化产业促进条例》文化产业的概念界定上，应该采取"概括式＋列举式"的方式，有必要时还可辅之以文化产业政策，使其得以进一步明确。概念具体可表述为"通过具有创意的手段，为社会公众提供文化产品或服务的活动，以及与这些活动有关联活动的集合。主要包括影视制作、出版、发行、广告、演艺、娱乐、文化会展、数字内容和动漫，以及其他文化服务和文化用品、设备以及其他相关文化产品的生产、流通和销售等行业"。

（3）法律原则

文化立法是相对于教育、科技、卫生等领域的立法，是针对文化产业、文化事业以及文化管理等活动的立法。可见文化产业立法是文化立法的重要组成部分之一，因此，在研究文化产业法律的基本原则之前，首先要熟知文化法的基本原则，再以此为基，结合文化产业发展的固有特色，对文化产业促进立法的基本原则予以设计。首先，关于文化法的基本原则，学界已开展了大量的研究并形成了丰富的研究成果，通过对该些研究成果进行分析，得出目前对文化法原则的研究主要有三种视角：政治原则、立法技术原则以及立法内容原则。为此，有学者指出，在法律文本中，在对文化法基本原则的规定上应强调对"立法内容"的设计，而不应将"政治原则"以及"立法技术原则"纳入其中，因为如"为人民服务、为社会主义服务"之类的政治原则不能够对文化立法中权利义务的配置提供相应的比较直接的指导和引领，而如"立法应科学、民主、合理"之类的立法技术原则更会使基本原则的体系显得混乱、混杂，因为这是在立法过程中、法律文本形成前所应遵循的基本原则。[①] 对此，笔者较为赞同，因为文化法基本原则不仅是对文化立法指导思想以及理论基础的高度凝结和集中体现，而且更是对文化法律制度和具体条文的主旨和方向的提炼和概括，从而其必须具备指导性和统领性。因此，笔者仅就"立法内容原则"展开了进一步研究[②]并得出：目前"公民文化权利保障原则""市场化与政府规制协调原则""坚持社会效益优先，实现社会效益与经济效益相统一的原则"以及"保障文化安全与国际化之间平衡原则"五大原则已成为学术界所共同认可的法则。与此同时，在此基础之上，有学者还提出应强化"文化公序原则"，即是指维护文化产业公共秩序，倡导社会主义核心价值观，且其还指出该原则不是对民法领域"公序良俗原则"的移用，而是为文化创制主体所具有的创作个性与影响公众性之间的矛盾所确立的，因而需要在此原则之下以具体规定的方式来明确对基本政治方向和不良精神危害的评判标准、范围和界限。[③] 对此，笔者认为该种观点颇具有前瞻性和时代性，尤其对浙江省文化产业的健康发展而言更值得借鉴。因为近日来诸多网络直播平台乱象丛生，直播内容低俗诙媚、背离社会主义核心价值观，而浙江网络直播平

---

① 石东坡：《文化立法基本原则的反思、评价与重构》，《浙江工业大学学报》（社会科学版）2009年第2期。
② 参见张庆福《我国文化法制建设理论的深层探索》，《中国社会科学院学术动态》2005年第5期；肖金明《文化法的定位、原则与体系》，《法学论坛》2012年第1期；刘普生、翟中鞠、田国宝《文化立法之法哲学研究》，《法商研究》1997年第1期；唐明良《论文化立法的基本原则与基本规律》，《观察与思考》2012年第 期；陈柳裕《文化立法研究：共识、争议、进展及其评判》，《浙江工商大学学报》2012年第5期。
③ 石东坡：《文化立法基本原则的反思、评价与重构》，《浙江工业大学学报》（社会科学版）2009年第2期。

台的数量在全国位列第三，从而该类现象也层出不穷，急需要通过立法的形式加以调整。因此，文化法领域的上述六大原则应成为文化产业法律原则设计的基础并不断完善、优化。

基此，在研究文化法的法律原则外，文化产业促进立法的基本原则设计还需结合文化产业的固有特色和浙江文化产业的发展趋势，以期来提高其科学性、针对性和可操作性。文化产业具有双重属性，即社会性与经济性。前文主要是从文化法的角度来设计文化法律原则，因而其更多的是强调文化产业的社会属性。因此，为同时兼顾文化产业的经济属性，在文化产业原则的设计方面还需对此发力。结合四省市的地方立法文本，"政府引导、市场运作、统筹规划、协调发展""鼓励自主创新""扶持特色和优势文化产业"以及"强化知识产权保护"等原则已成为地方立法实践中的共识，并发挥了积极作用，这值得借鉴。与此同时，结合浙江文化产业发展的现状，即出现"高新技术产业发展滞缓""区域间发展极不平衡"等问题，还需对此予以法律原则的指引。

基于对文化法原则、文化产业法律原则以及浙江省文化产业发展特色的研究，同时在贯彻文化产业"双重属性"的基础之上，笔者认为《浙江省文化产业促进条例》的法律原则应整合为以下几个方面：其一，弘扬优秀民族文化，坚持社会效益优先，实现社会效益与经济效益相统一；其二，政府引导、市场运作、统筹规划、协调发展；其三，扶持特色和优势文化产业；其四，鼓励新兴业态和自主创新，强化知识产权保护；其五，注重对外交流，维护文化安全，维护公共文化秩序。

2. 分则部分

分则部分是对立法目的、法律原则等总则内容的进一步具体细化，本节笔者主要就相关核心制度、文化企业（个人）、权利保障以及法律责任与救济途径等内容展开设计。

（1）核心制度与措施

基本制度和措施，是文化产业促进立法的核心组成部分。细化该些制度的具体内容，提高可操作性，目的在于强化政府职责义务和保障公民文化权利。结合目前国内外研究及地方立法实践，对基本制度的构建可概括为以下几个方面：产业指导制度、资金支持制度、人才队伍培养制度、知识产权强化制度、高新技术促进制度、中小企业促进制度、文化产业市场管理制度、服务保障制度以及对外贸易促进制度等。通过对该些制度予以进一步分析，得出部分制度（如产业指导制度、服务与保障制度以及对外贸易促进制度等）已日臻完善，但在措施的具化上还需进一步改进，如在对外贸易促进中"出口审批制度"的健全等。至此，本文囿于篇幅的限制，对该些较为健全的文化产业促进制度将不再继续展开论述，本节笔者将立足于浙江省文化产业发展的需要，着重对正处于初步阶段且较为核心的相关制度予以具体设计，如资金支持制度、知识产权强化制度、高新技术促进制度、文化产业市场管理制度、中小企业促进制度以及人才队伍培养制度等，以期健全全方位整合推动机制来促进浙江省文化产业的发展。

第一，资金支持制度。资本是拨出来用于再生产的财富，若没有它，产业只能处于最初而简陋的状态。对此文化产业也不例外，但基于该产业中企业"轻资产"的特点，即"固定资产少，而无形资产多"，这从而使其处于"融资难，对其投资风险高"的困境。对此，四省市的地方立法文本对其采取了有效的措施，但在此基础之上，笔者认为有必要对"支持建立风险投资和担保公司并为企业提供服务"该条规定予以进一步的具体设计：首先，在风险投资方面，由于在未来民间投资才是最终的、有效的途径，因而在现阶段以"政府投资"为主要投资来源的基础之上，还应构建过渡性的民间投资措施。例如在民间投资方面，日本的资金制度偏向于民间主导，其中鼓励民间慈善资金进入文化基金是其重要途径之一。对此，我国可予以借鉴，因为将"民间慈善资金"投入文化企业之中，这既能够更大程度地发挥文化产业的社会功能，而且还能够实现该基金的保值增值。其次，在担保公司方面，目前辽宁省已经形成了各类民间担保公司并丰富了多元化的担保方式，基此，笔者认为还可以进一步明确"国有担保公司"为其提供财务担保的义务，因为基于文化企业的特点以及以银行为主要借贷市场的环境下，担保机构的加入能够缓解企业融资难的问题。综上，以上两方面是主要围绕如何投资展开的，但对于最关键的融资问题也必须予以关注，因为这是决定企业能否在起步阶段迅速崛起的核心所在。在文化产业领域，向传统银行融资是其主要途径之一，但基于文化产业自身的特点，传统银行融资越来越难。自此，基于杭州市在文化金融服务方面的实践经验，如建立专门的文创银行、创新金融产品（如"印石通宝"艺术品融资产品、"拍益宝"金融产品以及"助保贷"融资平台）等则值得借鉴。并且在《关于加快发展杭州文化产业的若干意见》中也对此予以了肯定。因为专门的文创银行和金融产品在管理模式、客户培育、产品创新及渠道搭建等方面都作出了有益探索，为金融助推文创产业发展提供了创新思路。因此，浙江省文化产业促进立法可将其政策文件转化至法律文件之中，使其进一步发挥效果。

第二，高新技术促进制度。"鼓励新兴业态和自主创新"是文化产业促进立法中一项重要法律原则，但结合已有的地方法律文本，该原则仅仅在总则中有所体现，在分则的具体条文中均未做进一步的细致规定。有学者应用 DEA-Malmquist 方法，并利用 2000 年至 2015 年中国省际文化产业投入产出的面板数据对文化产业全要素生产率增长进行了测算，得出：文化产业全要素生产率的增长主要来自科技进步的贡献。[1]因此，文化产业的促进立法应在分则部分对"高新技术促进制度"予以重点设计。在对该制度的设计方面，日本和韩国均有所涉及，但韩国较日本而言，其法律规定更详细，更具操作性，其主要从技术研究经费、数字化标准以及研发机关三个方面着手。笔者立足浙江省文化产业尖端科技发展滞缓的现状，并结合韩国的立法经验，认为"高新技术促进制度"可从以下三方面具体展开：其一，资金保障制度。合理规划文化产业专项资金，保障技术研发所需的必要经费，为研发机构提供政策和资金支持。其二，委托制度。国家可将与技术相关的事业与业务委托给第三方，如法人、社会团体或个人，并指定负责相应事务的机关。其三，鼓励制度。其中一方面是对在科技成果领域做出突出贡献的企业或者个人予以奖励；另一方面是积极鼓励"科技成果转化"，大力促进产学研合作成果转化为生产力，但值得注意的是，在这方面，"知识产权保护

---

[1] 隋志茹、冀朝旭、周婉姝：《文化体制改革与文化产业全要素生产率增长》，《改革与开放》2016年第14期。

力度是否强劲"是推进科技成果可否顺利转化的关键所在,目前我国在此方面仍存在着诸多问题,如对发明人保护不足、实际赔偿额过低等侵权案例,为此在日后的修法中还需不断完善。

第三,中小企业促进制度。最新修改并颁布的《中小企业促进法》,将"中小企业"的类型做了进一步划分,将其分为中型企业、小型企业和微型企业三类,但该部法律对于中型、小微企业面临的不同问题却未区别对待,针对性还不够强。其中针对"小微企业"而言,该类型企业是中小企业中最弱势的群体,且关系中国经济的发展后劲,对此,立法内容应该更多地聚焦于小微企业,尤其是科技型小微企业。[①]目前在文化产业领域,浙江"小微企业"的发展遇到诸多问题,如融资难、垄断企业或强势采购方故意拖欠小微企业款项以及创新力度不够等。基此,笔者认为,其一在"融资难"问题上,应对小微企业予以更多照顾,例如可以辅之以政策的形式对不同类型的企业采取不同的指导标准,即分级资助,或者借鉴日本经验,即专门设立为中小企业服务的新兴股票市场(OTHERS),从而为更多中小企业提供直接的融资渠道;其二在"故意拖欠款项"方面,应加大惩戒力度,例如完善该些企业的信用评级制度,对严重者可纳入失信名单;其三在"创新力度不够"的问题上,政府应推动小微企业形成良好的创业创新生态系统,并通过强化天使投资或风险投资等股权投资方式来保障创新。其中在创业创新生态系统的形成方面,就需要通过立法的形式在两大平台的打造方面给予中小微企业更多的关注。这两大平台分别是"文化产业孵化平台"与"文化科技创新平台"。由于一些中小微企业资金力量弱,因此即使存在高新技术产业也无法进一步地开拓创新。根据《浙江省"十三五规划"》文件中所提出的要"建立健全共享机制,实现国家重点实验室、国家工程中心等技术平台向文化企业开放"的内容,因此若能将国家重点创新项目,创新孵化器与中小企业接洽、向中小企业开放甚至落户创新潜能较强的中小微企业,这则能更好地助推中小微企业的创新发展,进而形成良好

---

① 辜胜阻、庄芹芹、冯德崇:《〈中华人民共和国中小企业促进法〉修法看点与完善建议》,《经济与管理》2017年第5期。

的创业创新生态系统。

第四,知识产权强化制度。就文化产业促进立法而言,需要进一步厘清其与知识产权法之间的关系。知识产权法既是保护知识产权并实现权利主体的利益享有和支配的私法,又是在协调产权保护与再创造以及再创新之间的利益平衡关系与实现文化传承创新、创新创造和创业相衔接的公法。因此,在对文化产业促进法完善的同时,需要与知识产权法的修改协同推进,即"协同修法"。如针对著作权法的修改而言,在文化发展的意义上,其必须对该些问题予以创造性地回应:对于"创意"本身的保护是否存在立法空间;[1] "合理使用"的范围限度问题,如基于个人研究或欣赏的需要对音乐作品的利用,是需要付费还是属于公共领域的范畴等;以及互联网、大数据、云计算技术对作品的传播和利用方式的冲击问题,如音乐采样、拼贴文化等。[2] 但限于目前知识产权法尚未修改的前提下,就已有立法资源以及浙江省产权保护实践经验而言,笔者认为应通过立法的形式要求政府建立统一的文化产业知识产权公共服务平台和知识产权评估体系。首先,针对知识产权公共服务平台的建设方面,嘉兴市在"两个中心"的基础上取得了卓越的实践经验,一个是国家专利技术(嘉兴)展示交易中心;另一个是嘉兴市知识产权维权援助中心。这"两大中心"不仅有力地推动了专利技术的交易转化,而且也有效地为单位或个人知识产权纠纷的解决提供了智力援助和相应服务。鉴于此,在浙江省文化产业知识产权保护的立法方面,政府应当以上述两大中心为基础搭建全省统一的知识产权公共服务平台并引入从事知识产权服务的中介机构,从而在知识产权信息查询、管理、交易以及侵权救济方面为文化产业发展提供专业服务。其次,在健全知识产权评估体系方面:推动知识产权融资担保将成为未来文化产业融资体系中的重要途径之一。基此,为方便各金融机构对比评估产权价值,可由政府部门牵头,组建知识产权专家评估团或者引入"第三方评估机构",即公布一批权威的知识产权评估机构白名单,从而为知识产权评

---

[1] 刘亚军:《文化创意产业的知识产权保护》,《社会科学辑刊》2015 年第 3 期。
[2] 黄汇:《〈著作权法〉修改应解决公共领域难题》,《中国社会科学报》2015 年 7 月 22 日。

估提供专业性依据。

第五，人才队伍培养制度。人才是我国创意产业发展的根本保障，也是我国创意产业持久发展的最重要条件。有学者指出，目前创意人才的极端匮乏已成为制约中国文化创意产业发展的"瓶颈"。[①] 立足于浙江省文化产业人才队伍的建设现状，如前文所述，结合2017年的最新数据调查显现，目前浙江省的创意人才和复合型改短人才严重缺乏。除此之外，以杭州为例，还存在"高端人才业态分布不均衡""人才培养不够充分"以及"人才市场有待健全"等诸多问题，[②] 这具体表现在：其一，动漫游戏、艺术品、文化创意产业等人才比例不足5%；其二，缺乏专门的创意实践理论和实践经验，人才总体素质不高；其三，对外交流较少，导致诸多高端人才外流。因此，针对以上问题，浙江文化产业促进立法必须对此加以调整。其一，应强调以市场为需求导向加大人才培养，如重点培育动漫游戏业人才、现代传媒业人才、文化会展业人才以及文化休闲旅游业人才等。其二，应强调以交流合作为措施弥补人才外流。如借鉴纽约、柏林、东京等城市建立各类创意中心，展开国际交流合作，吸引高精尖人才。在我国北京早在2006年就与伦敦艺术大学合作，建立了"世界创意之都"，成功地实现了两地人才的交流与合作。其三，应加强"产学研"合作，缩短学用落差，积极推动校企共同制定人才培养标准。在浙江目前已有很多高校或学院采取了类似的培养模式，如浙江大学与阿里巴巴在"互联网法律"上的合作，浙江工业大学法学院与浙江省高级人民法院所建立的研究生实践基地等。因此，在浙江省文化产业促进立法的过程中，可将该些已有的办学模式予以进一步的确认或者提倡，从而解决学校教育与社会需求相脱节的问题。

第六，文化产业市场管理制度。对文化产业市场实施管理，目的在于为文化产业提供一个公平公正的市场环境，从而间接促进文化产业的快速发展。通过对已有研究以及地方立法文本的分析，得出目前在"文化产业市场管理制度"的构建上主要从"推进文化体制改革""发展行

---

① 华正伟：《我国文化创意产业人才培养模式的构建》，《沈阳师范大学学报》（社会科学版）2009年第3期。
② 范小春：《文化创意产业新趋向——以浙江省为例》，上海三联书店2017年版，第12—13页。

业协会制度"以及"中介法律服务制度"三个方面,但其中针对"推进文化体制改革"和"发展行业协会制度"方面,在具体条文的细化上或者上位立法方面存在研究或者法律实践的空白,对此笔者予以重点设计。一是推进文化体制改革。文化体制改革主要围绕文化产业和文化事业展开,而两者具有不同的性质和特点,其中文化企业是经营性单位,而文化事业单位则是以社会公益为核心目的,并享受国家拨款。但近年来,随着市场化浪潮的不断推进,两者的界限不断模糊,其中文化事业单位出现了"事企不分""功能紊乱"等弊端,与此同时,其还在市场化改革的旗帜下肆意追求营利,弱化公共服务职能。基此,有学者提出按照"文化事业单位"的主要职能或社会价值进行区分,若其主要职能是从事公益服务的,比如广播电视台,则通过强化该职能并严格管控其财务支出和营利性行为;但若该主要职能非从事公益服务,而是从事生产经营性活动,例如某些出版社、杂志社等,则应实行转企改制,同时主管部门采取"黄金股"的方式对其加以管控,确保其正确走向。[①] 此外,针对文化事业型单位而言,可借鉴美国法的规定[②],即只要其从事相关商业活动,则该些活动均不能享受其作为非营利机构的政策优惠措施。二是发展行业协会制度。对文化事务的管理,既要政府主管部门的依法行政,也离不开文化行业协会的依法自治,缺乏任何一方面的管理都是不完整的。文化行业协会不仅是企事业组织与政府沟通的桥梁,具有维护会员合法权益的重要意义,而且更是改革计划经济体制下形成的政府直接办文化、直接管理文化单位甚至直接经营文化单位的旧体制的关键之举。目前,在浙江已出现诸多类型的文化产业行业协会,例如浙江省文化创意产业协会、杭州市文化产业促进会、杭州市休闲发展促进会、杭州成长型企业品牌促进会、台州市文化产业促进会等,但是各自的法律地位不明,并且出现自身建设缺乏规范约束的问题。因

---

① 周刚志、周应杰:《"文化产业促进法"基本问题探析》,《江苏行政学院学报》2017年第1期。
② 以美国为例,博物馆等非营利性机构出售明信片或微型版艺术品等属于免税范围,但是它们设立餐厅、停车场等与单位(机构)使命不直接相关的活动,则被作为"与非营利性地位无关的商业活动"予以课税。参见[美]弗雷德里克·马特尔《论美国的文化:在本土与全球之间双向运行的文化体制》,周莽译,商务印书馆2013年版,第349页。

此，有必要在浙江省文化产业促进立法的过程中，明确文化产业促进协会的性质、地位、职责，特别是协会与政府，协会与文化企事业单位之间的关系，从而才能更好地指导我省文化产业促进协会的建设和发展，例如其可在职能方面明确"沟通职能""服务职能"以及"自律管理职能"等。

综上所述，在结合国内外已有研究、部分地方立法实践以及笔者的分析基础之上，《浙江省文化产业促进条例》应着重围绕对"产业指导制度、资金支持制度、知识产权保护制度、高新技术促进制度、文化产业市场管理制度、中小企业促进制度、人才队伍培养制度、促进对外贸易制度、文化产品内容审查制度以及服务保障制度"十大核心制度进行规定。

（2）权益保障

实践证明，国家在对公民文化权利的实现上必须担负起与自身能力相匹配的义务，即"国家义务是公民权利的根本保障"[①]，为此，笔者在对上述文化产业促进制度设计的过程中，积极贯彻"保障公民文化权利"的理念，通过"应当""不得"等字眼来强调国家义务，从而使得文化产业企业或者个人可以此作为请求权基础来要求国家履行相关义务并维护自己的合法权益。但除此之外，笔者认为还需对文化企业（个人）的相关权利予以直接的规定，有必要时可再通过规定义务的方式来予以保障。文化产业企业（个人）是文化产业促进措施的最终执行者，也是受该些措施影响最深刻的利益相关者。基此，地方立法可着重规定文化企业（个人）享有参与权、知情权、选择权以及监督反馈权。其一，在参与权方面：在文化产业法规与政策的制定过程中，要确保其享有参与的权利。其二，在知情权方面：在已制定的政策和法规出台后，要保障其知情权。就如在《浙江省台湾同胞投资保障条例》（2017年修订）修法前的调研过程中，很多台湾同胞对浙江省已有的很多优惠政策一无所知，这大大影响了其产业的进一步推进。据此可知，对浙江而言，立法者通过立法的形式去保障文化企业（个人）的知情权是必要

[①] 李星：《论我国公民文化权利保障中的国家义务》，硕士学位论文，河北师范大学，2013年。

的、迫切的。其三，在选择权方面：在法规、政策的指引下，应尊重文化产业市场发展的规律，赋予其根据自身经济进行决策的选择权。其四，在监督反馈权方面：应积极完善监督举报机制，并畅通反映问题的渠道，如构建"两微一端"的沟通交流机制，即微博、微信和客户端，这样既能够适时地接受群众的反馈意见，而且也能便利群众进行交流反馈，但值得注意的是，此类沟通机制必须予以常态化，有专门的信息中心负责，否则会因技术存在问题而被搁置。此外，有学者提出为提高法规或政策的执行效果，可赋予文化企业（个人）在达到一定标准后，享有受奖励的权利。[①] 对此，笔者较为赞同，这是"新型行政行为——行政奖励"在立法中的展现，是体现政府高度辅助的形式之一。例如我国台湾就通过设置各种奖励措施并取得了积极的效果，如金鼎奖奖励办法、金漫奖奖励办法、数字出版金鼎奖奖励办法等，这值得浙江省地方立法吸收、借鉴。

（3）法律责任与权利救济

本节所指的"法律责任"主要指政府违反本法所应承担的法律责任。该法律责任设置的目的在于促使文化产业企业（个人）的权益保障得以真正落地化、可操作化，即文化产业企业（个人）可以以受损的权益来作为请求权基础去要求政府或相关职能部门承担法律责任，从而起到"调和政府与公民之间利益平衡，保障公民权利"的作用。但与此同时，无论在何时，有"法律责任"就应有"救济手段"，这是宪政的必然要求。因此，笔者将从"法律责任"与"救济手段"两个方面展开叙述，从而为《浙江省文化产业促进条例》在该方面具体条文的细化上提供方向指引。首先，在"法律责任"的设置方面，由于责任主体主要是政府，因此该责任类型主要以行政责任为主，其中既包含"积极作为的法律责任"，也包含"消极不作为的法律责任"。此外，在具体内容的设置上，应以相关法律制度为衔接，并根据具体的上位法规定以及立法需要，围绕"惩罚""补偿"等承担方式展开。其次，在"救济途径"的设定上，针对责任主体多为行政机关，因而

---

① 于语和、苏小婷：《我国文化产业促进法立法刍议》，《甘肃理论学刊》2015 年第 6 期。

救济手段可以分为两类：其一是行政复议或者行政诉讼手段，其适用于受到行政处罚的被促进主体；其二是人事仲裁，适用于法律主体受到行政处罚时。其三，除了诉诸法律，采用仲裁的方式外，还可以对新的救济途径予以法律上的确认，如运用平台治理以及向文化产业各大主管机关投诉的方式。其中以"平台治理"为例，目前该类救济机制大多运用于原创作品的知识产权保护领域，现已有部分主流平台的侵权处理机制做得较为完善，成效较好，如"头条号、大鱼号、一点号、企鹅号以及微信公众号"等。侵权处理率是反映平台版权保护的态度和力度，是衡量平台治理能力和侵权处理机制的重要指标。为此，该些平台围绕"侵权处理率"展开了一系列的具体规定，如投诉的途径、案件处理的时限以及及时公布侵权处理率的业内排名等。[①]这类在互联网时代下所诞生的新型救济途径既是对传统诉讼维权途径的一种有益补充，能缓解当前法院案件爆炸式增长但法官人手又不足的问题，又能降低诉讼成本并快速地解决一部分的侵权案件。因此，这值得在文化产业促进立法的过程中予以整合和确认。

结　语

研究证明，促进文化产业发展的地方立法是助推文化产业蓬勃发展的重要手法和必要途径。地方立法的构设，不仅表现为对于一定的社会关系网络在法律上的承认和确认，而且更是着眼于对这种社会关系的格局在合法性的基础上的持续维系与强力保障，并且哪怕是将立法者所拟定的社会关系形态加以现实化、合法化和延伸化。因为这样可使得地方立法不仅仅局限在特定的物理空间上，而且会在制度空间上发挥群聚功能，将与地方有关的主体、物质、社会资源进行法律价值目标下的导引和配置，从而使得形成该种配置的可能最终获得法律上的保证。因此，这落实至浙江省文化产业促进立法的领域也正是如此。故，笔者在接下

---

① 搜狐网站，http：//www.sohu.com/a/200669229_99970761。

来的研究中，为进一步创设《浙江省文化产业促进条例》的具体内容，还应立足于浙江省的省情特点、文化产业发展的特色，并贯之以"促进文化产业发展、保障公民文化权利"的立法目的，着重对"相关核心制度"予以更加科学化、合理化的设计。

（本文指导教师，石东坡教授）

征稿简则

《中国文化法学评论》系深度聚焦文化法治理论与实践问题，持续耕耘文化法学的学科建设发展，具有学术性、开放度和智库型的研究集刊，诚邀海内外先进同仁赐予佳作，共同探求文化主权安全、文化人权保障和文化法治实现的规律与学理。

现将有关征稿事宜敬告如下：

一、刊物名称

《中国文化法学评论》

二、出版机构

中国社会科学出版社

三、出版周期

2021 年起拟每年出版二辑。2019 年、2020 年各出版一辑。

四、栏目设置

本刊设前沿笔谈、专题论文、域外动态、学位论文集萃、智库报告、综述书评、实案评析等栏目。2021 年将分别围绕"文化领域治理体系与治理能力现代化"、"文化创意产业发展法律问题"主题组稿。

五、稿件要求

1. 稿件应关注国内外文化法学理论与实践的前沿动态、把握立法挑战、执法难点、监管创新、体制变革、权益实现、学科结构等突出问题，选题新颖、论证缜密、观点创新，具有较高的学术价值或实践意义。

2. 稿件应为未发表的原创性作品，字数为 1 万到 2 万字为宜，特别优秀作品可不受此限。本刊提倡但不限于单一作者独立完成作品。

3. 稿件请用 A4 纸格式，正文简体横排，研究论文类稿件用宋体小 4 号，36 字×35 行；注释请用页下注，注文排 5 号仿宋体。注释规范，请按照《法学引注手册》（本书编写组，北京大学出版社 2020 年版），法学论文写作规范引注操作指引（摘编）。

4. https：//baijiahao.baidu.com/s?id=1670435758765927746&wfr=spider&for=pc

5. 稿件含中文标题、摘要、关键词、项目信息、正文、参考文献，以及英文题目、作者、摘要与关键词等。文中请勿出现作者信息，行文亦请避免可能透露作者身份的信息。作者信息（姓名、学位、职称、单位、邮寄地址和邮政编码、联系电话及电子邮箱等）请单独附页。

6. 稿件须遵守中华人民共和国宪法与法律，尊重知识产权，无任何违法、违纪和违反科学与学术伦理规范的情形；文责自负。

六、投稿方式

1. 暂不接受纸质稿件投稿。请将 Word 版并 PDF 版电子稿发送至电子邮箱：

clrc2020@163.com

2. 邮件标题请注明：投稿+稿件名称+作者姓名。

七、审稿和采稿

1. 本刊坚持学术性、创新性和规范性标准，采用双盲评审制、三审终审制。

2. 本刊收到稿件后，将通过电子邮件等方式及时向作者反馈审录结果。一个月内未收到回复的，作者可自行处理稿件。

3. 在尊重作者逻辑、观点的前提下，本刊可能会对来稿进行文字上的修改并将与作者沟通。

八、稿酬

本刊不收取作者任何审稿费、版面费或赞助费。稿件采用后，本刊将奉寄样刊,并按照出版社规定支付稿酬。

九、联系方式

联系人:姚瑶

联系电话:15068813114

《中国文化法学评论》编辑部

后　　记

从新民主主义政治、经济、文化，到中国特色社会主义物质文明和精神文明，再到新时代五位一体总体布局，从十七届六中全会，到十八大、十八届三中全会、四中全会，再到十九大、十九届四中全会，我们党对文化在社会系统、社会制度、人民主权、国家政权、治理体系中的性质、地位、作用的战略决策和重大部署，在深化认识社会主义建设规律的进程中，在深入判断新时代中国特色社会主义基本国情、主要矛盾的基础上，不断明晰、更加全面。作为坚定文化自信、建设社会主义文化强国的法治保障，中国特色社会主义文化制度的法律化，中国特色社会主义法治体系的重要组成部分，文化法治建设正在迎来新的发展机遇。

提高文化领域的治理能力和治理水平，保障人民文化权益和公民文化权利，必须以文化法治作为不可或缺的"构成要件"。文化法治是以文化社会关系为调整对象，保障和实现公民文化权利、公众文化权益、国家文化主权，传承发展优秀传统文化、尊重维护文化创作、表达自由，促进保障文化事业、文化产业发展繁荣的法律制度及其实施机制，是一个具有广泛性和系统性的法律领域。文化法学是以文化法律及其实践活动为研究对象，揭示文化法治的运行机制和内在规律的法学学科或法学领域。

以《文化法：国际的、比较的和本土的》（2010）为例，可知第一，文化与法律的关系，以至于文化法制（治）的领域，是一个具有吸

后　记

引力也富有挑战性的法学议题。近年来，越发受到业界和学界的重视。该著述的浩瀚与恢宏本身即是一个明证。第二，文化与法律的关系，尤其是文化对法律的影响，在我国法理学中，是法律文化的研究所向，主要研究法律对文化的依存关系、文化对法律的作用机制、法律文化作为法治演进和实现的社会条件等问题。但文化与法律之间是双向互动的，这一方面不能、不应遮蔽法律对文化的功能作用及其实现机理。第三，法律对文化（社会生活、资源流转、产业领域）同样有着深入的"介入"。

该著述提出："文化法"一词是指法律与文化之间的一系列关系。这两种社会结构是不可分割的。二者之间的关系可以归纳如下：

1. 法律体现文化并使之规范定型。

2. 法律促进、保护、成就和限定文化属性和表达方式。

3. 法律协调、融合跨文化之间的异质，确认文化权利，并建立国际的标准。

4. 文化强化了法律规则。

5. 文化（以其作为条件支撑）成就和巩固法律规则的采纳（适应）、解释和生命力。

6. 文化的表达及其符码表征提升法律关系。

由此，该著述结合诸多案例、实例，对于文化交流（跨文化）、文化遗产、文化贸易、文化资源以及体育、语言等一系列具体法律问题，进行了国际的、比较的和本土（土著）的三个维度并横跨多个法律部门的研究。在其逻辑上，体现了文化由静态到动态、由区域到国际、由资源到活化、由总体到部分的线索或秩序。这对于认识文化法制（治）领域的广泛性及其中的有机性是有启发意义的，在一定程度上暗合了领域法研究的视角和方法。与域内有关文化法著述的尝试相比，具有全面、系统、深入的特点和代表性的显豁地位。同时，与注目文化法治法理、学理和原理的文化法学基本理论在视野、旨趣之间有着有益的互补关系。

以上述为镜鉴的同时,更是立足我国新时代文化法治建设的生动实践,《中国文化法学评论》年刊汇集新近文化法治研究的优秀学术成果,针对文化遗产保护、文化产业发展、公共文化服务、文化市场监管以及文化治理发展研究等领域突出的立法、执法和司法等的理论和实践问题进行分析论证,努力归纳提炼文化人权、文化法治的基本理论,为进一步夯实文化法学的理论基础、丰富和发展文化法学的学科内涵、构建和完善文化法学的理论体系、发挥文化法治研究基地的智库功能提供成果园地、交流平台和传播桥梁,具有理论探索和实践参考的鲜明特色和现实意义。

承蒙学术委员会各位专家给予多个学科、多个方面和多种方式的悉心指导,从文化政策学到文化法学的学科关系,从文化主旋律到文化多样性,从文化主权安全、对外文化交流、民族文化融合、文化人权保障到文化产业促进,从文化线路认定到文化生态保护再到文化空间规划,从对领域法与部门法的关系,立法学与法释义学、法实施学的关系、文化主权与文化人权的关系、文化自由权,文化财产权和文化受益权等分类科学性问题,到文化法的宪法规范依据及其比较,文化基本法制定的必要与可能,文化法制中的行政权能及其边界、行政行为类型及其适用、文化公益诉讼构成的适宜性辨析,从文化产业微信公众号、数据库到文化发展论坛,从公共文化服务保障法、文化产业促进法等到大运河世界文化遗产保护条例的立法论证,使得本团队能够有着学术前沿的冲击和启迪,有着立法动态的感知和参与,有着文化理论的补足和汲取,有着法治实践的调研和解析。诸位专家或醍醐灌顶、或循循善诱、或宏论催醒、或大道无形,予以了重要引领。各位专家及其所主持的有关项目,以及所在的中国社会科学院中国文化研究中心、中国法学会、北京大学、中国人民大学、上海交通大学、武汉大学、湖南大学、山东大学、中南大学、厦门大学、中央民族大学、中国传媒大学、西北师范大学、北京印刷学院、贵州民族大学、浙大城市学院以及浙江省人大常委会、河北省人大常委会、浙江省司法厅、浙江省文旅厅、正定县文旅局

后 记

等学界或业界多个单位的直接或间接支持,是本学术年刊的触发点与原动力。

作为第一辑的责任单位,浙江工业大学文化与法制研究中心暨文化法治创新团队将此作为学科要素和建设节点,以刊领队、以刊促文,结合和依托国家社科基金特别委托项目、国家社科基金重大项目子课题、浙江省十三五高等院校学科带头人暨攀登计划专项、中国法学会部级研究课题以及地方立法中文化立法方面的委托研究项目,将科研与育人相结合,以文化立法为侧重点,在论证文化立法基本原则、文化的宪法规范及其释义和实施、文化主权与人权关系、文化立法中长期规划、红色文化的立法保护与传承弘扬、大运河世界文化遗产立法、非物质文化遗产立法、丝绸之路文化线路立法、公共文化服务均等化与可及性、文化产业促进法中的文化生产模式、跨文化治理及其法制化、综合文化执法体制改革等的论题上,着力开掘,将一般法理思维与文化法制对象相对接,尝试揭示文化遗产传承、文化产业促进、文化服务均衡、文化创作繁荣、文化主权安全等五个环节为基本链条、以实现文化权益保障的文化法治的内涵与构造,尤其是其特殊规定性。

期间,各位同仁尤其是青年才俊对项目管理运行付出了诸多辛劳,本责任单位多次进行集体研讨,召开年度文化法治论坛、文化法治前言青年西子论坛,在深刻理解习近平新时代中国特色社会主义思想的精神实质、逻辑体系、核心要义的基础上,深入学习习近平总书记关于文化强国、关于法治体系等一系列重要论述,运用到对文化法治、文化法学的时代背景、理论渊源、实践基础、理论范畴、主要议题、研究理路等方面的研究思考之中,努力形成文化法治的学术新知。如对于文化主权,全球化与逆全球化都构成对主权再思考的新坐标,主权的内涵与外延既有传承性,又有变革性。文化主权,在冷战与新冷战之中,在相互核威慑的背景下,作为主权的相对独立的组成部分日益凸显。新时代的人民主权、国家主权在文化主权方面不是没有面临严峻的挑战,而是反之,文化霸权主义、文化分离主义对文化主权、文化安全尤其是意识形态安全造成严重冲击，国家治理体系和治理能力的现代化，毫无疑问应当是对国家主权的坚定捍卫、有效巩固和法治保障。如何以健全和有力的法律制度及其执行机制维系和增进国家文化主权、文化主权安全？至少，把握"文化主权—文化安全—文化法治"的三个基本环节，夯实文化安全的法理基础，增强文化安全的依法治理。

回顾本辑刊的步履蹒跚，不禁反问、不断追问是否有着对于读书、治学的真正的热爱？浓烈的兴趣？笃定的追求？以及坚实的行动？是不是以累土之功而坚持不懈的努力？能不能超越名利、利害、功利？反躬自省，貌似夙夜匪懈实际上可能还是处在迷思彷徨和自我欺瞒之中从而使得不能诚心正意，不能聚力正途，不能凝神正向。扪心自问而并非自我安慰，更不能自我退缩、自我否定，而是在自我批判中把握真正航向、增进有效劳动——不是麻木的踏实，而是累进的真实。创建学术园地是条件，孵化学科形态是指向，而唯有老老实实地对待、踏踏实实地开展、扎扎实实地取得学理创新，才是根本。

本团队在文化法治、文化法学方面的学习和研究尚且处于起步阶段，在学术视野、集刊定位、内容编排、论证逻辑、观点提炼、文献引证、语言表述、创新程度与应用转化等各个方面还存在诸多使人愧疚的不足之处，敬请学界先进同仁和文化法制实践的专家同道不吝指正。我们将笃定心力、凝神聚力、汇聚合力地不断完善、勠力掘进。最后，谨向所有关心、支持、参与本集刊筹划、组织、写作、出版等各个环节的专家学者、负责同志、团队同仁以及编辑、校对、印制和发行等付出智慧与汗水的工作人员致以衷心的谢忱。